W0229017

200 Jahre Sing-Akademie zu Berlin

Carl Friedrich Fasch (1736–1800).
Ölgemälde von Susanna Henry

GOTTFRIED EBERLE

200 JAHRE SING-AKADEMIE ZU BERLIN

»EIN KUNSTVEREIN FÜR DIE HEILIGE MUSIK«

NICOLAI

Umschlagbild:
Die Sing-Akademie um 1830.
Aquarell von A. Becker

© 1991 Nicolaische Verlagsbuchhandlung
Beuermann GmbH, Berlin
Satz: Mega-Satz-Service, Berlin
Lithos: O.R.T. Kirchner + Graser GmbH, Berlin
Druck: Gerike GmbH, Berlin
Bindung: Lüderitz & Bauer GmbH, Berlin
ISBN 3-87584-380-0

Inhalt

Vorwort

200 Jahre Sing-Akademie zu Berlin – es war klar, daß dazu ein Buch erscheinen mußte. So war es bei allen großen Jubiläen des Chors gewesen. Nach 50 Jahren, 1841, hatte sich Vorsteher Hinrich Lichtenstein daran gemacht, vor allem die Gründerjahre in Erinnerung zu rufen. Nach 100 Jahren, 1891, hat sich der Sing-Akademie-Direktor selbst, Martin Blumner, hingesetzt, um die Geschichte seines Chors aufzuarbeiten. Zum 150jährigen Jubiläum, 1941, verfaßte Georg Schünemann, der Direktor der Musik-Abteilung der Preußischen Staatsbibliothek, der der Sing-Akademie sehr nahestand, seine Geschichte des Chors. Zur 175-Jahr-Feier entschloß man sich zu einer anderen Form der Buch-Veröffentlichung; Werner Bollert stellte Aufsätze verschiedener Autoren zu einzelnen Aspekten zusammen.

Nun, 200 Jahre nach der Gründung, schien es doch wieder angezeigt, eine zusammenfassende Darstellung der Geschichte der Sing-Akademie zu versuchen, zumal die letzten 50 Jahre noch gar nicht als Ganzes dokumentiert waren. Die Idee, frühere Schriften nachzudrucken und bis in die Gegenwart hinein zu ergänzen, wurde bald verworfen. Blumners Schrift, in der die Lichtensteinsche zum Teil wörtlich aufgegangen ist, bleibt zu sehr dem internen Vereinsleben verhaftet, reiht Ereignis an Ereignis, Feier an Feier, wie sie in der Vollständigkeit heute nicht mehr interessieren. Im übrigen ist sein Stil nicht mehr der unserer Zeit.

Schünemanns Schrift haftet der Makel ihrer Entstehungszeit (1941!) an: Jeder jüdische Musiker mußte penetrant als solcher gekennzeichnet werden (obwohl Schünemann beileibe kein Nazi war; als überzeugter Sozialdemokrat verlor er 1933 seinen Posten als Direktor der Musikhochschule). Sein Buch enthält jedoch leider viele Flüchtigkeiten und Fehler, beißt sich auch gern bei Steckenpferden, etwa der Bach-Pflege, fest.

Um Mißverständnisse auszuschließen: Ohne die verdienstvollen Bücher von Blumner und Schünemann hätte dieses hier gar nicht geschrieben werden können, zumal wichtige Quellen gerade der Frühzeit im letzten Krieg offenbar verlorengegangen sind; so bin ich meinen Vorgängern sehr verpflichtet. Des einheitlichen Stils, des einheitlichen Vorgehens wegen habe ich mich jedoch entschlossen, die ganzen 200 Jahre Geschichte der Sing-Akademie von Grund auf neu zu schreiben, gemäß den Forderungen unserer Zeit, wohl wissend, daß dies die Kräfte und Möglichkeiten eines einzelnen im Grunde überfordert. Und solch einen umfangreichen Stoff faßt ein einziges Buch schon nicht mehr; bei einem nächsten Anlaß wird man vielleicht Aspekte, die hier zu kurz gekommen sein mögen, vertiefen müssen.

Es konnte nicht mehr genügen, die Geschehnisse aus der Geschichte der Sing-Akademie nur aufzulisten. Es sollte dies ein Baustein werden zu einer Musikgeschichte Berlins, die es noch zu erstellen gälte; es wäre dies ein verdienstvolles Projekt, das die Kulturbehörden bedenken sollten.

Der Ehrgeiz des Buches ist es, nicht nur Leser aus dem Umkreis der Sing-Akademie anzusprechen. Das heißt aber, daß die Sing-Akademie in das Umfeld hineingestellt werden mußte, aus dem sie erwuchs – darum ist die Vorgeschichte relativ breit ausgefallen (sie war ursprünglich sogar noch umfänglicher). Und es mußte die Ausstrahlung der Sing-Akademie, ihre Resonanz in der Öffentlichkeit, in der Presse, untersucht werden, was heute leichter zu bewerkstelligen ist als früher: Alte Musikzeitschriften sind fast alle in gebundenen Nachdrucken gut greifbar; sie wurden sorgfältig ausgewertet.

Naturgemäß nimmt also die frühe Geschichte der Sing-Akademie ungleich mehr Raum ein als die spätere. Damals war eben noch alles neu, alles erstmalig, damals formte sich beredt das Selbstverständnis des Chors. In der späteren Zeit wurde vieles zur festen Tradition, zum sich wiederholenden Ritual. Es mußte nicht von all den vielen Trauerfeiern, nicht von der 173. Aufführung der Matthäuspassion geschrieben werden. Trotz der empfindlichen Verluste fanden sich überdies gerade aus der Zelter-Zeit noch eine Fülle unveröffentlichter Dokumente, zahlreicher Zelter-Reden, die uns tief in die Substanz und das Ethos des Chors führen. Sie sollten dem Leser nicht gänzlich vorenthalten werden.

Die Anlage des Buchs sucht die Struktur der beiden letzten Festschriften zu verknüpfen: Kapitel, die die Geschichte fortschreiben, wechseln ab mit solchen, die innehalten und um einen speziellen Aspekt kreisen. Gerade letztere mögen einen breiteren Leserkreis ansprechen, so etwa das Kapitel »Goethe und die Sing-Akademie«, das mir am meisten Freude gemacht hat.

Trotz seines wissenschaftlichen Anspruchs sollte das Buch lesbar bleiben. Es wurde deshalb nicht mit Fußnoten überfrachtet. Viele Quellenangaben konnten in den laufenden Text mit hereingenommen werden; beim Zelter-Goethe-Briefwechsel wurde nur jeweils im Text das Briefdatum angegeben. Jeder mag die Ausgabe nachsehen, die ihm zugänglich ist.

Faszination und Befremden haben einander abgewechselt bei der Arbeit. Zelter habe ich ins Herz geschlossen, Grell kam mir schon etwas absonderlich vor. Aber der Historiker hatte das Auf und Ab des Chors getreulich nachzuzeichnen. Mit einem Hofpoeten, der sie nur bejubelt, wäre der Sing-Akademie nicht gedient gewesen, und den hat sie auch nicht verdient. Sie ist eine Gemeinschaft von Menschen, und zu der gehört auch das Menschliche, Allzumenschliche. Und das ist oft auch das Bewegendste.

So danke ich nun der Sing-Akademie zu Berlin herzlich für den ehrenvollen Auftrag, dieses Buch zu schreiben, und das Vertrauen, das sie in mich setzte; ich hoffe, es nicht enttäuscht zu haben. Und ich bin besonders glücklich darüber, daß dieses

Buch in der Nicolaischen Verlagsbuchhandlung erscheint, deren Verbindung zur Sing-Akademie so alt ist wie diese selbst; es wird auf den folgenden Seiten davon die Rede sein. Ich darf, gewiß auch im Namen der Sing-Akademie, dem Verlag herzlich danken für die Betreuung, speziell meiner Lektorin Frau Hilker-Sieben-haar für ihre Geduld und ihr Verständnis.

Zu danken habe ich besonders Frau Gerda Kaiser, der Enkelin Georg Schumanns, für die freundliche und großzügige Bereitstellung reichen Materials nicht nur zur Schumann-Zeit. Mein Dank gilt ferner dem ehemaligen Sing-Akademie-Direktor Mathieu Lange für herzliche Gastfreundschaft in Bochum, für wertvolle Auskünfte und freundliches Überlassen von Unterlagen. Hans Hilsdorf, dem gegenwärtigen Direktor, bin ich dankbar für ein gutes Gespräch, das mich in sein Verständnis der Arbeit mit der Sing-Akademie einführte, vor allem aber für die selbstverständliche Bereitschaft, einen erweiterten Umfang des Buchs zuzugestehen.

Kassenverwalter Ulrich Seidelmann hat mir sehr geholfen mit all den fleißig zusammengetragenen Akten und Materialien der Sing-Akademie. Sehr nützlich in der Anfangsphase der Arbeit war mir Frau Rosemarie Giehr, ehemaliges Sing-Akademie-Mitglied, mit Archiv-Arbeiten, die ich aus beruflichen Gründen gar nicht hätte leisten können. Zutiefst verbunden bin ich Frau Johanna Schrader, die bereit war, tief in die Materie einzutauchen und dadurch imstande war, selbständig die Dinge voranzutreiben. Sie war unermüdlich und findig in der Materialbeschaffung; die Auswertung von Zeitschriften, die Bildbeschaffung, das Personenregister, all das geht allein auf ihr Konto. Ohne sie hätte ich das Buch nie und nimmer rechtzeitig fertigstellen können.

Den Mitarbeiterinnen und Mitarbeitern der Musikabteilung in der Staatsbibliothek Preußischer Kulturbesitz sind wir dankbar für die nimmermüde Hilfsbereitschaft. Als besonders nützlich erwies sich Herrn Jaenickes Katalogisierung des Archivs der Sing-Akademie.

Nicht zuletzt ein herzliches Dankeschön meiner Familie, die entsagungsvolle Zeiten mit Geduld und Nachsicht auf sich genommen und mich während dieser Arbeit ermuntert und getragen hat. Ihr sei dieses Buch gewidmet.

Gottfried Eberle

Berlin, am 17. Februar 1991

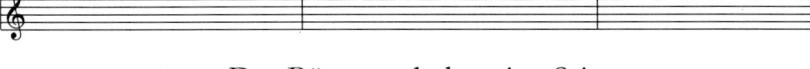

Der Bürger erhebt seine Stimme.
Ansätze im 18. Jahrhundert

»Man kann nicht genug dagegen schreyen« – Chormisere in Berlin

Wenn sich vor 200 Jahren in Berlin einige Damen und Herren der bürgerlichen Gesellschaft um Carl Friedrich Fasch, den Hof-Cembalisten des preußischen Königs, in einer »Singe-Accademie« zum Chorgesang scharten, wenn diese Vereinigung schon nach fünf Jahren zu einer Hundertschaft anwuchs, so war das ein absolutes Novum nicht nur in der Musikgeschichte Berlins, sondern in der Musikgeschichte schlechthin. Ein Novum freilich, das nicht ohne Voraussetzungen, nicht ohne Vorgeschichte war.

Der Chorgesang in Berlin und anderswo in norddeutschen Landen lag bis dahin fast ausschließlich in den Händen oder besser in den Kehlen von Schulchören, Chören also, die sich aus Knaben und jungen Männern rekrutierten, zu denen bei größeren Aufgaben allenfalls ein paar Ehemalige, Lehrerkollegen des Kantors und sonstige Bürger als »Adjunktchoristen« traten. Sie bestritten die Kirchenmusiken der Stadt samt Taufen, Hochzeiten und Beerdigungen, und Frauen hatten dabei nichts zu suchen, gemäß dem alten, noch immer geltenden paulinischen Grundsatz: »Mulier taceat in ecclesia« – das Weib schweige in der Kirche.

Schulchöre versahen aber auch den Chorgesang in Oper und Singspiel, was nicht eben zur Förderung ihrer Disziplin beitrug. Mit der war es schlecht bestellt – wie mit dem musikalischen Niveau insgesamt.

Johann Friedrich Reichardt, Komponist und Hofkapellmeister in Berlin, muß 1782 feststellen: »Statt Freude und Erbauung, die so leicht und rein durch gute Singechöre gewirkt werden können, muß man itzt Abscheu und Ekel für unsre Singechöre haben. Nicht einen Chor hört man rein und gut ausgeführt singen.« Und er richtet einen Appell an die Verantwortlichen: »Wenn nicht die Fürsten und die Magisträte der Städte ernstliche Anstalten dazu befördern, die Geistlichen selbst es nicht als eine Sache von Wichtigkeit halten und sich überzeugen, daß ein rein und vollstimmig gesungener Choral oft mehr wirken kann als ihre besten Predigten... so kann's nicht fehlen, unsre Chöre müssen statt zu erbauen, die edelsten Gesänge zum Gelächter machen.«[1]

Die ärmeren Schüler verdienten sich ihren Lebensunterhalt in der »Kurrende«, einem Chor, der singend und bettelnd auch bei Wind und Wetter durch die Straßen zog, was den Stimmen nicht eben zuträglich war und den Bürgern allmählich lästig wurde.

Der Musikverleger und Publizist Johann Carl Friedrich Rellstab stellt fest: »Die hiesigen Choristen sind arme Kinder, deren Eltern sie ins Chor gehen lassen, nicht, weil sie etwa Talent zur Music haben oder der Music gewidmet werden sollten, nein, damit sie sich einen kümmerlichen Unterhalt vom Chorgelde erwerben, Freyschule und Freytische erhalten.« Und er klagt an: »Diese armen Kinder müssen ihre Lungen und ihre Gesundheit einer abscheulichen Gewohnheit aufopfern – man kann nicht genug dagegen schreyen... Beherzigt doch das, ihr Pröbste und Vorsteher der Gymnasien, und schafft diese Unmenschlichkeit ab.«[2]

Und er hat gleich einen Gegenvorschlag parat: Sopran und Alt solle man nicht länger mit Knaben besetzen, »denn wenn die Burschen anfangen brauchbar zu werden, verlieren sie ihre Stimme... Es gibt so viele arme Frauenzimmer in Berlin, die sich von Sticken, Putzmachen etc. knapp und besonders beim Sticken mit Verlust ihrer Gesundheit und Verderben der Augen ernähren. 12 solche Frauenzimmer, die Stimme und mäßiges Talent haben, von ihrem 10ten Jahr im Clavier und vom 14ten im Singen unterrichtet, und wir haben Alt und Discant für immer. Sind darunter Mädchen von vorzüglichen Talenten, so ziehe man sie hervor und gebe ihnen mehrern Unterricht.«[3]

Ein revolutionärer Gedanke damals. Rellstab stellt sich eine regelrechte Singschule vor mit besoldeten Lehrkräften und freiem Unterricht. Und der Chor, der daraus hervorgeht, soll nichts Geringeres sein als ein Berufschor mit etwa dreißig Mitgliedern, deren Einkommen von Jahr zu Jahr steigt. Er könne sich aufspalten und an drei verschiedenen Orten singen, also die vorhandenen fünf Schulchöre voll und ganz ersetzen. Der Geschäftsmann Rellstab rechnet sogar auf Heller und Pfennig die Kosten eines Projektes und dessen Finanzierung aus: Die Lehrkräfte seien vom Magistrat oder vom König zu bezahlen. Die Choristen singen überall für Geld, ob in der Kirche, der Oper oder bei Freiluftkonzerten im Tiergarten, »wo von angesehenen Männern eine allgemeine Collecte veranstaltet wird«.

Rellstabs Projekt wird, wie er schon ahnt, nicht realisiert. Indes, während er seine Vorschläge macht, beginnt sein Lehrer Carl Friedrich Fasch Männer und Frauen zum gemischten Chor um sich zu sammeln. Das wird freilich alles andere als ein kommerzieller Chor, im Gegenteil: Er singt zunächst primär für sich – und zu wohltätigen Zwecken.

»Musikübende Gesellschaften« – Das Liebhaberkonzert

Sosehr die Berliner Kirchenmusik im 18. Jahrhundert darniederliegt, so gehen doch von ihr die ersten Impulse zur Erneuerung des Chorgesangs aus. So schart der Domorganist Gottlieb Hayne in den 1720er Jahren im Domschulhaus in der Brüderstraße einen Kreis von Sängern beiderlei Geschlechts um sich, an dem nicht nur die Schüler und Schülerinnen der Domschule teilnehmen, sondern ebenfalls erwachsene Musikfreunde, mit denen auch öffentliche Aufführungen vorbereitet werden. König Friedrich Wilhelm I., der »Soldatenkönig«, der sonst nicht eben ein Freund der Musik ist (er hat die Hofkapelle zugunsten des Militärs aufgelöst), hört einmal den Gesang im Vorbeireiten, findet Gefallen daran und engagiert Hayne als Musiklehrer für den Kronprinzen, den nachmaligen König Friedrich II., der ja bekanntlich ein tüchtiger Förderer der Musik wird.

Haynes Nachfolger im Amt, der Domorganist Philipp Sack, »suchte den Verein des Vorgängers zu heben und für diese Verbindung nicht nur ehrenwerte Künstler, sondern auch edle Männer, Frauen und Jungfrauen zu gewinnen«.[4] Letzteres war neu.

Er gründet 1749 eine »musikübende Gesellschaft«, die als einer der ersten bürgerlichen Musikvereine Berlins mit richtiggehenden, übrigens ziemlich rigorosen Statuten innerhalb der Vorgeschichte der Sing-Akademie Beachtung verdient.

Man spielt die neueste Musik, acht bis neun Stücke pro Abend, zu denen auch die Mitglieder Kompositionen beisteuern. Und man wagt eines schönen Tages, am 26. März 1755, mit gehöriger Verstärkung das Passionsoratorium »Der Tod Jesu« von Carl Heinrich Graun, dem Kapellmeister Friedrichs II., im Dom aufzuführen. Die Chöre werden natürlich noch von Schülern gesungen. Der Komponist selber führt die Violinen an, Hofkomponist Johann Agricola gibt den Takt an und singt gleichzeitig die Tenorpartie; die Sopranpartien verwalten seine Frau Emilia Molteni und deren Schwester. Am Cembalo sitzt kein geringerer als Carl Philipp Emanuel Bach, der Erste Cembalist Friedrichs II. Der ganze Hof ist zugegen, der Eindruck so stark, daß von nun an das Werk jeden Karfreitag in einer der Hauptkirchen aufgeführt wird.

»Der Tod Jesu« – wahrlich ein Werk, das Berliner Musikgeschichte machte. Es sollte bald auch ins Repertoire der Sing-Akademie eingehen und dort bis gegen Ende des 19. Jahrhunderts bleiben.

Die »musikübende Gesellschaft« findet Nachfolge in den »Liebhaberkonzerten«, die zwei weitere Musiker aus dem Umkreis des Hofes seit 1770 im Corsikaschen Haus in der Nähe des Zeughauses jeden Freitag veranstalten: der Cembalist Ernst Friedrich Benda und der Bratschist Carl Ludwig Bachmann.

»Benda dirigierte und führte es an... Sein Compagnon erhielt die ganze Besorgung der Oeconomie des Concerts, und spielte übrigens mit. Bei jeder Violin spielten vier gute Musiker und mancher brave Liebhaber von der französischen Colonie. Demoiselle Schadow, eine vorzügliche Sängerin aus Potsdam war noch neben Madame Bachmann als Solosängerin engagiert, und des Herrn J. F. Reichardt Gattin, eine geborene Benda, hörte man auch öfter in diesem Concert«.[5]

»Madame Bachmann«, damals noch Charlotte Wilhelmine Stöwe, singt bereits mit neun Jahren, 1766, im »Liebhaberkonzert« unter Reichardt bei Grauns »Tod Jesu« mit, der auch in diesem Zirkel favorisiert wird. Sie wird später eines der ersten Mitglieder der Sing-Akademie.

Carl Heinrich Graun, Der Tod Jesu.
Titelblatt des Klavierauszugs von Johann Karl Friedrich Rellstab

Das Benda/Bachmannsche »Liebhaberconcert« erfreute sich zunächst eines vorzüglichen Rufs: »Es war ein Institut, dem Berlin Achtung und Gerechtigkeit widerfahren ließ und das beides verdiente.«[6]

Man geht weit hinaus über die Aufführung von Instrumentalmusik, wagt Opernszenen, Kantaten, ja Oratorien. Natürlich spielen die in Berlin favorisierten Komponisten dabei die wichtigste Rolle: die Bendas, die Gebrüder Graun, Hasse, Carl Philipp Emanuel Bach.

Eines der bedeutendsten Ereignisse wird fraglos 1774 die Aufführung des Oratoriums »Judas Makkabäus« von Händel, die am Anfang einer deutschen Händel-Renaissance steht – ein Werk, das in der Geschichte der Sing-Akademie eine ganz besondere Rolle spielen wird. Johann Friedrich Reichardt, der die Aufführung miterlebt hat, zeigt sich begeistert von der Musik, findet für die Wiedergabe Lob und Tadel zugleich: »Ich habe mich heute über die Ordnung der Instrumente verwundert, mich desto mehr über die Sänger und zuweilen verfehlten Bewegungen (Tempi) geärgert.«[7] Die Sänger waren wohl nach wie vor Schüler.

»Edle, ernste, heilige Chöre« – »Concerts spirituels«

1775 wird Reichardt Hofkapellmeister Friedrichs II. als Nachfolger von Carl Friedrich Fasch, der den Posten rund zwei Jahre kommissarisch verwaltet hatte. Er greift bald auch ins öffentliche Konzertleben ein und veranstaltet, angeregt und unterstützt vom Kronprinzen, dem nachmaligen König Friedrich Wilhelm II., in der Fastenzeit der Jahre 1783 und 1784 je sechs »Concerts spirituels« nach Pariser Vorbild, Konzerte also, in denen geistliche Musik eine wesentliche Rolle spielt.

Die erste Konzerthälfte nimmt eine größere geistliche Komposition ein – es erklingen das Oratorium »Abele e Caino« von Leonardo Leo, Vertonungen des 51. Psalms von Jomelli, Sarti, Leo und Bertoni sowie eine Passion von Reichardt. In der zweiten Hälfte wechseln in der zeitüblichen bunten Folge weltliche Vokal- und Instrumental-, Orchester- und Kammermusik.

Das Hauptgewicht aber legt Reichardt auf den ersten Teil. Das demonstriert er schon dadurch, daß er nicht nur den Text dazu im Programm abdruckt, sondern auch noch eine recht ausführliche Einführung dazu schreibt, die weniger eine Analyse ist als ein »Exposé über den artistischen Werth« der Musik. Reichardt möchte ganz im Sinne der Aufklärung Geschmacksbildung, Volksbildung betreiben; das kommt übrigens auch darin zum Ausdruck, daß in aufeinanderfolgenden Konzerten durchaus das gleiche Werk erklingen kann – was heute in einer Konzertreihe undenkbar wäre.

Reichardts Ansichten sind der Kunstanschauung so nahe, mit der hernach die Sing-Akademie antritt, daß es sich lohnt, etwas auf sie einzugehen.

Johann Friedrich Reichardt (1752–1814).
Porträtgemälde von Friedrich Gareis, um 1780

Reichardts Ziel ist es, hinzuweisen »auf die wahre Kirchenmusik, die nicht auf Ergötzung des äußeren Sinns und auf schmeichelnden Anreiz des Gefühls, sondern auf tiefe Rührung und edle Erhebung der Seele abzweckt.«[8] Er beklagt den »Verfall« dieser wahren »Kirchenmusik«: »Italien war im vorigen Jahrhundert reich an großen Meistern der Kirchenmusik; Leo, der zu Anfang dieses Jahrhunderts lebte, schloß die große Periode der Italiener... Jene Meister sind nicht mehr, die Singeschulen sind verfallen... Die Musik kam aus der Kirche sehr unzweckmäßig aufs tragische Theater, litt da große Veränderungen... man mag hinhören, wohin man will, in der Kirche, in der Oper, im Intermezzo, man hört überall die gleiche Musik...«[9]

Das will heißen – und darin hat Reichardt ja nicht unrecht –, daß Kirchenmusik seit dem 17. Jahrhundert Formen der Oper – Rezitativ, Arie – übernommen hat. Reichardt will die Kirchenmusik aus der weltlichen Sphäre des raffinierten Sinnenkitzels zurückholen: »Ächte Kirchenmusik kann nur Erregung der Andacht zum Zwecke haben, und dieses wird nur durch hohe Simplicität im Gesange, durch reine, edel gewählte und groß erarbeitete Harmonie und majestätische Bewegung erreicht.«[10] Das Ideal der »hohen edlen Simplicität« begegnet bei Reichardt auf Schritt und Tritt, und er sieht es besonders in Leos »edlen, ernsten, heiligen Chören«, einer Musik also, die ein halbes Jahrhundert zurückliegt, verwirklicht.

Mit dieser Art von »historischen Konzerten« ist Reichardt einer der ersten in seiner Zeit, ist die Ausnahme in einem Musikleben, das damals nur das Neueste beachtete. Er bedauert aber, daß die Mittel für eine angemessene Aufführung jener Chöre fehlen: »Wären wir imstande, die Chöre so voll und stark zu besetzen, wie es billig seyn sollte, und so alle Chöre dieser herrlichen Musik auszuführen, so würde gewiß nicht einer unserer Zuhörer ohne tiefe Rührung und wahre Erhebung der Seele bleiben.«[11]

Erst die Sing-Akademie wird die »volle und starke Besetzung« liefern, sie wird Leo und andere alte Italiener singen und die Wirkungen hervorbringen, die Reichardt vorschweben. Dennoch waren Reichardts »Concerts spirituels« maßstabsetzend.

Dieser Typus des außerkirchlichen geistlichen Konzerts sollte gerade in Berlin Schule machen. Reichardt freilich führt ihn nicht lange fort. Seinen »Concerts spirituels« folgt aber 1786 eine Initiative, die von außerhalb kommt, durch Reichardt jedoch geistig vorbereitet ist. Er hatte schon 1774 anläßlich der besagten »Judas Makkabäus«-Aufführung im Vierten »Brief eines Reisenden, die Musik betreffend« einen Hymnus auf Händel angestimmt, 1782 im I. Band seines »Musikalischen Kunstmagazins« eine Arie aus Händels »Pastor fido« als »wahres Muster edler schöner Simplicität und lebendigen Ausdrucks« hingestellt und 1785 eine kleine Händel-Biographie herausgebracht.

Im Mai 1784 hatte man in London zum 25. Todestag Händels ein viertägiges Händel-Fest gefeiert, dessen Schluß und Höhepunkt eine Monstre-Aufführung des »Messias« gewesen war, mit 245 Sängern und 268 Instrumentalisten. Das Ereignis strahlte auf den Kontinent aus. Johann Adam Hiller, der in Leipzig seit 1763 Liebhaberkonzerte und »Concerts spirituels« veranstaltete und 1771 dort eine Gesangsschule gegründet hatte, beschließt, jener Londoner Messias-Aufführung 1786 in Berlin nachzueifern. Er bekommt nicht ganz das Londoner Aufgebot zusammen, aber er hat immerhin ein Orchester von 188 Musikern (der Partitur fügte er Oboen, Flöten, Hörner und Posaunen hinzu), die kompletten Kapellen des Königs und des Kronprinzen, Militär- und Stadtmusiker »nebst einer großen Anzahl braver Dilettanten von hohem und geringem Stande«. An einem Pult sitzen jeweils ein ›Profi‹ und ein Liebhaber zusammen. Joseph Benda ist Konzertmeister, am Cembalo wirkt Carl Friedrich Fasch. Carl Stamitz ist aus Straßburg angereist, um mitzuspielen. Im Dom hat man einen Orchesterraum eingebaut. Der Chor, eine gute Hundertschaft Schüler, von Musikdirektor Lehmann einstudiert, steht auf vier Tribünen. Die Solisten, Hofopernsänger, singen auch im Chor mit. Alle musizieren unentgeltlich. Der Eintritt kostet einen Taler, und der Netto-Erlös von 1111 Reichstalern wird zum größten Teil »zur Versorgung armer Wittwen und Waisen verstorbener Musiker zinsbar niedergelegt«, der kleinere Teil »an bedürftige musikalische Familien sogleich vertheilt«.

Dieser Typus des Benefiz-Konzerts wird in Berlin, gerade in der Sing-Akademie, Schule machen. Und die Aufführung steht am Beginn einer großen Händel-Pflege in Berlin, an der wiederum die Sing-Akademie den bedeutendsten Anteil hat.

»Zur Belehrung, Erwärmung, Erbauung« – Halböffentliches und Privates

Gegen solch maßstäbliche Aufführungen hatte es das »Liebhaberkonzert« schwer. Nachdem Ernst Friedrich Benda 1785 gestorben war und Bachmann, »der letzte Bratschist der alten Capelle« des Königs die alleinige Leitung übernommen hatte, kam das Konzert herunter und wurde 1787 eingestellt.

Der schon genannte Verleger Johann Friedrich Rellstab, der beim Hofkomponisten Johann Agricola und bei Carl Friedrich Fasch Komposition studiert und im »Liebhaberkonzert« gelegentlich Cembalo gespielt hatte, ruft nun ein eigenes »Konzert für Kenner und Liebhaber« ins Leben.

Er berichtet: »Mein Concert wurde den 16ten April 87 im englischen Hause in der Mohrenstraße mit Salieris Armida eröffnet, und den 27sten März 88 mit demselben Stück in der Stadt Paris beschlossen. Ohne daß im geringsten das Verdienst mein ist, kann ich mit Wahrheit sagen: Berlin hat, die ›Concerts spirituels‹ Reichardts ausgenommen, noch kein solches Concert in seinen Ringmauern gehabt.«[12]

Da Rellstab der Selbstkritik durchaus fähig ist, darf man ihm diese selbstbewußte Behauptung bis zu einem gewissen Punkte glauben. Allerdings wissen wir, daß die Chöre, Schulchöre eben noch immer – und man wagt sich sogar an Glucks »Alceste« und Carl Phlipp Emanuel Bachs »Magnificat« – mäßig waren. »Die Pflege der Kunst war indessen trotz der geringen Mittel eine sehr ernste… Die Werke der gediegensten Meister kamen zur Aufführung, und nicht um die Menge gedankenlos zu unterhalten, sondern um den von Ehrfurcht vor dem Heiligthum der Kunst bewegten Hörern zur Belehrung, Erwärmung, Erbauung zu dienen.«[13]

»Ehrfurcht vor dem Heiligthum der Kunst«, »Belehrung, Erwärmung, Erbauung« – das sind die Gesichtspunkte, unter denen in dieser Epoche zwischen Aufklärung und Romantik nicht nur bei Rellstab Musik gemacht wurde. Wir werden ihnen immer wieder, zumal in der Frühgeschichte der Sing-Akademie, begegnen.

Rellstab setzt seine Konzerte im privatem Rahmen fort, und private Wohnungen waren damals oft größer als die ganz wenigen für öffentliche Konzerte zur Verfügung stehenden Räumlichkeiten.

Rellstabs Sohn Ludwig berichtet in seinen Lebenserinnerungen: »Eine lange Reihe von Jahren hindurch, bis der Friede durch das Eindringen der Franzosen im Jahre 1806 unterbrochen wurde, fanden in seinem Hause jeden überschlagenden

Sonntag im Winter Conzerte mit vollem Orchester und diesem und dem Local angemessenen Gesangskräften statt, in denen die größten Meisterwerke aufgeführt wurden, Oratorien, Sinfonien, Cantaten, Concertstücke aller Meister, Händel, die Bachs, Graun, Gluck, Haydn, Mozart, Beethoven wurden mit gleicher Liebe gepflegt.«[14] Konkret genannt seien als größere Werke Johann Heinrich Rolles »Tod Abels«, Carl Philipp Emanuel Bachs »Israeliten in der Wüste,« Haydns »Ariadne auf Naxos«. Bei Rellstab gingen auch Zelter und Reichardt aus und ein.

Gegen Ende des 18. Jahrhunderts scheint das Konzertwesen in Berlin drastisch zurückgegangen zu sein, sich immer mehr ins Private verlagert zu haben. Im Mai 1800 schreibt die »Allgemeine Musikzeitung«: »So ist Berlin seit geraumer Zeit ohne Konzerte: einige außerordentliche Konzerte abgerechnet, welche die Königliche Kapelle von Zeit zu Zeit, zu milden Zwecken, gegeben hat.«[15]

Eine der wichtigsten Pflegestätten des privaten, halböffentlichen Musizierens war und blieb bis weit ins 19. Jahrhundert hinein das Haus des Verlegers Friedrich Nicolai in der Brüderstraße 13.

Innenhof des Nicolai-Hauses

Er hatte es 1787 erworben und von Zelter, der ja von Haus aus Maurermeister war, dergestalt ausbauen lassen, daß er ein großes Musikzimmer gewann. Nicolai, dessen »Allgemeine deutsche Bibliothek« das wichtigste Organ der Berliner Aufklärung war (Moses Mendelssohn und Lessing zählten zu Nicolais Freunden), hatte nebenher Komposition studiert und nahm regen Anteil an Faschs Bemühungen um einen leistungsfähigen Chor. Er trat gleich 1792 mit seiner Familie in dessen Sing-Akademie ein, und seine jüngste Tochter trat hier als Solistin auf; Nicolai leitete sogar eine Zeitlang Liebhaberkonzerte im Korsikaschen Haus. Vor allem aber veranstaltete er in seinem Haus Quartettabende mit Hofmusikern und fähigen Liebhabern, man führte am Klavier Mozart-Opern auf, die Nicolai besonders liebte und die in Berlin nach ihrem ersten Auftauchen im Nationaltheater um 1790 kaum mehr zu hören waren. Die Sänger dieser häuslichen Opernabende waren fast durchweg exponierte Mitglieder der Sing-Akademie.

»Natürlich und singbar« – Das Berliner Lied

Wir sind schon in den Bereich der Hausmusik gelangt. Hausmusik ist der Humus, auf dem die Kräfte wachsen, die öffentliches Musikleben gestalten. Voraussetzung und Nahrung für das qualifizierte Chor-Singen in der Sing-Akademie war der private häusliche Gesang. Er nahm im 18. Jahrhundert einen beachtlichen Aufschwung, und ihm in erster Linie ist die Produktion der sogenannten Berliner Liederschulen gewidmet (die weniger Schulen waren als Zirkel).

»Man schreibe nur natürlich und singbar,« hatte der Komponist, Musiktheoretiker und Publizist Friedrich Wilhelm Marpurg 1750 in seiner Berliner Zeitschrift »Der critische Musicus an der Spree« verkündet. Und darin ist schon die ganze Ästhetik der Berliner Liederschule beschlossen. Das Gebot der Natürlichkeit und Singbarkeit richtet sich unüberhörbar gegen das Künstliche und Überzüchtete des italienischen Operngesangs, den man seinerzeit an der Berliner Hofoper vernehmen konnte.

Marpurg brachte von 1756 bis 1763 eine dreiteilige Sammlung »Berlinische Oden und Lieder« heraus, die Kompositionen von Carl Philipp Emanuel Bach, den Bach-Schülern Agricola und Kirnberger, von den Gebrüdern Graun, von Quantz und den Bendas enthielt. Komponisten also, die durchweg am Berliner Hof wirkten, als Bürger sich aber nun auch die bürgerliche Musikpflege angelegen sein ließen.

Eine zweite Generation Berliner Liedkompositionen, auch als »Zweite Berliner Liederschule« bezeichnet, vertreten Johann Abraham Peter Schulz, Johann Friedrich Reichardt und Carl Friedrich Zelter.

Johann Abraham Peter Schulz aus Lüneburg (1747–1808) war in Berlin Schüler von Kirnberger gewesen, hat freilich dessen »gelehrte« kontrapunktische Schreib-

Johann Abraham Peter Schulz, »Mailied«.
Aus dem Album »Lieder im Volkston«

art kaum weitergeführt. Nach ausgedehnten Konzertreisen arbeitete er seit 1773 wieder in Berlin als Musiklehrer, war zwischendurch Dirigent am Französischen Theater und hatte 1780–1787 den Posten des Kapellmeisters beim Prinzen Heinrich in Rheinsberg inne. Er gab 1782, 1785 und 1790 drei Bände »Lieder im Volkston« heraus, unter denen »Der Mond ist aufgegangen« am bekanntesten geworden ist.

Johann Friedrich Reichardt, dem wir als Hofkapellmeister (1775–1794) und Veranstalter von »Concerts spirituels« begegnet sind, hat an die dreißig Liedsammlungen mit über 1000 Liedern herausgegeben.

1796 schreibt er in seinem »Musikalischen Almanach«: »Das Lied soll der einfache und faßliche musikalische Ausdruck einer bestimmten Empfindung sein, damit es auch die Teilnahme einer jeden zum natürlichen Gesange fähigen Stimme gestatte; als ein leicht übersehbares kleines Kunstwerk muß es um so notwendiger ein korrektes, vollendetes Ganzes sein, dessen eigentlicher Wert in der Einheit des Gesanges besteht und dessen Instrumentalbegleitung, wo nicht entbehrlich, doch nur Unterstützung des Gesanges sein soll.«[16]

Schulz und Reichardt sind Komponisten der ersten Stunde bei der Sing-Akademie. Zelter gehört zu ihr schon seit ihrem Gründungsjahr und übernimmt ihre Leitung nach dem Tod von Fasch. Alle drei sind bereits ausgesprochene Komponisten des Bürgertums. In der Biographie des Carl Friedrich Christian Fasch aber vollzieht sich exemplarisch der Übergang von höfischer zu bürgerlicher Musikkultur in Berlin.

1 Johann Friedrich Reichardt: Singechöre, in: Musikalisches Kunstmagazin. Zitiert nach: Johann Friedrich Reichardt: Briefe, die Musik betreffend, hrsg. von Grita Herre und Walther Siegmund-Schultze, Leipzig 1976, S. 141.
2 Johann Carl Friedrich Rellstab: Über die Bemerkungen eines Reisenden, Berlin 1789, S. 32.
3 Ebenda, S. 33 ff.
4 August Hartung u. Karl Wilhelm Klipfel: Zur Erinnerung an Charlotte Wilhelmine Bachmann, Carl Friedrich Fasch und Julie Pappritz, Berlin 1818, S. 16.
5 Rellstab, a.a.O., S. 16 f.
6 Ebenda.
7 Johann Friedrich Reichardt: Briefe eines aufmerksamen Reisenden, die Musik betreffend I, Berlin 1774, S. 33.
8 Carl Friedrich Cramer: Magazin der Musik I, Hamburg 1783, S. 147.
9 Ebenda, S. 153.
10 Ebenda, S. 152.
11 Ebenda, S. 149.
12 Rellstab, a.a.O., S. 19.
13 Ludwig Rellstab: Aus meinem Leben, Berlin 1861, S. 6.
14 Ebenda, S. 7.
15 Allgemeine Musikzeitung II, 1799/1800, S. 587.
16 Zitiert nach: Johann Friedrich Reichardt: Briefe, die Musik betreffend, Leipzig 1976, S. 194.

»Mit der Singe-Übung den Anfang gemacht«.
Gründer und Gründung um 1791

Carl Friedrich Christian Fasch wurde am 18. November 1736 in beste norddeutsche Kirchen- und Hofmusiktradition hineingeboren. Sein Vater Johann Friedrich (1688–1758) war als Kind in Leipzig einer der ersten Schüler des Thomaskantors Johann Kuhnau (des Vorgängers von Johann Sebastian Bach) gewesen, hatte als Student in der Stadt ein Collegium musicum gegründet, hatte bei Christoph Graupner, der in der Thomasschule sein Präfekt gewesen war, weiterstudiert und nach allerlei Reisen und Sekretärspositionen 1722 seine Lebensstellung als Hofkapellmeister in Zerbst gefunden. So kann er den ersten Musikunterricht selbst seinem Sohn erteilen, der von Anfang an zart und kränklich ist. Schon in der Kindheit prägen sich dessen musikalische Vorlieben aus:
»Besonders hatten die Kirchenmusiken viel Anziehendes für ihn. Es war aber nicht blos die Musik, was ihn anzog, es war die ganze Handlung, welche einen Anstrich von Würde und Heiligkeit hatte und wovon er noch in seinen letzten Jahren mit Wohlgefallen und Rührung sprach.«[1]
Fasch komponiert bald Kirchenmusik, die er jedoch immer wieder vernichtet – auch das ein Zug, der ihm bis zuletzt bleibt. 1750 schickt ihn der Vater nach Mecklenburg-Strelitz zum dortigen Konzertmeister Johann Gottfried Hertel, wo der junge Fasch das Violinspiel erlernt, sich aber auch im Cembalo-, Orgelspiel und in der Musiktheorie weiterbildet. Er wird ein ausgezeichneter »Akkompagnist«, ein hervorragender Begleiter:
»Er wußte sich so genau an jeden Solospieler anzufügen und ihm in seiner Art und seinem Ausdruck beizukommen, daß sich jeder von ihm accompagnieren ließ.«[2]
Diese Fähigkeit wird lebensentscheidend für den jungen Fasch. Als 1751 Franz Benda, Geiger in der Hofkapelle Friedrichs des Großen, in Strelitz spielt, ist der ortsansässige Cembalist nicht in der Lage, ihn zu begleiten. Fasch springt erfolgreich ein. Daran erinnert sich Benda, als 1756 in Friedrichs Hofkapelle die Stelle des Zweiten Cembalisten neben Carl Philipp Emanuel Bach durch den Abschied Christoph Nichelmanns frei wird. Er empfiehlt Fasch für die Nachfolge; Vater Fasch, ein guter Lutheraner mit pietistischen Neigungen, hat Angst um das Seelenheil seines Sohnes, weil er von der »Gottlosigkeit« des preußischen Hofs gehört hatte.
Doch ein Brief Carl Philipp Emanuel Bachs beruhigt ihn dahingehend, »daß man hier im Lande glauben könne, was man wolle; daß der König selbst zwar nicht religiös sei, aber auch deswegen niemand mehr oder weniger achte«[3].

Carl Philipp Emanuel Bach verspricht ferner, den jungen Fasch zu sich in Kost und Logis zu nehmen. So tritt dieser im Frühjahr 1756 als noch nicht Zwanzigjähriger seinen Dienst an, »der darin bestand: wechselweis mit Bach von vier zu vier Wochen dem Könige täglich seine Konzerte und Flötensoli auf dem Fortepiano zu accompagnieren«[4]. Er bekommt dafür 300 Reichstaler pro Jahr – nicht eben viel. Zum Vergleich: Friedrichs Flötenlehrer und Günstling Johann Joachim Quantz erhält 2000.

Fasch erwirbt sich mit seiner Fähigkeit, sich an das rhythmisch offenbar etwas freie, »der Stimmung folgende Spiel« des Königs anzupassen, dessen Sympathien (Carl Philipp Emanuel war da »weniger nachgiebig«). Sehr abwechslungsreich war der Dienst freilich nicht; denn Friedrich spielte bei der täglichen Soiree in Sanssouci (wie sie Adolph Menzel auf seinem berühmten Bild verewigt hat) ausschließlich Stücke von Quantz (der ihm 300 Flötenkonzerte lieferte) und aus eigener Feder.

Überdies erlebt die Hofmusik noch im Jahre von Faschs Dienstantritt eine empfindliche Unterbrechung: Der König stürzt sich in den Siebenjährigen Krieg, zieht ins Feld, und die Königliche Oper, 1742 erst gegründet, macht zu.

Nach diesem Krieg geht zwar zunächst alles wie zuvor weiter, doch nach dem Bayrischen Erbfolgekrieg, 1778, »legte der König die Musik fast gänzlich beiseite und sah nunmehr selten einen von seinen Musikern… Dessen ungeachtet mußte Fasch bis an den Tod des Königs (1786) alle vier Wochen nach Potsdam reisen und seine Zeit da bleiben, obgleich nichts daselbst für ihn zu tun war, besonders in den letzten Jahren«[5].

Fasch hat also viel Zeit und betreibt mannigfaltige Studien – Medizin, Chemie, Architektur, Mathematik, Zeichnen, Sprachen –, pflegt aber auch etwas skurrile Hobbies: Er erfindet ein neues Kartenspiel »Grand-Patience«, baut buchstäblich Kartenhäuser, dreistöckige mit allem Komfort, führt Register über alle kriegführenden Mächte und beginnt den Tag mit Übungen im Kopfrechnen. Er wird auch musikalisch ein Tüftler, schreibt Aufsätze über die »Berechnung der Intervalle«, die »Fortpflanzung des Tons«, die »mitklingenden Töne«, arbeitet sorgsam seine Lektionen aus, schreibt kunstvolle Kanons; der komplizierteste ist ein fünffacher zu 25 Stimmen.

In dieser Zeit besinnt sich Fasch auf seine frühe Liebe zur Kirchenmusik. Reichardt, der, wie wir sahen, die altitalienische Kirchenmusik schätzte, bringt 1775 aus Italien eine sechzehnstimmige Messe des römischen, frühbarocken Komponisten Orazio Benevoli (1605–1672) mit, die Fasch fasziniert. Lassen wir Reichardt berichten:

»Dieses Werk erzeugte bey Herrn Fasch den Vorsatz, seine ehrenvolle musikalische Laufbahn mit einer solchen bestmöglich gearbeiteten 16stimmigen Messe zu beschließen, und er hat sich durch keine Zerstreuung, durch kein Geschäft, ja selbst nicht durch tödtliche Krankheit abhalten lassen, dieses mühsame große Werk zu vollenden und selbst itzt, da er es mit einem Fleiß und Erfolg beendet hat, der die

Carl Friedrich Christian Fasch,
Sechzehnstimmige Messe, Laudamus (S. 4)

Hochachtung seiner wärmsten Freunde und Verehrer noch um vieles erhöhen mußte, ruht er nicht, sondern strebt immerfort, dem Werke die ganze Vollendung zu geben.«[6]

Die Messe sollte sein Vermächtnis werden. Fasch wollte »wo möglich ein Werk hinterlassen, woraus vielleicht einmal wieder nach 170 Jahren irgend ein Kenner sehen möge, daß es um diese Zeit noch einen deutschen Harmonisten gegeben, der sich an den 16stimmigen Satz gewagt und ihn bestanden habe«[7].

Fasch sollte recht behalten. Sogar nach über 200 Jahren ist seine Messe von der Sing-Akademie zu Berlin noch einmal ans Licht gehoben und musiziert worden. Denn mit ihr beginnt die Geschichte der Sing-Akademie; um ihretwillen wurde sie gegründet. Fasch schreibt die Messe keineswegs für die Schublade. Er bemüht sich darum, sie zum Klingen zu bringen. Aber wer soll sie singen? Er versucht es mit Schulchören – sie schaffen es nicht. Er probiert sie mit Hofsängern – auch sie scheitern. So kommt er dahin, sich selber aus seinem Schülerkreis die Kräfte heranzuziehen, die er braucht. Seit 1787 unterrichtet er Charlotte Dietrich, die Stieftochter des Geheimrats Milow, dessen Haus an der Spittelbrücke in der Nähe des Spittelmarkts liegt. In dessen Garten steht ein Lusthäuschen, wo sich seit 1790 Schüler von Fasch und deren Freunde zum mehrstimmigen Singen treffen. Fasch notiert in seinem ersten Protokollbuch: »Im Sommer 1790 ist mit der Singe-Übung der Anfang gemacht, in dem Garten Hause des Geheimden Rath Milow.« Dann zählt er neun »feste Mitglieder« auf (drei Soprane, drei Alte, ein Tenor, zwei Bässe), darunter die schon erwähnte »Madame Bachmann« und Julie Pappritz, die spätere zweite Frau von Zelter. Drei Damenstimmen kommen als Aushilfen oder Gäste hinzu.

Damit kann man die sechzehnstimmige Messe für vier Chöre natürlich noch nicht einmal einfach besetzen, kann nur Teilchöre proben. »Mit einfallendem Winter ward diese Übung bis zum künftigen Sommer ausgesetzt« – das Gartenhäuschen war nicht heizbar. Doch im Frühjahr 1791 ging es sofort weiter: »Im April dieses Jahres ward die Singe Übung nun wieder eröffnet, aber in der Folge beständig in dem Saale der Frau Geheimde Rätin Pappritz gehalten.«

Und dann kommt der lapidare, aber inhaltsschwere Satz: »Den 24 May bey Mad. Voitus zum ersten mahl.«

Frau »Generalchirurgus« Voitus, die Schwester von Madame Pappritz, wohnte Unter den Linden 59 und hatte Raum genug, um den inzwischen auf 22 Stimmen angewachsenen Chor aufzunehmen. Von dem genannten Tag an beginnt die regelmäßige dienstägliche Probenarbeit, und so sieht die Sing-Akademie zu Berlin diesen 24. Mai 1791 als ihr Gründungsdatum an, auch wenn sie damals diesen Namen noch nicht trug. Obwohl unter den 22 Sängern ausgebildete Stimmen, ja Berufssänger waren, ließ sich doch die sechzehnstimmige Messe noch nicht befriedigend darstellen. Fasch versuchte es eine Nummer kleiner: »Ich schrieb deshalb den achtstimmigen 51. Psalm – Miserere mei, und dieser unterhielt uns den ganzen Sommer hindurch.«

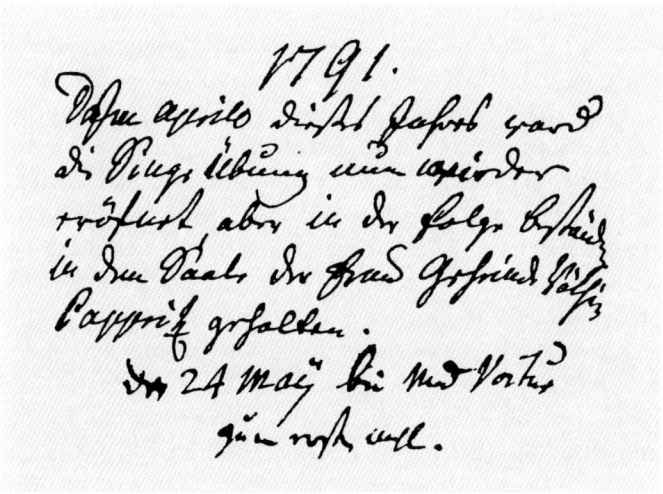

Autograph Carl Friedrich Christian Fasch, Eintragung in die
Anwesenheitsliste vom Jahre 1791: »Den 24. May bei Mad. Voitus
zum ersten mahl«

Hier gab es 21 solistische und chorische vier- bis achtstimmige Stücke, die man
einzeln erarbeiten konnte. 15 davon wurden bereits im September 1791 in der Marienkirche gesungen. Dieses erste öffentliche Auftreten muß wie eine kleine Sensation gewirkt haben. Zum ersten Male in der Geschichte Berlins, ja wohl Deutsch-
lands überhaupt, sangen bei einer Kirchenmusik Frauen und Männer gemeinsam
im Chor. Ein neuer »Sound«, wie man heute sagen würde, wurde präsentiert. Und
der muß faszinierend gewesen sein. Am 25. Juni 1793 wurde die Aufführung wiederholt; der Chor war bereits auf 41 Mitglieder angewachsen.

Diese Entwicklung, wie sie allerorten in der Literatur über die Sing-Akademie
dargestellt wird, könnte auf ein stetiges steiles Aufwärts deuten. Aus Zelters Berichten aber, die bislang merkwürdigerweise für die erste Phase der Geschichte der
Sing-Akademie kaum herangezogen wurden, stellt sich die Sache etwas anders dar.
Zelter, der von 1784 bis 1786 Faschs Schüler gewesen war, trat bereits im Sommer
1791 in den Chor ein und beschreibt dessen erste Zusammenkünfte dergestalt: »Die
Zusammenkünfte der Gesellschaft geschahen dienstags, wie noch heute. Man ver-
sammelte sich am Abend, man trank Tee, man sprach, erzählte, kurz zerstreute sich,
und an die Sache selbst wurde nur nebenher gedacht.«[8]

Das klingt sehr nach der von Zelter so geschmähten Mode der »Singethees«,
nach Unverbindlichkeit also. »Die Stücke waren nicht leicht, ja oft unbezwinglich,
und wollte es zuletzt nicht vor sich gehen, so legte man dies beiseite, um etwas anderes nicht glücklicher zu versuchen. Ich zerrieb mich innerhalb, um ein Mittel aufzu-

finden, Ordnung und Ernst in die Sache zu bringen. Das war aber nicht leicht, da ich garnichts zu sagen hatte und Fasch, um nur einigermaßen zufrieden sein zu können, für jede Stimme immer noch wenigstens einen wirklichen Sänger dazubat. Gegen mich aber ließ Fasch so wenig Vertrauen sehen, daß er mich kaum an den Flügel ließ; denn wenn er selbst nicht spielte, so ließ er einen anderen als mich heran. – Endlich verabredete ich mich mit einigen von uns, wir wollten jeden Montag vorher uns versammeln, um das ordentlich einzuüben, war wir vortragen wollten.«[9]

Demnach wäre Zelter der Initiator der montäglichen »Vorübung« gewesen. In Faschs Darstellung liest sich das jedoch so: »Ausgang des Sommers (1792) fing ich die Vorübung des Sonnabends mit denen an, die zu weit zurück waren. Herr Zelter setzte solche alsdann den Winter bis anjetzo des Montags fort.«[10] Zelter wurde auch durchaus schon im Winter 1791 »herangelassen«: »Im Winter hatte Herr Zelter das Quoniam aus der 16st. Messe einstudiert.«[11]

Zelter fühlte sich jedenfalls von Anfang an für die Sache verantwortlich und mag deshalb seinen Anteil etwas überzeichnet haben. Er will auch, als die Wohnung von Frau Voitus (die umgezogen war) zu eng wurde, den neuen Probenort ausfindig gemacht und besorgt haben: »Ich entdeckte den runden Saal der Königlichen Akademie, welche bis dahin ein großer Durchgang, eine Vorhalle der Akademie gewesen war, wirkte durch den damaligen Direktor Meil beim Curatorio und dem Senate der Akademie die Erlaubnis aus, hier unsere Übungen fortzusetzen, wo wir ungestört, unabhängig, unentgeltlich mitten unter Künsten und Wissenschaften unsere Wohnung aufschlagen konnten.«[12]

Der Umzug wurde von Fasch als so bedeutend angesehen, daß er seinem Chor nun den Status eines Vereines vermitteln wollte: »Nach erhaltener Erlaubnis der Curatoren der beiden Akademien, Sr. Excellenz v. Heyberg und Sr. Excellenz v. Heinitz, probirten wir den 22. October zum erstenmal auf dem Saale der Akademie. Den 29. October sangen wir zum letzten Male bei Madame Voitus, und dort erwählte ich die ältesten Mitglieder zu Vorstehern der Gesellschaft, Mad. Voitus, Dem. Dietrich, Mad. Sebald, Herrn Geheimrath Zencker, Herrn Prediger Messow und Herrn Hartung (den Rektor der Domschule). Die Vorsteherinnen sollten die Damen unter ihren Schutz nehmen und gemeinschaftlich mit den Herrn Vorstehern die Oekonomie der Gesellschaft besorgen, so daß ich mir bloß die musicalische Direction und was dahin gehört vorbehielt. Die Vorsteher kamen deshalb den folgenden Sonntag Vormittag bei Madame Voitus zusammen und da ward ausgemittelt, daß jedes Mitglied monatlich 12 Groschen zur Bestreitung der Kosten zur Kasse beitragen sollte. Doch waren von diesem Beitrag ausgenommen alle Musiker von Profession, denn da diese die Zeit, wo sie sonst durch ihre Künste Geld verdienten, unserer Akademie widmen, so leisten sie durch diesen Verlust ihrer Zeit schon mehr als den Werth dieses Beitrags. Herrn Zelter wählte ich deshalb nicht zum Vorsteher, weil ich ihn vom Anfang zu meinem Assistenten ausersehen hatte, und die Folge hat meine Wahl vollkommen gerechtfertigt. Den 5. November (1793) wurde demzufolge die Akademie eröffnet und die Vorsteher der Gesellschaft vorgestellt.«[13] Und von Stund an nannte man sich »Singe-Accademie«.

Mit dem Raum in der Akademie schien man allerdings vom Regen in die Traufe gekommen zu sein: »Das neue Local sah sehr unerfreulich aus: schmutzige Wände, schlechte Dielen, zerschlagene Scheiben, unfeste Türen und Fenster, ein Aufgang durch den Pferdestall, der Winter nahe. Im Saale war kein Ofen, ja selbst kein Raum, um einen zu stellen. Der Winter, die Kälte und Feuchtigkeit waren unerträglich. Wenn ich die Hände auf den Flügel legte, war es, als wenn ich auf stechenden Nägeln spielte... Wenige Mitglieder ließen sich sehen, und die Gesellschaft bestand manchen Dienstag so armselig, daß wir kein Stück besetzen konnten.«

Und an dieser Stelle muß jene gern erzählte rührende Geschichte kommen: »Die Mädchen jedoch waren die Tapfersten. Eines Tages, als die Kälte unerträglich war, wollten die meisten wieder von dannen gehen. Eine unter ihnen legte ihren Muff auf die Erde, kniete darauf und wickelte ihre Füße in ihr langes Kleid. Dies ahmten mehrere nach, und zuletzt sang die ganze Versammlung in dieser rührenden Stellung einen Choral, daß Fasch darüber in Tränen ausbrach.«[14]

Ein weiteres Problem war für manche die Entwicklung aus dem unverbindlichen Singetee-Dasein zur ernsthaften, mit Kunstanspruch arbeitenden Gesellschaft: »Die Privatgesellschaft, meinten einige unter uns, sei nicht mehr, was sie gewesen; Sänger und Sängerinnen wollten sie nicht werden, und sehr bedeutende Mitglieder gingen aus dem Vereine.«[15]

Daß der hohe Anspruch, mit dem der Chor angetreten war, allmählich heruntergeschraubt werden mußte, enttäuschte andererseits wieder die Profis und Halbprofis, auf die die Sing-Akademie noch angewiesen war: »Was der Sing-Akademie gleichfalls hinderlich war, war, daß man zu groß angefangen hatte. Sechzehnstimmige und achtstimmige Stücke waren selten zu besetzen, und von diesen Stücken, welche einen großen Geschmack, Stil und Ausdruck atmen, zu kleinen leichten Stücken überzugehen, mit denen wir eigentlich hätten anfangen sollen, war keine leichte Überwindung... Unser Bestehen war jetzt noch immer auf den Beitritt anerkannter Artisten gegründet: Fischer (ein Berufssänger) und seine Frau, Lehmann (Musikdirektor der Berliner Kirchen), Harke, Johannes, Kleinhans, Madame Graziani (Hofsängerin) mit ihrer Tochter, Mlle Niclas, Reichardt (der Hofkapellmeister), Seidel u. a. mußten gegenwärtig sein, wenn etwas gelingen sollte. Diese mußten Dienstag von Fasch besonders eingeladen werden, wenn die Teilnahme nicht vermindert werden sollte. Was aber not tat, bestand darin, für uns allein bald dahin zu gelangen, etwas zu leisten.«[16]

Geburtswehen aller Art – eine lange Zukunft war der Sing-Akademie durchaus nicht vorgezeichnet; im Gegenteil: »Die Sache hatte ohnehin nicht mehr den Reiz der Neuheit, und das Schädlichste war, daß einige von Faschens Freunden sich merken ließen, die Sache würde nicht bestehen können. Einen dieser Unglückspropheten, der diese Meinung in meiner Gegenwart äusserte, beschied ich in ziemlicher

Johann Sebastian Bach und drei seiner Söhne.
Gemälde von Balthasar Denner, um 1730

Hast: ›Die Sing-Akademie wird länger bestehen als Sie! Warum reden Sie so, wenn die Sache gut ist, da es Ihre Pflicht wäre, an Erhaltung zu denken?‹«[17] Zelter sollte recht behalten.

Am 21. Januar 1794 macht Fasch im Probentagebuch die bemerkenswerte Eintragung: »Heute ward der Anfang gemacht, die Motete 1 von J. Seb. Bach ein zu studieren.« Gemeint war die doppelchörige Motette »Komm, Jesu, komm«.

Daß Fasch nach eigenen Werken als ersten fremden Komponisten Johann Sebastian Bach vornahm, war in jener Zeit alles andere als selbstverständlich – und konnte sich wohl nur in Berlin ereignen.

Hier war die Bach-Überlieferung nach dem Tod des großen Johann Sebastian nicht abgerissen. Wirkte doch am Hof Friedrichs des Großen bis 1767 dessen zweit-ältester Sohn Carl Philipp Emanuel Bach als Erster Cembalist, neben ihm zunächst der Bach-Schüler Christoph Nichelmann, bevor Fasch kam. Johann Friedrich Agri-cola, Hofkomponist und viele Jahre Dirigent der Königlichen Kapelle, war gleich-falls Schüler von Bach gewesen, ebenso wie Johann Philipp Kirnberger, der seit 1754 Kompositionslehrer und Kapellmeister der Prinzessin Anna Amalia von

Preußen (der Schwester Friedrichs des Großen) war und mit ihr zusammen die unschätzbare Amalien-Bibliothek anlegte, deren Bach-Handschriften der Grundstock wurden für die reichen Bach-Bestände der Staatsbibliothek Preußischer Kulturbesitz. Der Kreis um Anna Amalia wurde ein Hort Berliner Bach-Pflege.

Zu ihm hielt sich vorübergehend auch Johann Sebastian Bachs ältester Sohn Wilhelm Friedemann, der die letzten zehn Jahre seines Lebens in Berlin verbrachte. Über seine Schülerin Sarah Levy wurde die Bach-Tradition an die Dynastie Mendelssohn vermittelt – eine der Voraussetzungen für die legendäre Wiederaufführung der Matthäuspassion durch den jungen Felix mit der Sing-Akademie im Jahr 1829, wodurch eine Bach-Renaissance breiten Maßstabs eingeleitet wurde.

1 Carl Friedrich Zelter: Karl Friedrich Christan Fasch, Berlin 1801, S. 10.
2 Ebenda, S. 11.
3 Ebenda, S. 13.
4 Ebenda.
5 Ebenda, S. 21.
6 Johann Friedrich Reichardt: Musikalisches Kunstmagazin II, Berlin 1783, S. 123.
7 Zelter: Fasch, a.a.O., S. 24.
8 Erstausgabe der Lebensbeschreibungen Zelters, bearbeitet von Wilhelm Rintel, Berlin 1861, zitiert nach: Karl Friedrich Zelter: Selbstdarstellungen, ausgewählt und hrsg. von Willi Reich, Zürich 1955, S. 64.
9 Ebenda, S. 65.
10 Georg Schünemann: Die Sing-Akademie zu Berlin, Regensburg 1941, S. 15.
11 Ebenda, Faksimile-Blatt zwischen S. 20 und 21.
12 Zelter/Reich, a.a.O., S. 66.
13 Martin Blumner: Geschichte der Sing-Akademie zu Berlin, Berlin 1891, S. 12.
14 Zelter/Reich, a.a.O., S. 67.
15 Ebenda, S. 66.
16 Ebenda, S. 68 ff.
17 Zelter/Reich, a.a.O., S. 69.

»Mit einem Mund lobsingend«.
Der Chor formiert sich (1791–1800)

Die Arbeit an den Bach-Motetten, die am 21. Januar 1794 begonnen hatte, wird intensiv weiterbetrieben und beherrscht das ganze Jahr. »Komm, Jesu, komm« wird am 25. März schon »von Anfang bis Ende« gesungen, geht aber auch im April »noch immer nicht ohne Fehler«. Dennoch wagt man mit dieser Motette am 8. April zum ersten Mal ein »Auditorium«, die Aufführung vor einem kleinen, illustren Kreis von Gästen, wie man sie fortan in gewissen Abständen veranstaltet. Bei dieser ›Premiere‹ sind Prinz Louis Ferdinand nebst anderen Hof-Personen sowie die Kuratoren der Akademie zugegen.

Im weiteren Verlauf des Jahres probt man die Bach-Motetten »Fürchte dich nicht« und »Singet dem Herrn«. Anstatt des kränklichen Fasch leitet Zelter oft die Proben.

In den folgenden Jahren läßt die Bach-Pflege etwas nach und wird erst unter Zelters Ägide nach 1800 wieder intensiv aufgegriffen. Vielleicht erkannte Fasch, daß die Bach-Motetten noch zu schwer waren, und schrieb nun seinem Chor Stücke »auf den Leib«. So entstehen in den Jahren 1794/95 die Psalmvertonungen, die er unter dem Titel »Mendelssohniana« (Psalmen in der Übersetzung von Moses Mendelssohn) und »Davidiana« (Psalmen in Luthers Übersetzung) versammelt.

Wegen Gemäldeausstellungen in der Akademie muß die Sing-Akademie oft mit den Proben ausweichen. So probt man im Herbst bei dem Musikverleger Rellstab, der auch selbst Proben leitet, weil Fasch kränkelt und Zelter durch den Tod seiner ersten Frau verhindert ist. Hier arbeitet man zum ersten Mal an den Chören aus Händels Oratorium »Judas Makkabäus«, das für die Sing-Akademie eine ganz besondere Bedeutung gewinnen wird. Es ist dies der Beginn einer nachmals breiten Händelpflege der Sing-Akademie.

Das Repertoire erweitert sich nun beständig. Gegen Ostern 1796 erarbeitet man Carl Friedrich Grauns Passionsmusik »Der Tod Jesu«, die in Berlin ja schon eine lange Tradition hat und führt sie am 12. April vor etwa einem Dutzend Zuhörern leicht gekürzt mit Instrumenten auf. Das erste Mal, daß man vom A-cappella-Singen abweicht, mit einem Werk, das noch auf viele Jahrzehnte zum festen Repertoire zählen sollte, ja später jährlich am Karfreitag aufgeführt wurde.

Trotz der kaum öffentlichen Arbeit der Singakademie – oder gerade deswegen? Exklusivität reizt! – verbreitet sich zu dieser Zeit schon der Ruf der Sing-Akademie weit über die Grenzen Berlins hinaus. Wer immer an Kunstinteressierten in der Stadt weilt, ist darauf aus, zu den Proben Zutritt zu erlangen. Am 21. und 28. Juni

Ludwig van Beethoven (1770–1827)

1796 ist, beim einzigen Berlin-Aufenthalt seines Lebens, der sechsundzwanzigjährige Beethoven aus Wien zu Gast, der zumindest als Klaviervirtuose schon einen weiten Ruf genoß. Man singt für ihn Stücke von Fasch, auch aus der sechzehnstimmigen Messe, und Beethoven improvisiert am Klavier über ein Fugenthema von Fasch.

Auf diesen Auftritt bezieht sich wohl der Bericht von Bettina von Arnim (die übrigens von 1810 bis 1812 Mitglied der Sing-Akademie war) über ein Gespräch Beethovens mit Goethe. »In Berlin gab ich auch vor mehreren Jahren ein Konzert. Ich griff mich an, und glaubte was Rechts zu leisten und hoffte auf einen tüchtigen Beifall, aber siehe da, als ich meine höchste Begeisterung ausgesprochen hatte, kein geringstes Zeichen des Beifalls ertönte; das war mir doch zu arg; ich begriffs nicht; das Rätsel löste sich dahin auf, daß das ganze Berliner Publikum fein gebildet war, und mir mit nassen Schnupftüchern vor Rührung entgegen winkte, um mich seines Danks zu versichern.«[1]

Als Komponist trat Beethoven sehr spät in den Gesichtskreis der Sing-Akademie, wurde für sie nie zu einer zentralen Figur. Andere Zeitgenossen standen ihr näher, waren charakteristischer für ihre Arbeit.

So etwa Johann Abraham Peter Schulz. Der war inzwischen Königlicher Kapellmeister in Kopenhagen, und von dort am 25. Oktober 1796 zu Besuch bei der Sing-
Akademie, die ihm seine Hymne »Vor dir, du Ewiger« sang.

Das Werk darf textlich wie musikalisch als zeittypisch und besonders charakteristisch für das damalige Repertoire der Sing-Akademie angesehen werden – solche
Hymnen erklangen zuhauf. Bezeichnend ist bereits der Text des philosophisch-
theologischen Schriftstellers Johann Kaspar Lavater (1741–1801), eines Mannes
mit pietistisch-mystischen Neigungen, dessen poetischer Stil offenkundig von
Klopstocks hymnischem Tonfall geprägt ist.

> Vor Dir, o Ewiger, tritt unser Chor zusammen,
> Vor Dir, der höher ist als aller Engel Namen.
> Wie heilsam ist's, vor Dir empfindungsvoll zu stehn
> Und Dich mit einem Mund lobsingend zu erhöhn.

So die erste Strophe. »Mit einem Mund«, in lapidarem Einklang steigt der Chor si-
gnalhaft empor, ehe er sich zu schlichter choralhafter Vierstimmigkeit auffächert.
Das ist »edle Simplicität«. Kirnbergers »gelehrter Stil« klingt nur noch in einer kur-
zen, fugierten Soloeinlage nach; dann türmen sich wieder Dreiklänge auf, schraubt
sich der Gesang höher gemäß dem Text: »steigt im vereinten Chor der jubelvolle
Dank zu deinem Thron empor«. Dazwischen die gedämpfte, demutsvolle Geste:
»Wie stehn mit tiefem Schauer vor Deiner Majestät.« Und am Ende das groß verbreitete Halleluja. Mit solcher Hymne wird ein Typus von Musik intoniert, der
von der Sing-Akademie geschätzt wird, weil er ihr Selbstverständnis zum Ausdruck bringt: die große Chorgemeinschaft, die, als Repräsentant des gesamten Bil-
dungsbürgertums, nicht mehr als Kirchengemeinde, ihre Stimme, und das heißt
sich selbst, »mit einem Mund« erhebt zu Gott in der subjektiven, »empfindungsvol-
len« Frömmigkeit des Pietismus.

Von ähnlichem geistigem und musikalischem Zuschnitt, nur ungleich expansi-
ver ist Johann Friedrich Reichardts Vertonung des »Morgengesangs« von John
Milton, die er für die Sing-Akademie schuf und auch mit ihr probierte. Der große
englische Dichter des »Paradise lost« mit seinen grandiosen Visionen vom Kampf
der Weltmächte ruft hier die Schöpfung zum Preis ihres Schöpfers auf wie der Heilige Franziskus in seinem Sonnengesang.

Reichardt gestaltet dies zur mehrstimmigen Kantate mit Chören und Soli, eine
Form, die der Struktur der Sing-Akademie entgegenkam mit ihrem Nebeneinan-
derwirken von Berufssängern und Laien. Die Chorpartien vereinen archaisierendes
Fugieren mit lapidarem Akkordsatz von Händelscher Monumentalität, vollziehen
aber auch sehr moderne, vorromantische harmonische Bewegungen. Von großem
kantablen Atem getragen sind die Soli, die sich zu Duetten und Quartetten verbinden. Farbig, den Bläsern eine Vorzugsstellung einräumend, ist die Instrumentation
des Orchesters. In lebhaftem Wechsel der Formen und Besetzungen entsteht ein
rundes, erfülltes Ganzes, das seine Wiedererweckung in jüngster Zeit verdient hat.

Auch bei Namen, die heute fast vergessen sind, muß man einen Augenblick verweilen, weil sie damals in hohem Ansehen standen. In den Jahren 1796/97 war mehrfach der Dresdner Hofkapellmeister Johann Gottlieb Naumann in der Sing-Akademie zu Besuch, wo man ihm seinen 111. Psalm sang.

Neben der zeitgenössischen Musik spielte in der Sing-Akademie damals aber auch bereits die italienische geistliche Musik vom Anfang des Jahrhunderts eine gewichtige Rolle, die Reichardt in seinen »Concerts spirituels« favorisiert hatte. Zu nennen sind da die Neapolitaner Leonardo Leo (1694–1744) und Francesco Durante (1684–1755), die in ihrer Kirchenmusik die Palestrina-Tradition weitertragen, welche in Italien besonders durch Padre Martini, den gesuchten Lehrer, konserviert wird. Beide Komponisten sind für Reichardt Exponenten der »wahren, reinen Kirchenmusik«, und Fasch dürfte mit ihm hierin einig gewesen sein.

Hervorzuheben ist da eine Vertonung des 51. Psalms, der sich im 18. Jahrhundert unter Komponisten großer Bevorzugung erfreut, ein »Miserere« von Leonardo Leo für zwei vierstimmige Chöre. Es mochte den Intentionen der Sing-Akademie insofern entgegenkommen, als es einen streng linearen Satz vorbarocker Tradition ausprägt, in dem jede Stimme durch und durch vokal konzipiert ist (die Bachschen Motetten sind ja hingegen zuweilen sehr instrumental geführt), und doch war es nicht einfach nur archaisierend, sondern lebte in der harmonischen Sprache des Hochbarock, einer zuweilen sehr expressiven Sprache. So beginnt es gleich mit einer herben Dissonanz, deren Auflösung auf sich warten läßt, ist jedoch insgesamt sehr von der Vertikalen, vom Klang geprägt. Das »Cor mundum crea« aber, das die Sing-Akademie gern auch einzeln sang, weist mit seinen warmen Sextparallelen auf das Zeitalter der Empfindsamkeit voraus, als dessen Kind die Sing-Akademie anzusehen ist.

So wie sich der Hof von Anfang an für die Sing-Akademie interessiert, so huldigt sie ihm auch zu allen großen Gedenktagen. Zum Tod des Prinzen Louis schreibt Fasch Anfang 1797 seine Motette »Selig sind die Toten«. Im Februar stirbt die Witwe Friedrichs des Großen, der eine Trauerfeier gewidmet wird, am 16. November Friedrich Wilhelm II., für den Fasch sein Requiem komponiert und am 28. vor einem glänzenden Auditorium aufführt. Am 6. Februar ist Prinz Anton Radziwill erstmals zu Besuch, ist begeistert und wird zu einem Förderer der Sing-Akademie. Und am 24. Januar feiert man den Geburtstag Friedrichs des Großen. Für die Wiederherstellung der Akademie der Wissenschaften schreibt Reichardt eigens eine Ode.

Der Chor wächst bis zum Ende des Jahrhunderts auf fast 100 Mitglieder. Die Auditorien werden häufiger, die Zuhörerlisten führen bis zu 80 Namen auf. Der neue Klang spricht ein Lebensgefühl an, einen Sinn fürs Erhabene, Erhebende, Hymnische.

Der jung verstorbene, frühromantische Dichter Wilhelm Heinrich Wackenroder, der Klavierschüler von Fasch war, im Hause Reichardts verkehrte und in Zelter »einen leitenden und ratenden Freund« fand, dürfte bei seinem Besuch der Sing-Akademie seine kunstreligiöse Anschauung von der Musik als einer »Sprache der Engel«, als »Gottheit für menschliche Herzen«, als »letztes Geheimnis des Glaubens, die Mystik, die durchaus geoffenbarte Religion« bekräftigt haben.[2]

Im A-cappella-Musizieren der Sing-Akademie war verwirklicht, was Wackenroder vorschwebte – oder er hat sein Ideal erst am Erlebnis mit der Sing-Akademie entwickelt: »Die reine Vokalmusik sollte wohl ohne alle Begleitung der Instrumente sich in ihrer eigenen Kraft bewegen, in ihrem eigentümlichen Elemente atmen… Die vollen Chöre, die vielstimmigen Sachen, die mit aller Kunst durcheinander gearbeitet sind, sind der Triumph der Vokalmusik.«[3]

Indes, die erste Phase in der Geschichte der Sing-Akademie neigte sich bereits dem Ende entgegen. Fasch war schon lange kränklich. Zelter mußte mehr und mehr die Proben für ihn übernehmen. Als man in der Sing-Akademie 1798 seinen 62. Geburtstag feiert – Zelter und Reichardt haben für ihn komponiert – kann er erst verspätet dazukommen. Zur gleichen Zeit erlebt er noch, daß ihm Friedrich Wilhelm III. – Fasch stand nach wie vor im Dienst des preußischen Hofs – nach seinem Regierungsantritt unaufgefordert endlich die 100 Taler Gehaltszulage bewilligt, die seine Vorgänger längst versprochen hatten. Obwohl Fasch nicht eben glänzende Erfahrungen mit dem preußischen Hof gemacht hatte, war er doch stets ein loyaler Diener des Königs. Noch an seinem Todestag, der mit dem Geburtstag des Königs zusammenfiel, stieß er auf dessen Wohl mit Zelter an.

Am 3. Juni 1800 war Fasch das letzte Mal auf der Sing-Akademie. Zelter schreibt: »Er konnte sich kaum stehend erhalten. Den folgenden Tag sagte er mir schon, er befände sich so übel, daß dieß wohl seine letzte Akademie gewesen seyn würde. Bei diesem Vorgefühl seines Todes blieb es auch.« Fasch trägt in die Anwesenheitsliste der nächsten Probe ein: »Ich war am Convulsivischen Stickhusten in der größten Lebensgefahr zu Hause.«

Am 4. August schreibt Zelter in das Tagebuch der Sing-Akademie: »Sonntags den 3ten August ist der rechtschaffene Fasch nachmittags um halb vier Uhr gestorben; und von hier an werde ich, sein Freund und Schüler, dieses Buch und die Sing-Akademie fortsetzen.«

In die Anwesenheitsliste vom 5. August trägt Zelter ein: »Es war die erste Akademie nach dem Tod des edlen Stifters. 53 Personen von 137 sangen mit Thränen und gerührtem Herzen die oben verzeichneten Stücke« – nämlich Faschs Requiem und seinen Choral »Zu Gott, o Seele, schwing dich auf« –. »Ich machte der Gesellschaft das letzte Lebewohl des Seeligen bekannt, welches wörtlich hier folgt:

Es wird wohl niemandem von uns mehr unbekannt sein, daß unser rechtschaffener Freund und Stifter vorigen Sonntag Nachmittags um halb vier Uhr sein schönes fruchtbares Leben sanft geendet hat; allein ich habe den officiellen Auftrag von ihm, seinen Tod unter uns bekannt zu machen und Ihnen allen sein letztes Lebewohl zu sagen. Er läßt Jedem von Ihnen besonders aufs Innigste danken für die vielen Beweise aller ihm erzeigten Achtung und Liebe, deren Gefühl sein Herz bis zur letzten Stunde fröhlich erhalten hat. Er versichert Sie alle seiner unbedingten Zufriedenheit, die er mit in jene Welt genommen, und hofft von Ihrem Wohlwollen gegen ihn, daß Sie sein Andenken mit der gewohnten Einigkeit ehren werden, die der einzige und höchste Zweck aller Kunst ist.«[4]

Am 7. August wird Fasch auf dem Jerusalemer Friedhof nahe dem Hallischen Tor bestattet. Man singt auf seinen Wunsch Grauns Chor »Auferstehn wirst du« nach den vielvertonten Worten von Klopstock (die noch Gustav Mahler am Ende seiner 2. Symphonie verewigt hat). 1833 hat man auf dem Grab ein Denkmal errichtet mit einer Tafel, auf der steht: »Ich harrete des Herrn, und er neigte sich zu mir, und hat mir ein neues Lied in meinen Mund gegeben, zu loben unseren Gott. Ps. 40.«

Nach der Totenmaske hat Gottfried Schadow eine Marmorbüste gefertigt, die zunächst in der Akademie, dann im 1827 eingeweihten eigenen Haus der Sing-Akademie am Kastanienwäldchen aufgestellt wurde. Von Schadow stammt auch das berühmteste Bild Faschs, eine Radierung, neben der noch Ölbilder von Graff und Susanna Henry, der Tochter Daniel Chodowieckis, entstanden.

An dieser Stelle, wo eine erste Ära, ein erstes Jahrzehnt der Sing-Akademie zu Ende geht, scheint eine Betrachtung über die damalige Verfassung des Chors ange-

Grabstein Carl Friedrich Christian Fasch auf dem Jerusalemer Friedhof

bracht. Hatte Fasch mit ihm erreicht, was er wollte? Was hatte er überhaupt gewollt? Über den Anlaß seiner Gründung, die klingende Realisierung von Faschs Messe, war der Chor ja längst hinausgewachsen. Wohin gingen Faschs Intentionen?

»Faschens Absicht war es keineswegs, eine Singeschule zu stiften oder Sänger zu bilden. Da er selbst kein Sänger war, so wollte er dies gern jenen überlassen, die ihm hier an Talent und Kräften überlegen waren. Er wollte sich weder dem Strom der Zeit noch der herrschenden Liebhaberei entgegenlegen; er wollte den Neid auch nicht eines Kunstgenossen erregen; er wollte nur helfen!« So Zelter. Aber was hieß das konkret: »helfen wollen«? Die anschließenden Ausführungen Zelters geben darüber vielleicht einige Auskunft: »Am allerentferntesten aber war er von dem, was ihm so mancher riet: einen Erwerbszweig für sich aus dieser Anstalt zu machen; denn er hielt sich für fest überzeugt, daß die Sing-Akademie ohne die einfache unverrückte Hinsicht auf den einzigen allgemeinen Zweck der Kunstbeförderung nicht bestehen könnte. Seine Absicht war und blieb keine andere als: eine Art von Kunstkorps, das man allenfalls Akademie nennen konnte, für die heilige Musik zu stiften, wo sich jeder ernsthafte Freund dieser Kunst anschließen und durch eigene Mitwirkung so viel Genugtuung verschaffen konnte, als möglich ist.«[5]

Dreierlei ist dem zu entnehmen:

1. Die Sing-Akademie war zunächst ohne jede kommerzielle Ausrichtung; im Gegenteil: Sie gab Wohltätigkeitskonzerte – »helfen« im ganz handfesten Sinn.
2. Es ging allein um »Beförderung der Kunst«, genauer: der »heiligen Musik«, die dem herrschenden »Verfall der Kirchenmusik«, den Forkel in seiner »Allgemeinen Geschichte der Musik« drastisch beschreibt, entgegengesetzt werden sollte. Insofern legte sich Fasch doch »dem Strom der Zeit entgegen«. »Kunstbeförderung«, das meinte auch: Bildung hin zur Kunst, Bildung durch die Kunst – eine pädagogische Tendenz ganz im Sinne der platonischen Akademie (von der die Sing-Akademie ja letztlich ihren Namen bezog), die der Gesellschaft fortan erhalten blieb. »Kunstbeförderung« – das beinhaltete aber ferner, ganz im Sinne der Aufklärung, ethische Erziehung. »Heilige Musik« sollte »zur Tugend, dem einzigen Mittel aller wahren bürgerlichen Glückseligkeit entflammen«[6], wie Forkel formulierte – und das war ganz im Sinne Faschs und Zelters.
3. Den Mitwirkenden sollte »Genugtuung« verschafft werden – »innere Befriedigung«, würde man heute sagen, »Selbstverwirklichung«.

Wie aber funktionierte damals der Chor? Fasch dirigierte »vor einem Flügel mit dem bloßen Accompagnement, ohne Taktschlagen und störende Merkzeichen... Mancher erfahrene Musikdirektor mag sich wundern, wie ein solcher Singechor ohne irgend ein äußeres Mittel als einen Flügel könne im Takt erhalten werden... Der Chor muß an diese Direktion und an eine gewisse Schwingung der Flügelsaiten so gewöhnt sein, daß jeder Direktor, der seiner Sache gewiß ist, seine Bewegung (d. h. sein Tempo) nehmen und ändern kann, wie er will, und zuversichtlich auf die Nachfolge des sämtlichen Chors hoffen kann... Als im Jahre 1797 der Kapellmeister Schulz aus Kopenhagen eine von ihm komponierte Motette hörte, wunderte er sich nicht so sehr über die reine und sichere Ausführung als über die stille und gänzlich unbemerkbare Direktion, die ihm bis dahin unmöglich geschienen hatte...«[7]

Der Chor war zur Selbständigkeit erzogen – Fasch konnte ihn bei einstudierten Stücken auch ganz sich selbst überlassen. Es wird schon so gewesen sein, wie Zelter berichtet: »In seiner Gesellschaft, die sich als Gesellschaft bildet, fühlen alle zusammen, wie jeder einzelne fühlt.«[8]

Das war das Geheimnis der damaligen Sing-Akademie, der Grund ihrer Ausstrahlung, daß sie nicht nur ein musikalisches, sondern ein soziologisches Phänomen war. Es ist wiederum Zelter, der die ersten zehn Jahre Sing-Akademie am schönsten zusammenfaßt:

»Die Wiege der Gesellschaft war das Haus eines der edelsten und rechtschaffensten Männer in Berlin gewesen. Der anständige, freie, freundliche deutsche Ton dieses Hauses war der Ton der Gesellschaft geworden und ist es geblieben. Jeder Fremde und jedes hinzutretende Mitglied fand darin etwas, wo die Tugend gern verweilt: Aufmerksamkeit ohne sichtbare Anstrengung, Schönheit ohne Vorzug, Mannigfaltigkeit aller Stände, Alter und Gewerbe, ohne affektierte Wahl, Ergötzung an einer schönen Kunst, ohne Ermüdung; die Jugend, das Alter, den Adel und den Mittelstand; die Freude und die Zucht, den Vater und die Tochter, die Mutter mit dem Sohn, und jede Vermischung von Geschlechtern und Ständen, die, gleich einem Blumengarten im Frühling, den feinsten Sinn bildsamer Menschen nur ergötzen kann.

Diese Gesellschaft erschuf und erzog sich selber, regierte, ernährte und beschützte sich selber, ohne weitere Pläne, ohne Förmlichkeit und strenge Justiz – und in dieser Verfassung hat sie ihr Stifter hinterlassen.«[9]

Gewiß ein etwas idealisiertes Bild, das Zelter da zeichnete: eine Rousseausche klassenlose, autonome, absolut demokratische Gesellschaft. Sicher aber ist, daß die Struktur dieser Gesellschaft ohne Vorbild, ohne Beispiel war. Und das veranlaßte Zelter, seine ganze Kraft für sie einzusetzen.

1 Alexander Thayer-Hugo Riemann: Ludwig van Beethoven, 2. Band, Leipzig 1910, S. 15.
2 Wilhelm Heinrich Wackenroder: Sämtliche Schriften, Reinbeck 1968, S. 157 und 193.
3 Ebenda, S. 194, 196.
4 Alle Zitate über Faschs Tod nach Martin Blumner: Geschichte der Sing-Akademie zu Berlin, Berlin 1891, S. 21 f., und Georg Schünemann: Die Sing-Akademie zu Berlin, 1791–1941, Regensburg 1941, S. 21.
5 Carl Friedrich Zelter: Karl Friedrich Christian Fasch, Berlin 1801, s. 33.
6 Johann Nikolaus Forkel: Allgemeine Geschichte der Musik, Leipzig 1801, S. 75.
7 Zelter: Fasch, a.a.O., S. 33.
8 Ebenda.
9 Ebenda.

»Ein neues Jahrhundert beginnt«.
Zelter tritt an (1800–1806)

Zelter übernahm die Leitung der Sing-Akademie wie selbstverständlich, hatte er sie doch schon in den letzten Jahren Faschs praktisch innegehabt, und wußte er doch, daß dies im Sinne seines Lehrers und Vorgängers war. Auf den Gedanken, den neuen Direktor vom Chor wählen zu lassen – wie das dann nach Zelters Tod geschah –, wäre damals niemand gekommen.

Zelter nahm seine Aufgabe mit Feuereifer in Angriff, wohl wissend, daß sie keine leichte sein würde. Mit erstaunlich prophetischem Blick schaut er an der Schwelle des neuen Säkulums in der letzten Probe des alten Jahrhunderts in die Zukunft:

»Ein neues Jahrhundert beginnt, die Welt fühlt das Nahen erschütternder Begebenheiten; in Allem, was den Geist beschäftigt, regt sich Fortschritt in ungewohntem Drängen. Auch die Kunst wird davon berührt, und dem stillen Verein, dessen Aufgabe mehr die Erhaltung des Bestehenden in der Kunst als die Öffnung neuer Bahnen ist, wird mit dem Tode seines Stifters die Bestimmung, seine Volljährigkeit zu bewähren, im deutschen Vaterlande durch sein Beispiel ein edleres geselliges Kunststreben zu wecken und sich sein Bestehen unter dem Drange widriger Verhältnisse durch beharrliches Festhalten an seinem Beruf zu erkämpfen.«[1]

Hier ist sie schon festgeschrieben, die Grundmaxime der Sing-Akademie: der Vorrang der »Erhaltung des Bestehenden« vor dem »Fortschritt«. Daran wird die Sing-Akademie in allen kommenden Zeiten »beharrlich festhalten«. Wo sie aber »Bestehendes«, jedoch Vergessenes wiederentdeckt, erweitert sie den musikgeschichtlichen Horizont und dient damit doch dem Fortschritt. Die Bach-Renaissance, die sie in die Wege leitete, ist das beste Beispiel dafür.

Mit der Sing-Akademie als Basis, als Grundstein beginnt der Maurer und Architekt Zelter nun Stein auf Stein ein System preußischer Musikpflege zu errichten, von dem wir noch heute zehren. Zelters Position zwischen dem vom Vater überkommenen Bauhandwerk und seinem unwiderstehlichen Hang zur Musik hat sein großer Freund Goethe trefflich dargestellt:

»Zelter befand sich in dem seltsamsten Drange zwischen einem ererbten, von Jugend auf geübten, bis zur Meisterschaft durchgeführten Handwerk, das ihm eine bürgerliche Existenz öconomisch sicherte, und zwischen einem eingeborenen, kräftigen, unwiderstehlichen Kunsttriebe, der aus seinem Individuum den ganzen Reichthum der Tonwelt entwickelte. Jenes treibend, von jenem getrieben, von jenem eine erworbene Fertigkeit besitzend, in diesem nach einer zu erwerbenden Ge-

Carl Friedrich Zelter (1758–1832).
Porträtzeichnung von Friedrich Hensel, Berlin 1829

wandtheit bestrebt, stand er nicht wie Hercules am Scheideweg zwischen dem, was zu ergreifen oder zu meiden sein mochte, sondern er ward von zwei gleich werthen Musen hin und her gezogen, deren eine sich seiner bemächtigte, deren andre dagegen er sich anzueignen wünschte.«[2]

Zelter war freilich auf die Ausübung des erlernten Handwerks noch lange angewiesen. Die Sing-Akademie konnte ihrem neuen Direktor damals noch kein Gehalt aussetzen; er erhielt nur, wie schon Fasch in seinen letzten Jahren, ein »Wagengeld«, also Fahrtspesen von jährlich 100 Talern. Er hatte aber eine große Familie zu ernähren. Ein Jahr nach dem Tod des Vaters, 1788, hatte er die junge Witwe Sophie Eleonore Flöricke geheiratet, die drei Kinder mit in die Ehe brachte und ihm weitere sieben Kinder gebar. Sie starb indes schon 1795, und Zelter gab seinen Kindern 1796 eine neue Mutter mit Julie (oder Juliane) Pappritz, der Kammerfrau der Prinzessin Friederike von Preußen, einer der ersten Sängerinnen der Sing-Akademie, die sich ihrer herrlichen Stimme wegen allseitiger Beliebtheit erfreute. Hinrich Lichtenstein, der erste Biograph der Sing-Akademie, rühmt, daß sie »in immer steigender Vollkommenheit die Reinheit und Lieblichkeit des Vortrags entwickelte, die sie zu dem unerreicht gebliebenen Vorbild aller unserer Sängerinnen, zu dem eigentlichen

Juliane Pappritz, Gattin Zelters.
Gemälde von Susanne Henry

Organ der Musik Faschs und zu dem siegreichen Beispiel ihrer Vortrefflichkeit gemacht hat.«[3]

Julies Stimme regte Zelter zu reicher Liedproduktion an, und sie war auch für
ihn Stütze seines Chors, den es nun nach innen und außen zu stabilisieren galt.

Zunächst aber war für den verstorbenen Fasch ein Gedenkkonzert auszurichten.
Man erwählte das soeben im Druck erschiene Requiem von Mozart und führte es,
zum ersten Male für Berlin, am 8. Oktober 1800 in der Garnisonkirche auf. Es war
dies der erste öffentliche Auftritt der Sing-Akademie mit Orchester (der Königlichen Kapelle wohl), und es war das erste in einer unübersehbaren Reihe von
Wohltätigkeitskonzerten. In diesem Falle konnten dem Bürgerrettungs-Institut
1500 Taler überwiesen werden. Zelter selbst beurteilt das Ereignis so: »Die Aufführung gelang ohne Fehler. Die Tempi waren gut getroffen, doch die Instrumentalmusik war zu schwach.«[4] 115 Choristen standen eben nur 34 Instrumentalisten
gegenüber.

Es galt nun, das Niveau zu halten, das der Berliner Korrespondent der Leipziger
Allgemeinen Musikalischen Zeitung (AMZ) der Sing-Akademie soeben beschei-

nigt hatte: »Es ist wahrlich in höchstem Grade interessant, ein beinahe aus 100 Personen bestehendes Chor zu hören, welches die schwersten vielstimmigen Gesänge mit einer Reinheit und Präcision executiert, welche allen Glauben übertrifft.«[5]

Um die Qualität nicht leiden zu lassen, mußte der gewaltige Ansturm auf die Mitgliedschaft in der Sing-Akademie gezügelt werden, auch schon des begrenzten Probenraums wegen. Jeder Aspirant mußte von einem Mitglied empfohlen sein, und oft wurde er zunächst auf eine »Expectantenliste« gesetzt, bis von der gesamten Vorsteherschaft über seine Aufnahme entschieden wurde.

Ferner wurden nun die freiwilligen Montags-Vorübungen zu einer »ordentlichen Singschule nach Art der italienischen Konservatorien« ausgebaut, um das Gefälle auszugleichen zwischen den Stimmen, die sich in privatem Studium zu professionellem Niveau ausgebildet hatten und den ungeschulten Liebhabern.

Zelter gab darüber hinaus an drei Vormittagen der Woche im Probensaal der Akademie Einzel- oder Gruppenunterricht. Er hat eine systematische Stimmbildung entwickelt, an deren Anfang die »Lehre vom Atemholen« steht; dann geht er dazu über, »so lange als nötig nur mit einfachen Grundlauten zu üben, nicht mit doppelten. Die rein austönende Hervorbringung dieser Einfachen Grundlaute macht jedesmal eine bestimmte Form und Öffnung des Mundes nothwendig und enthält eben daher den Grund des guten, das ist des deutlich klaren Tons.«[6] Erst wenn die Vokale »saßen«, schritt Zelter weiter zum Solfeggio und zur Verbindung von Wort und Ton, wobei es ihm sehr um Deutlichkeit der Aussprache zu tun war.

Was der Stimmbildner Zelter in seiner breitgefächerten Ausbildungstätigkeit zur Grundlegung einer Gesangs- und Chor-Kultur geleistet hat, ist kaum zu hoch zu veranschlagen.

Zelter aber weiß, daß die rein stimmtechnische und musikalische Arbeit noch nicht genügt, um gleichbleibend hohe Kunstleistungen zu erzielen. Dazu kommen muß der persönliche Einsatz jedes einzelnen, das Bewußtsein von der Größe und Bedeutung der gestellten Aufgabe. Zelter sucht von vornherein das Gefühl für den spezifischen Auftrag der Sing-Akademie zu entwickeln und zu stärken und sorgt für Traditionsbildung in dem positiven Sinn, daß er stets an die größten Leistungen des Chors erinnert und mahnt, ihnen nachzueifern.

So nutzt er die erste Probe in der renovierten Akademie am 27. Oktober 1801, bei der Gottfried Schadows Fasch-Büste aufgestellt wird, zu einer ausführlichen Rede[7], in der er an den Stifter erinnert, der ein »würdiger Priester dieser Muse« gewesen sei, ihr die »ehemalige Würde und Einfachheit« zurückgegeben habe und durch seine Chorerziehung die Kluft zwischen Kunst und Volk geschlossen habe.

Er gibt ein Plädoyer ab für einen hohen Begriff von Kunst, die nicht »ein bloßes Nebenwerk der menschlichen Existenz« sei, sondern nationale Aufgabe: »Der Grad der Kultur einer Nation wird in dem Anbau der schönen Künste gefunden.«

Von der Kunst aber, die er mit der Sing-Akademie pflegt, weiß Zelter, daß sie eine Sprache ist, »die zum Theil nicht die Sprache des Landes und noch öfter nicht die Sprache des Zeitalters ist«. Das bedeutet indes nicht bloßes Rückwärtsgewandt-sein, wie man das Zelter gern vorgeworfen hat. Im Rückgriff auf alte Musik sucht er einen neuen Begriff von »wahrer Kunst« zu begründen. Fasch habe gelehrt, »daß die wahre Kunst überall dieselbe sey; daß nur ein Herz auf ein Herz wirken könne; daß die höchste aller Künste die sey, welche den Menschen zu sich selbst bringe«. Und aus diesen Worten klingen Geist und Seele des neuen, des romantischen Jahr-hunderts: »Auf den Ton, worinne das Herz spricht, kommt es an… Es muß dem-nach hier ein jeder mitsingen können, der eine Sprache und ein Herz hat… Die Übung in den schönen Künsten macht das Herz wahr und führt zu innerer Selbst-erkenntnis.«

Doch nicht allein um die individuelle Geistes- und Herzensbildung geht es. Zel-ter betont, daß in der Sing-Akademie die Einzelausbildung nicht Selbstzweck sei: »Es ist bey uns von der Bildung einzelner Talente als solcher nur insofern die Rede, als sie nothwendige Teile des ganzen Körpers sind, und dieses Ganze arbeitet einzig auf die Darstellung eines großen, allgemeinen Eindrucks, den der Einzelne seiner Natur nach nicht bewirken kann. Aus diesem Grunde beschränken wir uns auch ganz auf heilige Musik, weil diese allein einer solchen Allgemeinheit fähig und auf gesellschaftliche Bildung und Erbauung gegründet ist.«

Und mehr noch vermag für Zelter »heilige Musik«: Sie hat therapeutische Kraft: »Sie umfaßt das verwundete Herz mit schonenden Händen und gießt Balsam dar-auf, der heilend und stärkend zugleich ist. Sie richtet auf, erhebt, beschäftigt, er-nährt und gibt Ruhe mitten im Tosen der Wellen. Sie macht fröhlich und all ihr Thun ist Heiterkeit und Seegen. Das Laster weicht vor ihr zurück und wer bey ihr Besserung sucht, der findet sie.«

Ein knappes Jahr später, am 3. August 1802, findet Zelter zum 2. Todestag Faschs wiederum Anlaß für eine große Rede vor der Sing-Akademie[8], in der er den Geist des Gründers und die Erhaltung seines Erbes beschwört: »Sind wir auch jetzt nach zwei Jahren noch das was wir sein sollen?« Und er ruft Fasch zu: »Es ist noch so, wie Du uns verlassen hast; noch ist unser Wille nicht verloschen und unsre Kraft ist gewachsen…«

Und Zelter umreißt den spezifischen Charakter der Sing-Akademie, die so vielleicht nur auf Berliner Boden wachsen konnte: »Nur die eigenthümliche brandenburgische Deutschheit dieses Instituts, die an der Liebe und dem treuen Fleiß verbunden mit Wissenschaft und edler Sittlichkeit des deutschen Genius er-kennbar wird, ist es, was diese Societät von so vielen hundert Schwestern unter-scheidet.«

Solche Reden Zelters vor der Sing-Akademie, die offenbar nicht selten waren, können Muster an Diplomatie sein. So wandelt sich eine Ansprache von 1803[9] von einer Würdigung der bisherigen Verdienste allmählich zu einer kräftigen Strafpre-digt. Zelter warnt davor, sich auf den Lorbeeren auszuruhen, »sich ja nicht in dem unglücklichen Gedanken zu wiegen, daß nichts mehr zu thun sey«. Er macht aufmerksam auf die individuelle Freiheit, die jeder in der Sing-Akademie genieße: »Jeder von Ihnen geht und kommt, wie er will und thut, was ihm angenehm und möglich ist, ohne Vorzug, ohne Verantwortung.« Er warnt aber davor, »Individualität zu Hauptsache zu machen« und appelliert an den Gemeinsinn: »Die Sing-Akademie ist ein moralisches, allgemein gültiges Institut, das aus vernünftigen Wesen besteht, dessen Summa Eins ist, wo alle auf einen Zweck wirken…«

Zelter betont die Außergewöhnlichkeit der Sing-Akademie: »Es ist nicht mehr zweifelhaft, daß die Sing-Akademie außer den conventionellen Stylen der Musik unserer jetzigen Zeit liegt… daß sie etwas in ihrer Art Einziges und nicht ihres Gleichen hat.« Und er leitet daraus seine Verpflichtung ab, »alles Mangelhafte vor Augen zu legen«.

Und nun wird er ganz deutlich: »Von 78 Sopranen, welche Mitglieder der Sing-Akademie sind, sind 33, welche ihre Pflicht thun, die übrigen sehen sich selbst als Nieten einer Lotterie an, in der für sie nichts zu gewinnen ist, und so ist dieses große Volumen von Diskanten auf weniger als die Hälfte ihres Werths gesunken…« Ähnliches rechnet er für die anderen Stimmlagen vor und resümiert: »So bringt nun ein Chor von 200 Personen bey weitem nicht die Wirkung hervor, die 110 Personen thun würden, weil sich beweisen läßt, daß 90 Personen dabey völlig unnütz, unthätig und unersprießlich für das Ganze werden. Kommt nun dazu, daß von den 33 wirklich brauchbaren Diskanten 20 und mehrere, wie öfter geschieht, nicht erscheinen, so liegt die Last das ganzen Chors… auf fünf oder sechs der besten Diskantstimmen…« Und Zelter fragt, »ob es so bleiben, ob es so fortgehen soll?… Wer kann ein Mitglied einer freien, frohen Gesellschaft seyn wollen, ohne das Seynige, wie es sich gehört, beyzutragen?« Schließlich mahnt er noch Säumigkeit in der Beitragszahlung an.

Probleme, wie sie fast jeder Chor kennt, wie sie unvermindert aktuell sind. Zelter spricht sie offen an und begegnet ihnen dadurch. Er spricht auch offen die stets prekäre Altersstruktur des Chores an: »Ich gestehe, daß mein hauptsächlichstes Augenmerk immer auf die Jugend gerichtet ist, die werden kann und aus der sich bey einigem Talent etwas machen läßt. Bin ich im Stande (so habe ichs mir in den Kopf gesetzt), unsere Akademie bey einer immerwährenden Frische und Jugend zu erhalten, so bleibt unsere Akademie beständig, was sie war und noch ist: ein blühender Garten. Die älteren Männer und Frauen haben Werth, Würde und ehren das Institut durch ihren bloßen Beytritt, sie sind die Mütter und Väter des Schönen, aber nicht das Schöne selbst… Die Jugend ist froh, frei, leicht, behende, voll Anmut und Leichtsinn, aber sie hat die Schönheit für sich, die Farbe und den Reiz.«[10]

Zelter wußte indes, daß zur inneren Konsolidierung auch die äußere gehört, daß beides in dialektischem Verhältnis steht: Eine Wahrung des künstlerischen Niveaus und Rufs würde Chancen eröffnen für eine Förderung seitens der öffentlichen Hand, und diese wiederum würde die musikalische Arbeit sichern. So war Zelter darauf aus, die Sing-Akademie der Akademie der Künste, in deren Räumen sie ja

Karl August von Hardenberg (1750–1822).
Gemälde von J. H. Tischbein

seit 1793 probte, auch institutionell zu verbinden, ja, die Musik, die innerhalb der Akademie bislang keine Sektion hatte, ihr überhaupt erst einmal anzugliedern.

Als Freiherr von Hardenberg 1802 Kurator der Akademie wird, begrüßt ihn Zelter mit Schreiben vom 1. Juni im Namen der Sing-Akademie und empfiehlt sie seinem »gnädigen Schutze«, hinweisend auf ihr »Bestreben, einen wichtigen Zweig der Kunst nicht untergehn zu lassen«.[11]

Hardenberg bestätigt in seiner Antwort den »edlen und gemeinnützigen Zweck« der Chorvereinigung und betont, »daß die Fortsetzung derselben jedem patriotischen Kunst-Freunde erwünscht seyn und gern in allen Stücken von ihm unterstützt werden wird«.[12]

Als Hardenberg am 13. Mai 1803 an den Senat der Akademie die Bitte richtet, man solle über Verbesserungen der Institution nachdenken, darf sich Zelter, noch als Außenseiter, zu Wort melden mit einer ersten Denkschrift, in der es heißt:

»Soll eine vollkommene Kunst-Akademie stattfinden, so ist es nöthig, *alle* schönen Künste anzubauen.« Eine aber fehle in der Akademie: »Es ist die Tonkunst«, die »seit 70 Jahren auf die Ausbildung der deutschen Nation und den friedlichen Zustand der Völker wohlthätigen Einfluß« gehabt habe.

Zelter rühmt den Aufstieg und die Förderung der Musik unter Friedrich II. und seinem Nachfolger, beklagt aber zugleich, daß der »Geist der Kunst« »sich in die schönen Farben und Formen einer Modernitaet, die sich auf das Neueste beschränkt«, verloren habe. Fasch habe dem »Verfall seiner geliebten Kunst« zu wehren gesucht.

Und damit ist Zelter bei seinem Institut, das sich aus eigener Kraft erhalte. »Nur mich kann es nicht erhalten. Ich diene seit dreizehn Jahren dabei, mit unerkaltetem Eifer, nicht blos unentgeltlich, sondern auch mit nicht geringer Aufopferung und aus alleiniger Liebe zur Kunst. Könnte ich nun meine ganze Geschäftigkeit diesem Institute widmen, so wäre demselben geholfen…« Darum der konkrete Vorschlag, »bey der Akademie der Künste einen öffentlichen Lehrer der gesamten Tonkunst anzustellen, der die Pflicht auf sich hätte, dieses Institut zu dirigieren und zu erhalten. Dieser Lehrer wollte ich gern seyn…«[13]

Hardenberg reagiert wohlwollend und bittet Zelter um weitere Ausführung seiner Gedanken. Und dieser reicht gleich eine weitere, umfassendere Denkschrift nach, die nichts Geringeres beinhaltet als die Grundlagen einer staatlichen Musikförderung. Schünemann bezeichnet sie zu Recht als »Gründungsurkunde der Preußischen Staatlichen Musikpflege«.

Sie beginnt mit einem Bekenntnis zu einem modernen Bildungsbegriff aus dem Geist der Humboldt, Goethe, Fichte u. a., der alle platten Nützlichkeitserwägungen der Aufklärung abgestreift hat: »Da die Musik mit allen schönen Künsten Einen gemeinschaftlichen Zweck hat, so kann sie auch gemeinschaftlich mit ihnen wirken. Dieser gemeinschaftliche Zweck ist: Bildung, und die Bildung besteht in einer Thätigkeit innerer oder Gemüthskräfte, wodurch der Mensch an sich selbst vollkommener und also edler wird.«[14]

Darin liegt Zelters ganzes musikalisches Ethos beschlossen, von dem seine Arbeit mit der Sing-Akademie getragen ist.

Nach langen Kunsterörterungen genereller Art kommt Zelter wieder auf seine Sing-Akademie und betont, daß »der Charakter der Societaet auf dem Nationalcharakter deutscher Beständigkeit gebauet ist«. Diese Beständigkeit sei aber nicht ohne »höhere Begünstigung« zu erhalten. Darum der Vorschlag:

»Der Führer der Sing-Akademie müste ein Königlicher Diener seyn, der auf bestimmte Grundsätze vereidet und von des Königs Majestät bezahlt würde. Für diese Bezahlung muß er sich ganz dem Institute widmen und auf dessen Erhaltung und Verbesserung unaufhörlich bedacht sein.« Der Zweck der Sing-Akademie aber bestehe »in einer auf festen Grundsätzen ruhenden Bewahrung des Geschmacks an einem ernsthaften und höhern Styl in der Tonkunst…« Sie reiche aber noch nicht aus, »um etwas *Allgemeines* wirken zu können«.

Es müsse das Niveau der Kirchenmusik insgesamt angehoben werden, »die Organisten und Cantores müsten unter eine Zucht gestellt werden… Die Stadtpfeifer müsten unter die nehmliche Zucht kommen. Besonders aber würden die noch

Schreiben Hardenbergs an Zelter vom 15. Juni 1802: weitere Bewilligung, den
»Runden Saal« der Akademie der Künste für die Singübungen zu benutzen

Friedrich Wilhelm III. (1770–1840), König von Preußen.
Lithographie von P. Jentzen nach einem Gemälde von E. Gebauer, 1831

bestehenden, jedoch ihrer gänzlichen Auflösung nahen Singechöre in Aufmerk-
samkeyt zu ziehen seyn... und endlich könnte aus diesen Singechören in der Folge
ein gutes Seminarium für kleinere Schullehrer entstehen. Alle diese Dinge nun wären durch die Sing-Akademie mit derselben insofern in Verbindung zu stellen, daß
sie in dem Curatorio der Königlichen Akademie Ein gemeinschaftliches Oberhaupt
hätten«.[15]

Damit ist nicht weniger avisiert als eine umfassende, staatlich geförderte und
zentral gelenkte Reform der kirchlichen und schulischen Musikpflege mit der Sing-
Akademie als Keimzelle und Zentrum.

Am 1. August 1804 wendet Zelter sich direkt an den König, nun in ganz persön-
lichem Interesse (das bei ihm freilich immer auch das allgemeine ist). Er beginnt mit
der Loyalitätserklärung: »Ich bin ein gebohrner Preußischer Unterthan«, schildert
in bewegten Worten seinen Lebenslauf, seinen Einsatz für die Sing-Akademie und
resümiert:

»Die Sing-Akademie ist jetzt 200 Personen stark, und die Arbeit dabey mir so
ans Haupt gewachsen, daß ich unterliegen müste, wenn ich nicht auf eine höhere
Hilfe hoffte, die nur Ein König, mein König geben kann...«[16]

Die freundliche Antwort des Königs ermuntert ihn zu einer weiteren Denkschrift, in der er nun wieder die Sache in den Mittelpunkt stellt, ohne seine Existenz dabei zu vergessen. Über das bisher Vorgebrachte hinaus schlägt er nun vor, den Direktor der Sing-Akademie zum Professor an der Akademie der Künste zu ernennen mit der Verpflichtung, Vorlesungen zu halten, ferner ihm als königlichem Beamten die Aufsicht über die gesamte Kirchen- und Schulmusik in Berlin zu übertragen. Zelter wird das alles und noch viel mehr im Laufe seines Lebens mit seiner Beharrlichkeit durchsetzen. Zunächst ernennt man ihn am 12. Juni 1806 zum Ehrenmitglied und Assessor der Akademie, was mit keinerlei finanziellen Zuwendungen verbunden ist. Seine weiteren Interessen werden vorläufig durch die heraufziehenden Kriegswirren gebremst.

Im Jahr zuvor noch beschwört er bei einer Feier zum Geburtstag Friedrich Wilhelms III. am 6. August 1805 den Frieden, den er als Verdienst des Königs ansieht:

»Laßt uns den süßen Frieden des Vaterlands, der ein unmittelbares Werk unsres trefflichen Königs ist, nicht in müssiger Beschauung fremder Thätigkeit verschlummern; laßt uns an diesem Feste mit neuer Thätigkeit zum Frieden beginnen...«

Eine Rede, ein Jahr vor dem Einmarsch der Franzosen in Berlin gehalten – da wird auch Zelters patriotischer Ton begreiflich:

»Nicht nach fremden Schätzen laßt uns greifen, nicht unsre deutsche Liebe und unsern treuen Ernst in Wort und That mit lüsterner, allgefälliger, aufgepfropfter fremder Nationalität vermischen und verkünsteln; Deutsche laßt uns bleiben...«[17]

Zunächst aber erlebt Berlin Fremdherrschaft, und Zelter hat sich in ihren Dienst zu stellen.

1 Zitiert nach: Hinrich Lichtenstein: Zur Geschichte der Sing-Akademie zu Berlin, Berlin 1843, S. 11.
2 Zitiert nach: Martin Blumner: Geschichte der Sing-Akademie zu Berlin, Berlin 1891, S. 28.
3 Lichtenstein, a.a.O., S. 3.
4 Zitiert nach: Blumner, a.a.O., S. 40.
5 Allgemeine musikalische Zeitung vom Mai 1800, Sp. 587.
6 Vgl. Georg Schünemann: Carl Friedrich Zelter. Der Mensch und sein Werk, Berlin 1937, S. 76f.
7 Manuskript im Privatbesitz.
8 Ebenso.
9 Sie liegt als Manuskript im Archiv der Sing-Akademie in der Staatsbibliothek Preußischer Kulturbesitz unter der Signatur N. mus. SA 323, 56.
10 Zitiert nach: Georg Schünemann: Die Sing-Akademie zu Berlin, Regensburg 1941, S. 60.
11 Zitiert nach: Cornelia Schröder: Carl Friedrich Zelter und die Akademie, Berlin 1959, S. 69.
12 Ebenda, S. 71.
13 Ebenda, S. 75ff.
14 Ebenda, S. 82.
15 Zitiert nach: Georg Schünemann: C. Fr. Zelter, der Begründer der Preußischen Musikpflege, Berlin 1932, S. 10ff.
16 Cornelia Schröder, a.a.O., S. 108.
17 Rede zur Feier des Geburtstags Seiner Majestät des Königs Friedrich Wilhelm III., gehalten auf der Sing-Akademie zu Berlin am 6ten August 1805 von Carl Friedrich Zelter, Berlin 1805, S. 6.

»Die Werke der größten Kunstmeister«.
Bach, Haydn, Beethoven

Zuvor aber ist von der musikalischen Arbeit in den ersten Jahren der Zelter-Ära zu reden. Basis bleibt weiterhin das Werk Faschs, zu dem die jetzt entstehenden Kompositionen des neuen Direktors treten: die achtstimmigen Motetten »Wer spannet den Bogen« und »Der Mensch lebt und bestehet« (nach Claudius), sein Te Deum, seine Choräle. Das musikhistorische Bewußtsein wird zurückverlängert bis zur äußersten Grenze, die damals im Blickfeld lag: 1801 erscheint erstmals ein Stück von Palestrina auf dem Probenplan. 1803 kommen Chöre aus Händels »Alexanderfest« und »Messias« hinzu, 1804 Grauns Te Deum. Dessen »Tod Jesu« ist die einzige öffentliche Aufführung in den ersten Jahren, die allerdings alljährlich am Karfreitag stattfindet. 1801 bis 1806 erklingt sie zum Vorteil eines prominenten Mitglieds, der Königlichen Sängerin Bachmann, von da an zum Wohle Zelters bis zu dessen Tod, danach zugunsten der Sing-Akademie. Bis 1858 wird das Werk fast ausnahmslos gegeben, dann sucht man es durch Bachs Matthäus-Passion zu ersetzen, nimmt es aber 1866 auf ausdrücklichen Wunsch König Wilhelms I. wieder auf und behält es noch bis 1884 bei.

Ein wenig übers rein Interne hinaus weist der Besuch Schillers, für den man Zelters Vertonung der »Ode an die Freude« singt, sowie dessen Te Deum und Requiem. Zu einem realen Requiem, einer Trauerfeier für Schiller, ist schon im folgenden Jahr Anlaß.

Intern, aber durch Reichardts »Berliner musikalische Zeitung« doch der Öffentlichkeit bekanntgemacht, gibt es 1805 in kurzem Abstand drei »feierliche Versammlungen« von Konzertcharakter. Am 5. Februar erscheint Königin Luise mit ihren beiden ältesten Söhnen. Man singt ihr Stücke aus der Fasch-Messe und Zelters Te Deum. Am 12. Februar und 12. März sind Trauerfeiern zum Tod des Akademie-Direktors Meil und der Witwe Friedrich Wilhelms II. mit Werken von Fasch, Zelter und Reichardt. Für uns ein Kuriosum, für Zelters Arbeit aber charakteristisch, ist eine von ihm für zwei Chöre arrangierte Motette von Haydn, die im Original mit Orchester ist.

Um das A-cappella-Prinzip nicht zu durchbrechen, dem sich die Sing-Akademie primär verschrieben hatte, hat Zelter damals bei mehreren Werken, so bei Händels Utrechter Te Deum, den Orchesterpart auf einen zweiten Chor übertragen. Ein anfechtbares Unterfangen, das aber im Falle Haydns dessen Placet hatte.

Zelters Verhältnis zu Haydn verdient eine besondere Betrachtung. Haydn stand unter den Wiener Klassikern Zelter am nächsten, obwohl sich die beiden Musiker

Carl Friedrich Zelter, Motette
»Der Mensch lebt und bestehet« nach Worten von Matthias Claudius (Autograph)

nie begegnet sind. Haydns späte Oratorien waren in Berlin rasch nach ihrer Entstehung bekannt geworden. Die »Vossische Zeitung« berichtet schon im Mai 1800 von einer Aufführung der »Schöpfung« im Königlichen Nationaltheater – Näheres ist nicht bekannt. Mehr weiß man von einer Wiedergabe im Jahr darauf; sie wird bestritten von der »Singanstalt des Kantors Adlung« und hat etwa 6000 Zuhörer – die Sing-Akademie hat also Konkurrenz bekommen. Die gleiche Institution samt den Chören »aus den öffentlichen Singanstalten der hiesigen Gymnasien« bringt ein Jahr darauf die »Jahreszeiten« im Königlichen Opernhaus.

Die Sing-Akademie ist noch nicht so weit. Doch hat Zelter im Sommer 1802 vor, brieflichen Kontakt mit Haydn aufzunehmen.[1] Er will ihm die Fasch-Messe schikken, die damals bereits in Kupfer gestochen ist (Fasch hatte dafür 300 Taler hinterlassen) und der Veröffentlichung harrt (die freilich aus ungeklärten Gründen zu Zelters Lebzeiten unterblieben ist):

»Ehe ich nun dieses ausführe, glaube ich den letzten Willen des verstorbenen Meisters nicht höher ehren zu können, als wenn ich das erste Exemplar desselben in die Hände des größten Komponisten lege, den Europa im Anfang des 19. Jahrhunderts kennt und anerkennt.«

Brief Carl Friedrich Zelters an Joseph Haydn,
nicht abgesandt, über Faschs sechzehnstimmige Messe

Der Brief bleibt unabgesandt. Im gleichen Jahr setzt sich Zelter zunächst publizistisch für die »Schöpfung« ein.[2] Er nennt deren Ouvertüre, die »Vorstellung des Chaos«, »das Herrlichste in diesem Werke, die Krone auf das Königliche Haupt«. Haydn schreibt ihm darauf: »Ich danke Ihnen vielmal dafür, noch mehr aber werden Sie von der Nachwelt Dank erhalten, daß Sie sich bemühen, die schon halb verlorene Singkunst durch ihre Tonkunst-Anstalten wieder emporzuheben.«[3]

In seinem Antwortbrief vom 16. März 1804 gibt Zelter Haydn einen Kompositionsauftrag:

»Was ich für meine Sing-Akademie (die jetzt aus zweihundert klingenden Stimmen besteht, von welchen hundertsechzig als tätig und nützlich anzusehen sind) von Ihnen, teurer Mann, zu erhalten wünschte, nämlich eine geistliche Musik von Ihrer Arbeit, habe ich allerdings schon sehr lange gewünscht; aber es haben fünfzehn Jahre dazugehört, die Kasse des Instituts in einen Zustand zu versetzen, eine Ausgabe für ein solches Meisterwerk bestreiten zu können. Ich fühle nur zu sehr, wie gering der Preis ist für ein Werk von Ihnen, das mit keinem Gelde bezahlt werden kann, und habe allerdings mehr auf Ihre Liebe zur Kunst als auf unser geringes Geld gerechnet. Ich bitte Sie demnach, wenn es Ihr körperlicher Zustand erlaubt, sich dieser Arbeit zu unterziehen, damit auch Ihr großer Name zur Ehre Gottes und der Kunst in unserm Kreis erschalle, der den ausschließlichen Zweck hat, die jetzt so vernachlässigte Kirchen- und heilige Musik wieder zu erwecken und zu erhalten.«

Und dann kommt Zelter ins Schwärmen:

»Daß ich Ihnen nur die Freude gewähren könnte, Ihre Chöre bei uns zu hören und sich an der Ruhe, der Andacht, Reinigkeit und Heiligkeit zu erbauen, womit Ihr schöner Chor ›Du bist's, dem Ruhm und Ehre gebühret‹ hier gesungen wird! Die schönste und beste Jugend von Berlin steht hier mit Vätern und Müttern wie in einem Himmel voller Engel beisammen, feiert in Lob und Freude die Ehre des höchsten Gottes und übet sich an den Werken der größten Kunstmeister, die die Welt gesehen hat. O kommen Sie zu uns, kommen Sie! Sie sollen wie ein Gott unter Menschen empfangen werden. Wir wollen Ihnen ein Gloria singen, daß Ihr graues ehrenvolles Haar sich erheben und zum Lorbeer werden soll...«[4]

Haydn ist bereits zu alt, um die Reise nach Berlin anzutreten, hat auch bereits aufgehört, zu komponieren. So bleibt es der Sing-Akademie versagt, ein eigens für sie komponiertes Werk von Haydns Hand zu besitzen. Schon Zelters früheren Wunsch, den Sarah Levy überbracht hatte, Haydn möge für die Sing-Akademie einige Fugen komponieren, hatte dieser aus gesundheitlichen Gründen ablehnen müssen. Er widmet aber der Sing-Akademie das Gloria aus der Heilig-Messe von 1796, das Zelter für zwei Chöre und Basso continuo bearbeitet und gern aufführt, sowie ein Offertorium. Zelter hat ferner 1803 zwei Gellert-Lieder von Haydn für Chor bearbeitet und sich darin durch eine diesbezügliche Bitte Haydns vom 25. Februar 1804 bestätigt gefunden.

Erst am 8. März 1807 tritt die Sing-Akademie erstmals mit Haydns »Schöpfung«
an die Öffentlichkeit, und zwar in einem Konzert der Königlichen Kapelle im
Opernhaus zum Besten der Armen der französischen Kolonie. (Berlin war damals
von napoleonischen Truppen besetzt). Die Chöre werden »meisterhaft executiert«,
wie die »Allgemeine musikalische Zeitung« vom April (Sp. 431) zu berichten weiß.

Danach dauert es lange, bis sich die Sing-Akademie des in Berlin beliebten und
viel aufgeführten Werks wieder annimmt. Am 25. Mai 1826 legt Zelter einem Brief
an Goethe eine Rede bei, die er zur Aufführung der »Schöpfung« an Haydns Geburtstag (31. März) gehalten hat. Zelter begrüßt darin Haydn geradezu als Messias
einer nationalen Kunst:

»Endlich erscheint unangemeldet, auf der Gränze zweyer Nationen, in der
Krippe einer Stellmacherwerkstatt das auf Erden arm geborene Wunderkind, das
unsere Kunst vom Gängelbande und fremden Formenwesen erlösen soll...«

Am 28. April und 1. Mai 1830 berichtet Zelter Goethe dann von einer Aufführung des Werks mit der Sing-Akademie unter der Oberleitung Spontinis, des Generalmusikdirektors der Oper. Die damals in Berlin gefeierte Henriette Sontag gehört zu den Solisten. Zelter erinnert sich an sein Plädoyer für das Werk dreißig
Jahre zuvor, gerät noch einmal ins Schwärmen über das Vorspiel, erzählt von der
Resonanz der Aufführung und liefert nebenbei ein Bild von der damaligen Verfassung der Sing-Akademie:

»Man rühmt die persönliche Stärke unseres Chors und vor allem Spontini selber.
Wir waren 230 und drüber; das ist aber Philisterey. Zusammen sind wir über 400,
da wir so stark seyn müssen, um uns ökonomisch zu erhalten. Man hat aber zu wehren, daß nicht alle kommen, weil jeder mitwirken möchte. Die Wirkung liegt in der
Hälfte, und ist nur zu wachen, daß, die drüber sind, nicht schaden. Man müßte noch
viel strenger seyn, wenn man stark genug wäre, dem angenehmsten Geschlechte zu
widerstehen. Es ist aber ein guter Geist der Haltung im Ganzen. Mag der Züchter
immer getadelt werden, wenn nur die Zucht gut ist.«

Zelter legt noch einen Artikel aus dem »Berliner Courier« bei, aus dem hervorgeht, daß Spontini sich nach der Aufführung an Zelter mit den Worten gewandt
hat:

»Ich grüße mit Respekt den würdigen Nestor der preußischen Musik und seine
tapfere und einzigartige Sing-Akademie, die er meiner Leitung wohlwollend anvertraut hat und der meine Gefühle für sie auszudrücken ich ihn bitte.«

»Die Schöpfung« war schließlich die vorletzte Aufführung überhaupt, die Zelter
(wieder zusammen mit Spontini) betreute. Sie fand am 31. März 1832 zu Haydns
100. Geburtstag in der Garnisonkirche mit dem Königlichen Orchester statt. Ludwig Rellstabs Zeitung »Iris im Reiche der Tonkunst« berichtet:

»Es war ein Chor von 300 Sängern und Sängerinnen beisammen, den 150 Instru-
mentisten unterstützten... Die Wirkung war in dem großen Lokale dennoch nicht
übertäubend, sondern nur angemessen...«

Ein letzter großer Triumph von Zelters Arbeit mit der Sing-Akademie. Viel länger dauert es, bis die Sing-Akademie mit den »Jahreszeiten« hervortritt, die andere Chöre längst aufgeführt hatten. Das Werk fiel freilich etwas aus dem Repertoire der Sing-Akademie heraus, die eigentlich ja ganz der »heiligen Musik« verschrieben war. Als Zelter das Werk schließlich für den 2. Dezember 1830 vorbereitet, regt sich unter den Vorsteherinnen Protest ob einiger »anstößiger« Stellen. So streicht Zelter, der sich über das »unweise Gerede der Weiblein« mokiert, den Weinchor, das Spinnerlied und die Romanze. In der Form wird aber die Aufführung gleich wenige Wochen später, am 17. Februar 1831, wiederholt. (Eine vollständige Aufführung erleben die »Jahreszeiten« in der Sing-Akademie erst 1837.)

An dieser Stelle mag gleich das schmale Kapitel der Beziehung Zelters zu dem jüngsten Exponenten der Wiener Klassik, dem Schüler Haydns, anschließen: Ludwig van Beethoven. Ihn hatte Zelter 1796 bei seinem Auftritt in der Sing-Akademie erlebt; fünfundzwanzig Jahre später erinnert er sich noch an dessen »unvergessliche Gegenwart«. Damals schätzt Zelter Beethoven aber nur als Pianisten und Improvisator – als Komponist war er damals in Berlin noch kaum bekannt. Und es dauert lange, bis Zelter sich mit seinem Werk anfreunden kann. Noch am 12. November 1808 schreibt er an Goethe, Beethoven »entwendet Hercules' Keule – um Fliegen zu klatschen«.

Als Goethe 1812 Beethoven begegnet und von dessen »ungebärdiger Persönlichkeit« spricht, pflichtet ihm Zelter bei (14. September):

»Auch ich bewundere ihn mit Schrecken... Das letzte mir bekannt gewordene Werk (Christus am Ölberge) kommt mir vor wie eine Unkeuschheit, deren Grund und Ziel ein ewiger Tod ist.«

Einige Monate später indes (27. Februar 1813) begeistert sich Zelter an der Egmont-Ouvertüre und möchte Beethoven »bereden, auch die Entr'actes in Musik zu setzen« – daß Beethoven schon eine Bühnenmusik komponiert hat, weiß Zelter nicht. 1816 wird Beethovens Schlachtengemälde »Wellingtons Sieg in der Schlacht bei Vittoria«, eines seiner schwächsten Werke, für Zelter zum Schlüsselerlebnis, das ihn »ergriffen und erschüttert hat« (9. Mai an Goethe). Es drängt ihn nun, Beethoven zu sehen, aber es kommt nur zu einer flüchtigen Begegnung auf der Landstraße bei Mödling.

Am 8. Februar 1823 bietet Beethoven Zelter für die Sing-Akademie ein Manuskript seiner Missa solemnis zum Preis von 50 Dukaten an:

»...ein d. g. Werk könnte auch der Sing-Akademie dienen, denn es dürfte wenig fehlen, daß es nicht beinahe durch die Singstimmen allein ausgeführt werden könnte...«

Zelter antwortet am 22. Februar:

»...ich denke ein Exemplar Ihres edlen Werkes für den bestimmten Preis von 50 Dukaten zu erstehen, wenn Sie, würdiger Freund, sich folgenden Vorschlag wollen gefallen lassen. Sie wissen, daß in unsrer Akademie nur Cappellstücke (ohne Instrumentalbegleitung) geübt werden. Nun heißt es in Ihrem Briefe, daß Ihre Messe beinahe durch die Singstimmen allein aufgeführt werden könnte. Demnach müßte es Ihnen geringe Mühe machen, das mir bestimmte Exemplar gleich so einzurichten, daß das Stück geradezu für uns brauchbar wäre.«

Beethoven mag sich der Mühe der Bearbeitung nicht unterziehen und schlägt Zelter am 25. März vor:

»... vielleicht haben Sie die Geduld hiezu.«

Geld will er nun nicht mehr von Zelter. Aus der ganzen Sache wird gleichwohl nichts. Die Sing-Akademie erwirbt später die gedruckte Missa solemnis. Aufgeführt wird sie zu Zelters Lebzeiten nicht.

Der aber nennt nun Beethoven in einem Atemzug mit Bach, Haydn und Mozart, spricht von dessen »starken Symphonien« (30. April 1828 an Goethe), von der »charmanten lucrativen Musik« des »Fidelio« (6. Februar 1831 an Goethe) und ist schließlich »ergriffen« vom einst so geschmähten »Christus am Ölberge«. Aber auch dieses geistliche Werk führt er nicht mehr auf. Und von Beethovens Tod im Jahre 1827 scheint die Sing-Akademie keine Notiz genommen zu haben.

1 Briefentwurf in der Staatsbibliothek Preußischer Kulturbesitz Berlin unter der Signatur N.mus.SA 323,50.
2 Allgemeine musikalische Zeitung vom 10. März 1802, Sp. 385–396.
3 Zitiert nach: Karl Friedrich Zelter: Selbstdarstellungen, ausgewählt und hrsg. von Willi Reich, Zürich 1955, S. 111.
4 Ebenda, S. 110f.
5 Der Briefwechsel Zelter-Beethoven ist zitiert nach: Johann Wolfgang Schottländer: Zelters Beziehungen zu den Komponisten seiner Zeit, in: Jahrbuch der Sammlung Kippenberg, Bd. 8 (1930), S. 204ff.

»Zum Besten der Streiter fürs Vaterland«.
Kriegszeiten (1806–1813)

Wir sind weit vorausgeeilt und müssen in unserer Chronologie noch einmal an den Anfang des Jahrhunderts zurückkehren.

1806 ist ein Jahr starker Belastungen für Zelter und die Sing-Akademie. Am 16. März stirbt seine Frau Julie, und er schreibt vier Tage danach an Goethe:

»Ich bin wie ein gespaltener Baum. Die schöne Hälfte, die Sommerseite ist mir abgetrennt… O mein Freund, warum haben Sie diese wohlthuende mächtige süße Stimme nicht gehört!… Wenn sie auf der Akademie im Chore sang, konnte ich ihre sanfte erquickende Stimme unter hundert und fünfzig erkennen… Meiner Frauen Tonleiter war durch drittehalb Oktaven wie eine kostbare Reihe geschliffener Brillanten, ineinander spielend und zugleich abgesondert, woraus eine Cantilene hervorging, die nicht überraschte, doch immer mehr entzückte, je mehr man sie hörte.«

Am 14. Oktober unterliegt die preußische Armee den napoleonischen Truppen bei Jena und Auerstedt, und wenige Tage später rücken die Franzosen in Berlin ein. Der König entweicht mit seinem Gefolge nach Königsberg, und die Besatzer bilden zur Verwaltung der Stadt ein »comité administratif«, in das Zelter als geachteter Bürger gewählt wird. An Goethe schreibt er am 12. November 1808:

»Das Geschäft das Comités besteht nun darinne, alles, was von dem französischen Gouvernement für den Teil der Armee gefordert wird, der die Mittelmark okkupiert, von den Einwohnern der Stadt zu erheben und abzuliefern.«

Am 20. Oktober schickt Zelter an die Mitglieder der Sing-Akademie ein Rundschreiben: »Der allgemeine Antheil patriotischer Gemüther ist in diesen letzten Tagen auf äußere Zustände gestellt, die wichtig genug sind, unseren Bemühungen um die Kunst entgegenzustehen. Deshalb lassen wir die nächsten Übungen ausgesetzt, um solche in günstigeren Tagen fortzusetzen. Ich selber werde mich zu den gewohnten Stunden auf meinem Posten finden lassen und das Wohl des Instituts, als das Nächste an meinem Herzen, persönlich wahrnehmen.«[1]

An Goethe schreibt Zelter am 17. Dezember: »Meine Sing-Akademie ist seit dem 14. Oktober suspendiert. Ich habe den Fall still liegen lassen, um ihn, wie es möglich seyn wird, ebenso wieder aufzunehmen, wozu bis heute jedoch keine Aussicht ist.«

Die Zwangspause nützt Zelter, um ein Oratorium auf einen Text von Ramler zu schreiben (der auch der Dichter von Grauns »Tod Jesu« war): »Die Auferstehung und Himmelfahrt Jesu« – ein Text, den schon Carl Philipp Emanuel Bach vertont hatte.

Carl Heinrich Graun (1704–1759).
Kupferstich von V. D. Preisler nach einem Gemälde
von A. Möller, 1752

Am 10. Februar 1807 können die Proben wiederaufgenommen werden, Anlaß
genug für eine Rede Zelters, die diesmal ganz im Zeichen der stolzen Ermunterung
steht:[2]

»Wir haben gezittert, diesen wohlgelehrten, schönen, der Wahrheit und allen
Tugenden geheiligten Kreis gestört und am Rande seiner Auflösung zu sehen.
Aber er ist stehengeblieben in einer Zeit, da so manches andere, dessen Stützen so
viel fester und sicherer schienen, in den Drange schneller Ereignisse erdrückt und
verrückt worden ist. So erkennt man mitten in der Verheerung des Sturmwindes
den stämmigen Baum, der seine vielarmigen Wurzeln tief im Boden festhält und
von ihr wiederum festgehalten wird, wenn um ihn her die glatten losen Stängel mit
ihren lockeren Zweigen umgestürzt darniederliegen.«

Zelter muß an diesem Tag die Solidarität der Sing-Akademie erfahren haben,
denn er bedankt sich in der folgenden Probe dafür, gelobt seinen »Eifer fortzusetzen« und appelliert noch einmal an den Gemeinsinn:

»Bey der höchsten Fülle des menschlichen Vermögens wird einer allein es nicht
erreichen können, wenn nicht *Alle* dazu wirken wollten.«

Man beginnt die Arbeit mit Chören aus der Oper »Der Zauberwald« vom nunmehrigen Hofkapellmeister Righini, die am 14. Februar in einem Benefizkonzert der Königlichen Kapelle für die Stadtarmen aufgeführt wird.

Beachtlich die Aktivität, die sogleich wieder an den Tag gelegt wird. Am 8. März wirkt man, wie gesagt, bei Haydns »Schöpfung« mit. Am 29. März, dem Ostersonntag, gilt es, Zelters neues Oratorium an die Öffentlichkeit zu bringen. Zelter muß dazu einen Kommentar verteilt haben, denn die »Allgemeine musikalische Zeitung« (Jg. 1907, Sp. 465) berichtet:

»Nach der Idee des Komponisten sollte der Zuhörer in der Kantate sich das Orchester mit allen Stimmen wie einen reproduzierenden Chor oder wie ein vollständiges Organon vorstellen, in welchem zugleich jedes einzelne Register oder jede Stimme das ganze Instrument repräsentiert.«

Bis zum Jahre 1813 erklingt dann das Oratorium regelmäßig am Ostersonntag jeweils nach Grauns »Tod Jesu«, der traditionsgemäß am Karfreitag gegeben wird.

Einige Tage nach dieser Uraufführung wartet der nimmermüde Zelter mit einer Neugründung auf. Er fängt am 10. April 1807 die Arbeit mit einer eigenen Orchesterschule an, der sogenannten Ripienschule. Das einzige feste Orchester in Berlin ist ja damals die Königliche Kapelle, die zwar nicht überlastet ist, aber eben doch nicht jederzeit zur Verfügung steht. Zelter will von ihr nicht abhängig sein und sein eigenes Instrumentalensemble aufbauen, »worin Musiklustige sich üben sollten an dem Vortrag älterer Musiken. Zu diesem Zwecke war es nötig, bey jeder Stimme wenigstens einen wirklichen Musikus zu bezahlen«.[3]

Man fängt mit 10 Mann an, gelangt aber bald zur vollen klassischen Orchesterbesetzung mit je 10 Ersten und Zweiten Geigen, 8 Bratschen, 8 Celli, 4 Kontrabässen, 3 Flöten, 2 Oboen, 2 Hörnern, 3 Fagotten, 3 Trompeten und Pauken, mit der man das ganze herkömmliche Orchesterrepertoire darstellen konnte. Man arbeitet an barocken Concerti grossi ebenso wie an neueren Kammer- und Orchesterwerken vornehmlich der Berliner Schule (Graun, Benda, Quantz, C. Ph. E. Bach, Zelter).

Bald aber machen bei diesen Freitags-Übungen auch Solisten und ein Auswahlchor der Sing-Akademie mit, so daß auch Stücke aus Kantaten, Messen, Oratorien gearbeitet werden können, die in den Dienstags-Proben keinen Platz finden. Und hier namentlich wird jene Bach-Pflege eingeleitet, von der noch ausgiebiger wird die Rede sein müssen, da sie Voraussetzung wurde für die von der Sing-Akademie ausgehende Bach-Renaissance des 19. Jahrhunderts.

Die Ripienschule kann bereits bei einem Gedenkkonzert für Julie Zelter mitwirken, das, durch die Zeitumstände reichlich verspätet, am 13. Oktober 1807 endlich stattfinden kann. Im Mittelpunkt steht das »Alexanderfest« von Händel, ein Lob auf Caecilia, die Schutzpatronin der Musik. Umrahmt wird das Werk von Sätzen aus der Fasch-Messe. Professor Hartung hält eine Gedenkrede. »Sodann begab sich die Gesellschaft in ein Nebenzimmer, wo die in weißem Marmor von Herrn Gottfried Schadow gearbeitete Büste der Verstorbenen und ein schönes Gemälde von

Herrn Wilhelm Schadow aufgestellt waren, welches letztere die heilige Caecilia, als Erfinderin der Orgel, vorstellt, wie sie der Verewigten in den Gesängen himmlischer Geister Unterricht gibt...« (»Allgemeine musikalische Zeitung« Nov. 1807, Sp.85)

Am 24. November wird das »Alexanderfest« noch einmal im Opernhaus zu Zelters Benefiz öffentlich gegeben, und aufschlußreich ist die Grundsatzbetrachtung, die die AMZ (Dez. 1807, Sp.208) diesem Ereignis widmet:

»An den für Musik am meisten gebildeten Orten (in Berlin) scheint eben jetzt wieder eine Annäherung der Besseren an jene edle Einfalt, wäre es auch nur des Kontrastes wegen, Statt zu finden, und es dürfte darum desto mehr zu rathen seyn, jetzt zuweilen dergleichen treffliche Werke wieder ins Andenken und in Wirksamkeit zu bringen. Die Kühnheit, Wahrheit, Tiefe, Würde und edle Ruhe dieses ganzen Werks wurde, wie es schien, von den achtbaren Anwesenden empfunden.«

Obwohl die Sing-Akademie primär das Singen ohne Instrumentalbegleitung, das man – historisch nicht ganz zutreffend – als »A-cappella-Singen« bezeichnete, auf ihr Panier geschrieben hatte, fand doch das erste öffentliche A-cappella-Konzert unter Zelter erst am 20. Dezember 1807 im Opernhaus statt und wurde von der Presse als »Versuch« gewertet, der »trefflich gelang«. (AMZ 1807, Sp.222). Auf dem Programm standen eine Ode von J. A. P. Schulz, Choräle und Psalmen von Fasch, Zelters Doppelchor »Der Mensch lebt und bestehet« und im zweiten Teil Faschs »Miserere« sowie das Gloria aus der Heilig-Messe von Haydn, das er der Sing-Akademie gewidmet und das Zelter für A-cappella-Gesang bearbeitet hatte.

Als letzte Nachricht aus diesem Jahr sei noch erwähnt, daß man den Psalm 23 des elfjährigen Meyerbeer probte, der zwei Jahre zuvor in die Sing-Akademie eingetreten war.

Das Jahr 1808 sieht die Mitwirkung von Teilen der Sing-Akademie bei Konzerten der Königlichen Kammermusiker Böttcher (»Jahreszeiten« von Haydn) und Braun (»Miserere« von Sarti), vor allem aber die Gründung einer neuen, unmittelbar aus der Sing-Akademie hervorgehenden Institution. Am 26. Dezember, nach dem Abzug der letzten französischen Besatzungstruppen, schreibt Zelter an Goethe:

»Zur Feyer der Wiederkunft des Königs habe ich eine Liedertafel gestiftet: Eine Gesellschaft von 25 Männern, von denen der 25ste der gewählte Meister ist, versammelt sich monatlich einmal bey einem Abendmahle von zwey Gerichten und vergnügt sich an gefälligen deutschen Gesängen. Die Mitglieder müssen entweder Dichter, Sänger oder Componisten seyn. Der ein neues Lied gedichtet oder componirt hat, lieset oder singt solches an der Tafel vor, oder läßt es singen. Hat es Beyfall, so geht eine Büchse an der Tafel umher, worin jeder (wenn ihm das Lied gefällt) nach seinem Gefallen einen Groschen oder mehr hineintut. An der Tafel wird die Büchse ausgezählt; findet sich darinne so viel, daß eine silberne Medaille, einen guten Thaler an Werth, davon bezahlt werden kann, so reicht der Meister im Namen

ALEXANDER'S FEAST

OR THE

Power of Musick.

An Ode

Wrote in Honour of St. Cecilia

By Mr. Dryden.

Set to Musick by

Mr. Handel.

With the Recitativo's, Songs, Symphonys and Chorus's for Voices & Instruments.

London. Printed for I. Walsh. in Catherine Street. in the Strand.

Nᵒ 634

Georg Friedrich Händel (1685–1759),
»Das Alexanderfest oder die Macht der Musik«, Titelseite der Londoner Ausgabe, 1736

der Liedertafel dem Preisnehmer die Medaille, es wird die Gesundheit des Dichters oder Componisten getrunken und über die Schönheit des Liedes gesprochen. Kann ein Mitglied zwölf silberne Medaillen vorzeigen, so wird es aus Kosten der Gesellschaft einmal bewirthet; ihm wird ein Kranz aufgesetzt; er kann sich den Wein fordern, welchen er trinken will und erhält eine goldne Medaille 25 Thaler an Werth.«

Diese Gründung mit ihrem heute kurios anmutenden Ritual, deren Name sich an die Tafelrunde des Königs Artus anlehnte, ist in unserem Zusammenhang deshalb interessant, weil sie sich aus Männern der Sing-Akademie rekrutierte, die sich denn zu ihrer »Liedertafel« auch nach der dienstäglichen Sing-Akademie-Probe zusammenfanden. Und der Direktor der Sing-Akademie war bis in den Zweiten Weltkrieg hinein in Personalunion zugleich Meister der Liedertafel.

Sie wollte wohl die Exklusivität des kleinen Zirkels, die der Sing-Akademie längst abhanden gekommen war, auf neue Weise wiederherstellen und zudem spezifisch männliche Geselligkeit pflegen. War die Sing-Akademie bei ihrer Gründung der erste gemischte Chor, dem zahllose weitere im ganzen Land folgen sollten, so war mit der Liedertafel gleichfalls ein neuer Klangkörper endgültig etabliert, der Männerchor, der, wie man weiß, im 19. Jahrhundert zu üppiger Blüte gelangte: Der Liedertafeln und Liederkränze wurden Legion.

Am 24. Januar 1809 versammelt sich die Liedertafel erstmals, wählt Zelter zu ihrem Meister und entwirft Satzungen, in denen es heißt, daß »das Lob ihres Königs zu den ersten Geschäften der Tafel gehört... Gedichte und Lieder, die eine persönliche specielle Satyre enthalten, sind von der Liedertafel ausgeschlossen. Dagegen sind die Gegenstände des Vaterlandes und allgemeinen Wohlseins in ihrem ganzen Umfange Dichtern und Componisten anbefohlen«.

1809 wird zugleich das Jahr, in dem Zelter seine Pläne einer umfassenden Reform und Förderung des Musikwesens in Berlin vorantreiben kann. Die Ernennung Wilhelm von Humboldts zum Geheimen Staatsrat ermuntert ihn zu einer erneuten Eingabe (vom 11. März), in der er die Einrichtung einer musikalischen Behörde an der Akademie der Künste vorschlägt, der die Aufsicht über die gesamte öffentliche Musik – Kirchenmusik, Schulmusik, Stadtpfeiferei – obliegen solle.

Humboldt legt dem König Zelters Pläne am 14. Mai vor mit folgenden Argumenten: »Man hat oft und mit Recht beklagt, daß der Einfluß zu wenig benutzt würde, welchen die Musik auf den Charakter und die Bildung einer Nation ausüben kann, und man muß gestehen, daß dieser Vorwurf bisher auch die Preußischen Staaten traf. Es ist sogar auffallend, daß die Tonkunst allein von dem Wirkungskreis der Akademie der Künste ausgeschlossen war, und doch ist es unleugbar, daß besonders in unseren nördlichen Gegenden, wo die bildende Kunst mit so mannigfachen Schwierigkeiten zu kämpfen hat, sie vorzugsweise vor dieser fähig ist, tief und bildend auf die Empfindungen und die Gemüther selbst der niedern Volksklassen einzuwirken, weil sie einen wesentlichen Teil des öffentlichen Gottesdienstes ausmacht.«[4]

Humboldt schlägt Zelter zum Leiter dieser Behörde vor. Der König reagiert, noch von Königsberg aus, positiv, macht sich Zelters und Humboldts Argumente zu eigen und verordnet am 17. Mai:

»Bey dem unverkennbaren Einflusse der öffentlichen Musick auf Nationalbildung, genehmige ich…, daß zu ihrer Veredlung eine besondere Musikbehörde, und zwar in Berllin bey der dortigen Akademie der Künste eine Professur der Musik errichtet und solche dem Zelter übertragen werde. Besonders wichtig ist eine herzerhebene Kirchenmusik…«⁵

Zelter wird also mit Wirkung vom 27. Mai Professor der Musik an der Akademie der Künste, und damit ist dort endlich eine musikalische Sektion eingerichtet. Ein Gehalt von jährlich 600 Talern bezieht er, dem schon 1804 für die Leitung der Sing-Akademie eine Pension versprochen worden war, freilich erst ab 1. Juli 1810 nach mannigfacher Fürsprache von dritter Seite. Er kann nun endlich daran denken, das Baugewerbe vollends aufzugeben. Am 12. Juni schreibt er an Goethe: »Nun wäre ich in meinem Elemente und will sehen, was uns noch in unseren Jahren und Zeiten wird gelingen wollen.« Es gelingt ihm in den dreiundzwanzig Jahren, die ihm noch gegönnt sind, überaus viel.

Zuvörderst reist er nach Königsberg, einmal, um sich beim König persönlich für die neue Würde zu bedanken, gewiß auch, um seine Rolle im »comité administratif«, die ihn als königstreuen Bürger in Gewissenskonflikte gebracht hatte, zu erläutern, zum andern, um die Erlaubnis für Aufführungen seines Chors im Opernhaus zu erwirken, die die Hofkapellisten neuerdings in Frage stellten. Seiner Schwester schreibt Zelter: »Die Königin empfing mich mit großer Huld und fragte sogleich nach der Sing-Akademie: Wie stark diese jetzt sei? Ob der französische Kaiser sie gehört habe? Ob Tine Voitus noch die erste Sängerin sei? Ob der Professor Hartung noch den starken Baß singe? und hundert solcher Dinge.«

Während seines Königsberger Aufenthalts leitet er dort die Gründung eines Instituts für Kirchenmusik in die Wege – Berlin folgt darin später nach. Vor allem geht es Zelter in Königsberg darum, Gelder einzutreiben, teils bei Schuldnern im königlichen Gefolge, teils bei Förderern. Er kann nach zwei Monaten Aufenthalt schließlich fast 4000 Taler nach Berlin mitnehmen. Er braucht das Geld. Das Baugewerbe liegt darnieder. Er hat kaum Einkünfte – und eine große Familie.

Am 23. Dezember kehrt der König nach Berlin zurück, und drei Tage später feiert man das intern in der Sing-Akademie mit Händels Dettinger Te Deum. Offiziell wird das Ereignis »auf Allerhöchstens Befehl« am 13. März 1811 im weißen Saal des Königlichen Schlosses mit Righinis Te Deum begangen. Die Sing-Akademie tritt in der noch nie dagewesenen Stärke von 207 Sängern an.

Am 8. Mai des nämlichen Jahres fühlen sich siebenunddreißig Mitglieder der Sing-Akademie veranlaßt, Zelter Kunde zu tun von einem »Mißlaut in diesem herrlichen Menschenaccord«⁷. Johann Friedrich Rellstab, den wir aus der Vorgeschichte der Sing-Akademie als Vordenker des gemischten Chors kennen und der alsbald auch in die Sing-Akademie eingetreten war, erregt als Zeitungsrezensent Unmut durch »die falschen Kunsturtheile zum Nachtheile des artistischen Rufs der Sing-Akademie. Im Journal des Luxus und der Moden hat Herr Rellstab behauptet, daß die Solostimmen in dem Händelschen Te Deum (gemeint ist wohl das Righinische), welches die Akademie vor dem versammelten Hof executirte, nicht gut genug gesungen worden wären. Ein sehr gebildetes Publicum, und vor allem Herr Zelter selbst, haben den Talenten der Mademoiselle Blanc und des Herrn Gern an jenem Abend volle Gerechtigkeit widerfahren lassen«.

Man führt noch weitere Übeltaten an und verlangt, »daß Herr Rellstab nicht länger als Mitglied unter uns geduldet werde«. Ob dem Verlangen stattgegeben wurde, war nicht zu eruieren. Nach Lichtenstein, dem ersten Biographen der Sing-Akademie, wäre Rellstab schon 1797 aus der Sing-Akademie ausgetreten. Nach anderen Quellen wurde er auch später noch als Mitglied geführt.

Am 19. Juni des Jahres stirbt die populäre Königin Luise. Die Sing-Akademie setzt zwei Wochen mit den Proben aus, unterstützt dann mehrere Trauerfeiern und bringt am 18. August eine eigens komponierte Trauerkantate von Georg Abraham Schneider im Opernhaus zur Aufführung.

Im Dezember steht in der AMZ (Nr. 65, Sp. 1060) zu lesen:

»Herr Professor Zelter hat von der Abtheilung für den Cultus und Unterricht im Ministerium des Innern den ehrenvollen Auftrag erhalten, die mit den hiesigen Lehranstalten verbundenen Singechöre zu reformieren und sie dem Geiste der Zeit anzupassen. Man verspricht sich von den Kenntnissen, der Thätigkeit und der Erfahrung des Direktors der berühmten Sing-Akademie hierin viel, und man hat Grund, sich viel davon zu versprechen.«

Eine weitere, weittragende Auswirkung von Zelters erfolgreicher Arbeit mit der Sing-Akademie. Zelters Visitationen ergeben, daß der Zustand der Schulchöre »in der Nähe noch unerfreulicher ist als von außen, da diese Chöre in den Straßen der Residenz schon seit manchen Jahren so singen, wie man es von ihnen gewohnt ist, indem sie eigentlich garnicht unterrichtet werden, und daran sind sie selber nicht schuld... Sie sind arm, unwissend, ohne Zucht; mehrere Chöre werden nicht einmal angehalten, in der Kirche zu singen, wozu sie hauptsächlich da sind... Niemand nimmt sich ihrer an und doch singen sie und könnens nicht lassen«[8].

Da schlägt Zelter vor: »Die sämtlichen Singechöre der Residenz, sowie alle musikalischen Kirchenfunktionen, Cantores und Organisten nicht ausgenommen, müssen unter eine Oberaufsicht gestellt werden. Im Gebäude der Königlichen Akademie muß ein anständiges heizbares Local für die Singschule stattfinden, um sobald wie möglich ein Seminarium für Cantores, Präfecti und Singlehrer nach einer ordentlichen Methode einzurichten.«

Obwohl der Plan des Königs Zustimmung findet, dauert es noch Jahre, bis das avisierte »Institut für Kirchenmusik« dann 1823 realisiert wird – mit Zelter als Direktor.

Luise, Königin von Preußen (1776–1810),
Gemahlin König Friedrich Wilhelms III. von Preußen.
Gemälde von Wilhelm Böttner, 1799

Vorerst freilich fehlt es am Geld, und es brauen sich schon wieder Kriegswolken zusammen. Am 23. Februar 1813 rückt ein Kosakendetachement der mit Preußen verbündeten Russen in Berlin ein, während noch die Franzosen die Stadt, u. a. auch die Akademie, besetzt halten. Die Probe der Sing-Akademie muß ausfallen. Man hat gleichwohl musikalische Aktivitäten im Sinn. Es ist ein Brief Zelters an die Vorsteher vom 25. Februar erhalten, in dem es heißt:

»Von mehreren Seiten ist mir der Antrag gemacht, den Judas Makkabäus als etwas unseren Tagen Zustehendes öffentlich zum Besten der zu organisierenden Streiter für das Vaterland aufzuführen. So groß meine Neigung zu dergleichen Enterprisen seyn mag, so kommt es auf die Beantwortung der Frage an: Ob sich die Sing-Akademie als solche freiwillig in die Händel der weltlichen Mächte zu mischen und Parthey zu nehmen habe? Ich denke: Nein!«[10]

Und das denken auch die Vorsteher. Chr. Ludwig Schulz meint, am allerwenigsten in Frage komme der »Judas Makkabäus«, »dem so leicht eine besondere Beziehung gegeben werden könnte«. In der Tat, die Aufführung dieses Händelschen Oratoriums, das die Abschüttelung von Fremdherrschaft zum Gegenstand hat, wäre ein Politikum gewesen, zumal die Franzosen ja noch die Stadt besetzt hielten. Zudem war an ein Proben nicht zu denken. Vorsteher August Hartung aber findet bereits, man könne ein Oratorium, »wenn preußisches Militär unsere Stadt beschützt, zum Besten unbemittelter freiwilliger Jäger veranstalten«.

Und das geschieht tatsächlich schon wenige Wochen später. Man will am 20. April in der Garnisonkirche singen »gegen ein angemessenes Entreegeld zur Ausrüstung der gesammten nöthigen Truppen«.[11] Speziell das Lützowsche Freikorps wird unterstützt, und Zelter, der Wochen zuvor noch nicht »Parthey nehmen« wollte, ist nun »mit Vergnügen« dabei, läßt sich vom patriotischen Enthusiasmus mitreißen. Man bringt allerdings nicht den »Judas Makkabäus«, sondern Zelters Auferstehungs- und Himmelfahrtsoratorium. Das Königliche Militärgouvernement bedankt sich prompt für die Spende.[12]

An die Wohltätigkeit der Sing-Akademie wird in diesen Tagen viel appelliert. Man solle »zum Besten der Unglücklichen in Spandau«[13] singen. Die Zitadelle war das letzte Bollwerk der Franzosen gewesen und erst nach heftigen, zerstörungsreichen Kämpfen geräumt worden. Man scheint der Bitte nicht nachgekommen zu sein.

Den Sieg in der Völkerschlacht bei Leipzig im Oktober feiert die Sing-Akademie noch intern mit einem Te Deum von Händel und Chören aus dem »Judas Makkabäus«, und am 29. März 1814 wird endlich das lange geplante Händel-Oratorium öffentlich bei größtem Andrang in der Garnisonkirche aufgeführt. Dem Einzug des Königs huldigt man am 2. Oktober mit Händels Dettinger Te Deum.

1 Zitiert nach: Martin Blumner: Geschichte der Sing-Akademie zu Berlin, Berlin 1891, S. 37.

2 Archiv der Sing-Akademie in der Staatsbibliothek Preußischer Kulturbesitz Berlin, N.mus.SA 323,80.

3 Georg Schünemann: Die Sing-Akademie zu Berlin, Regensburg 1941, S. 35.

4 Zitiert nach: Cornelia Schröder: Carl Friedrich Zelter und die Akademie, Berlin 1959, S. 120f.

5 Ebenda, S. 124.

6 Zitiert nach: Karl Friedrich Zelter: Selbstdarstellungen, ausgewählt und herausgegeben von Willi Reich, Zürich 1955, S. 126.

7 Manuskript im Privatbesitz.

8 Zitiert nach: Georg Schünemann: Carl Friedrich Zelter. Der Mensch und sein Werk, Berlin 1937, S. 43f.

9 Ebenda, S. 45.

10 Archiv der Sing-Akademie, N.mus.SA 323,106.

11 Ebenda, N.mus.SA 323,107.

12 Ebenda, N.mus.SA 323,111.

13 Ebenda, N.mus.SA 323,109a.

»Die Gesetze der Zukunft«.
Verfassungsfragen (1816–1821)

Zelter war viel auf Reisen, sei es, wie erwähnt, in Königsberg, sei es in Schlesien, wo er im Auftrag der Regierung die Musikalien der säkularisierten Klöster zu sichten hatte. Ferner sah er sich in zunehmendem Maße zu Badereisen veranlaßt zur Linderung seiner Gicht. Er mußte vertreten werden.

1814 sprang für ihn der Prediger Karl Benjamin Ritschl ein, der sich als Religionslehrer am Gymnasium zum Grauen Kloster um geregelten Singunterricht verdient gemacht hatte (Eduard Grell, der spätere Direktor der Sing-Akademie, war dort sein Schüler) und nun Pfarrer an St. Marien war.

Sehr früh schon, 1803, war für Zelter Ludwig Hellwig eingesprungen, der bereits seit 1793 der Sing-Akademie angehörte. Er war Schüler Zelters gewesen und wurde 1810 Hof- und Domorganist, Musiklehrer am Joachimsthalschen Gymnasium und 1816 Königlicher Musikdirektor. Er komponierte auch etliches für die Sing-Akademie. Zelter erwähnt ihn öfter lobend in den Tagebüchern der Sing-Akademie, rühmt seine »Sicherheit und Präcision«. Ludwig Hellwig und sein jüngerer Bruder Karl werden in der Sing-Akademie die Stammväter einer langen Dynastie von an die fünfzig Hellwigs, die bis in die Mitte unseres Jahrhunderts reicht.

Um die Vertretungsfrage offiziell zu regeln, erwählt man Hellwig 1815 zum Vizedirektor und mit ihm Carl Friedrich Rungenhagen, den späteren Nachfolge Zelters in der Leitung der Sing-Akademie. Vielseitig begabt, zunächst dem Kaufmannsberuf des Vaters folgend, entwickelte Rungenhagen Ambitionen in Malerei, Schauspiel und Musik. Der Eintritt in die Sing-Akademie 1801 gab den Ausschlag für die primäre Zuwendung zur Musik. Mit seiner Oper »Die Fischer zu Colberg« machte er sich als Komponist einen Namen. Das Jahresgehalt der Vizedirektoren betrug zunächst 100 Taler – nicht eben viel.

Mit ihrer Ernennung war ein erster Schritt zur festeren Strukturierung der Sing-Akademie getan. Bislang, nach immerhin einem Vierteljahrhundert, gab es ja noch kein einziges geschriebenes Wort über Verfassung und Verwaltung der Sing-Akademie. »Alles beruhte auf Herkommen, gegenseitigem Vertrauen, dem edlen Willen und Streben des Leitenden wie aller Zugehörigen – wahrlich, ein untrügliches Zeichen für die Lebensfähigkeit der Gesellschaft.«[1]

Doch die Gesellschaft wuchs und mit ihr die Aufgaben. Es gab zwar seit 1793 Vorsteher, aber ihre Kompetenzen und ihr Verhältnis zum Direktor waren nicht klar festgelegt. Einer von ihnen verwaltete die Finanzen und berichtete gelegentlich den anderen Vorstehern davon. Mit dem Anwachsen des Kapitals wurde aber auch der Wunsch in der Gesellschaft laut, Rechenschaft darüber zu erhalten. Die Notwendigkeit einer verfassungsmäßigen Ordnung war nicht mehr abzuweisen.

Zunächst erweiterte man die Vorsteherschaft auf nunmehr vier Damen und vier Herren. Zum 1. Mai 1816 war dann der erste »Grundriß der Verfassung der Sing-Akademie« fertig, der im Prinzip nur das bislang Gebräuchliche festschrieb. Seine Präambel, die bald wegfiel, ist mehr Bekenntnis als Satzung, Bekenntnis zum Erbe Faschs, Bekenntnis zur Praxis, die aller Theorie und Gesetzlichkeit vorausgehen müsse. Sie weist darauf hin, »wie die Kraft des reinen Willens allein einer Verfassung Erfolg und Dauer geben kann; wie die Gesetze einer Gesellschaft erst aus ihrem Leben gleich der Theorie aus den Werken der Kunst hervorgehen, und wie vergeblich es wäre, einen gesellschaftlichen Zweck durch Gesetze ins Leben einführen zu wollen«.

Klar ist man sich aber auch darüber: Wenn man im Wandel der Zeitläufte wünscht, »jene Einheit des Zweckes, jene Kraft des einträchtigen Wirkens länger noch zu erhalten, ja, wenn es sein könnte, zu verewigen, so muß zu ihrem Schutze die bisher verborgen wirkende Verfassung kräftiger hervortreten, und so entstehen, aus natürlichem Bedürfnis, durch die Erinnerung, Betrachtung und Erwägung, kurz aus der Geschichte der Vergangenheit die Rechte der Gegenwart und die Gesetze der Zukunft«.

§ 1 legt die musikalische Richtung fest: »Die Sing-Akademie ist ein Kunstverein für die heilige und ernste Musik, besonders für die Musik im gebundenen Styl, und ihr Zweck: practische Uebung in den Werken derselben, zur Erbauung der Mitglieder, daher sie selten und nie anders als unter der Leitung ihres Directors öffentlich auftritt.«

Mit der Bevorzugung des »gebundenen Styles«, d. h. des polyphonen Kirchenstils, wie es im Schaffen Palestrinas und seiner Nachfolger kanonisiert ist, ist von vornherein eine retrospektive, historisierende Tendenz festgeschrieben, die sich im Lauf des 19. Jahrhunderts noch verstärken wird. Der letzte Teil des Satzes, der das Selbstzweckhafte, Exklusive der Gesellschaft bezeichnet, war damals schon durch die Praxis überholt: Es war bereits auf zahlreiche öffentliche Aufführungen hinzuweisen, und die Sing-Akademie stellte sich damals, zumindest in Teilen, durchaus schon für fremde Veranstaltungen unter anderen Leitern zur Verfügung.

Bemerkenswert ist der ethische Anspruch des § 2: »Nur derjenige ist fähig, Mitglied zu sein, welcher nicht nur den Grad der sittlichen und Kunstbildung besitzt, der erfordert wird, um an jenem Zwecke mitwirkend theilnehmen zu können, sondern der diese Theilnahme auch wirklich leistet.«

Es folgen Aufnahmeverfahren, Bedingungen der Mitgliedschaft, das Amt des Direktors, dem noch unumschränkte Macht zuerkannt ist: »Die Leitung der musikalischen Übungen ist das Geschäft des Direktors, der darin die vollkommene Freiheit hat und durch nichts, als durch den stiftungsmäßigen Zweck, beschränkt ist. Dieser erfordert aber auch, daß jedes Mitglied seinen Anordnungen in diesem Ge-

Grundriß

der

Verfassung

der

Sing-Akademie

zu Berlin,

den Mitgliedern

im Entwurf mitgetheilt

von

der jetzigen Vorsteherschaft.

―――――――――――――――

Berlin, 1816.
Gedruckt in der Johann Friedrich Ungerschen Buchdruckerei.

Titelblatt der ersten Verfassung der Sing-Akademie, Berlin, 1816

schäft unbedingt Folge leiste.« Dann kommen noch über die Vizedirektoren, die Vorsteher, die »ökonomische Verwaltung« einige Paragraphen; 14 insgesamt erscheinen damals als ausreichend.

Am 17. Juli 1817 wird dieser »Grundriß« vom Ministerium des Innern bestätigt, und am 26. des Monats werden die Korporationsrechte verliehen. Bald jedoch stellt sich diese Verfassung als unzulänglich heraus. Wohl waren Pflichten der Mitglieder festgelegt, diese aber wünschten mehr und mehr auch Rechte und Mitsprache. Ferner waren die Kompetenzen von Direktor und Vorsteherschaft nicht klar genug definiert und voneinander abgegrenzt. So wurde im September 1820 der Vorsteherschaft eine Denkschrift eingereicht, verfaßt von Kammergerichtsrat Gedike und unterzeichnet von siebenundzwanzig Männern der Sing-Akademie. Ein Gewinn in dieser Zeit war es für die Gesellschaft, daß seit 1817 Staatsrat Köhler in die Vorsteherschaft berufen war, ein hervorragender juristischer Sachverständiger und als ruhige, ausgleichende Persönlichkeit allgemein geachtet. Er entwarf eine neue Grundverfassung, legte sie aus, jeder konnte Änderungswünsche vortragen, man einigte sich Stück für Stück, und am 27. August 1821 wurde die neue Verfassung von der Vollversammlung abgesegnet. Demokratische Usancen hatten sich durchgesetzt innerhalb der bislang eher patriarchalisch verwalteten Gesellschaft.

Der »Zweck des Vereins«, der in § 1 festgelegt ist, bleibt die »Erhaltung und Belebung echten Kunstsinns durch praktische Übung der kirchlichen oder heiligen und der damit zunächst verwandten ernsten Vokalmusik, insbesondere des Gesanges im gebundenen Stil«. Die Aufnahme von Mitgliedern ist nun einerseits großzügig und liberal, andererseits musikalisch und moralisch streng gefaßt: »Zur Aufnahme in die Gesellschaft fähig sind Personen jedes Standes, Alters und Geschlechts, welche reine Sitten, unbefleckten Ruf, die gehörige Ausbildung im Singen und ihren gewöhnlichen Wohnsitz in Berlin haben.«

Die Aufnahme setzt nun ein Vorsingen beim Direktor voraus, der Usus der »Expectantenliste« ist nun festgeschrieben. Etwas problematisch erscheinen die Privilegien des § 9: »Musikalischen Künstlern und ausgezeichneten Dilettanten, deren Talent für die Gesellschaft von vorzüglichem Werth ist, ingleichen andern brauchbaren und thätigen Mitgliedern im Fall des Bedürfnisses kann durch Beschluß der gesamten Vorsteherschaft ein Theil der Beiträge oder selbst aller und jeder Beitrag erlassen werden.«

Zur Vorsteherschaft, der die Verwaltung obliegt, gehören der Direktor als ihr Vorsitzender, die Vizedirektoren, der von nun an unbesoldete Kassenverwalter, der »durch bedeutende Wohlhabenheit und unverwickelte Vermögens-Verhältnisse bekanntlich ausgezeichnet sein muß«(!), je vier Vorsteherinnen und Vorsteher, die über vierundzwanzig Jahre alt, zehn Jahre schon Mitglied sein müssen und auf vier Jahre gewählt werden. Der Direktor ist auf Lebenszeit angestellt, muß sich durch Kompositionen im »gebundenen Stil« hervorgetan haben, ist in »musikalisch-technischen Fragen« allein maßgebend, auch, »was die innere Polizei der zum Singen versammelten Gesellschaft betrifft«. Er bestimmt auch allein über interne Aufführungen; über öffentliche jedoch entscheidet der Vorstand mit.

Wahlberechtigt sind alle Mitglieder, die volljährig (damals vierundzwanzig Jahre alt) und zwei Jahre dabei sind. Außer bei der Vorsteherwahl ist die Vollversammlung nur bei Verfassungsänderungen beteiligt und wird sonst vertreten durch einen »größeren Ausschuß, welchen alle großjährige männliche Mitglieder bilden, die entweder zur Vorsteherschaft gehören oder schon gehört haben oder doch seit wenigstens zehn Jahren Mitglied der Sing-Akademie gewesen sind« (die Forderung der zehnjährigen Mitgliedschaft wird in der Folge mehrfach reduziert).

Dieser »größere Ausschuß« tritt einmal im Jahr zusammen, fordert vom Vorstand Rechenschaft, befindet über Grundstücksfragen, Verschuldung der Gesellschaft (das wird dann beim Bau des eigenen Hauses relevant), über Beitragserhöhungen und Besoldung der Direktoren.

Diese Verfassung erweist sich als praktikabel auf längere Zeit hinaus und wird in der Folge nur jeweils geringfügig modifiziert, bleibt in ihren Grundzügen erhalten.

1 Martin Blumner: Geschichte der Sing-Akademie zu Berlin, Berlin 1891, S. 45.

»Ein feste Burg«.
Der Bau des eigenen Hauses

»Das Haupthinderniß einer festen Verfassung für die Sing-Akademie ist und bleibt der Mangel eines eigenen Lokals«, hat Zelter 1816 festgestellt. Raumprobleme begleiten die Sing-Akademie von Anfang an; es war schon die Rede davon. Man konnte zwar froh sein, für ein Vierteljahrhundert in der Akademie der Künste ein Unterkommen gefunden zu haben; aber nur zu oft wurde man durch Ausstellungen in Ausweichquartiere gedrängt. Im übrigen faßte der »runde Saal«, in dem man probte, bestenfalls 180 Sänger, wodurch die Mitgliederzahl beschränkt wurde und die Expektantenliste anschwoll.

Durch einen großen Umbau der Akademie wurde die Sache für den Chor nicht besser, sondern schlechter. Man mußte den runden Saal räumen, wurde in ein paar leere Räume zu ebener Erde an der Universitätsstraße verfrachtet, dann in die unfreundlichen Räume über den Stallungen des Garde du Corps gesteckt. Zelter an Goethe am 27. Dezember 1818 über dieses »Local«: »Es ist so klein, daß die Gesellschaft selber nicht Raum hat, und da es über einem Pferdestalle ist, so ist der Geruch unausstehlich wie die Kälte daselbst, weil es nicht geheizt werden kann.«

Die Kaiserinmutter von Rußland, die über Weihnachten 1818 in der Stadt weilt und die Sing-Akademie hören will, kann man hier schlechterdings nicht empfangen. Fürst Radziwill stellt sein Palais zur Verfügung, und es gelingt tatsächlich, zum zweiten Feiertag an die 300 Sänger zusammenzutrommeln, die »aus dem Stand« Psalmen von Fasch singen.

Man wird noch ein paar Mal in provisorischen Räumen der Akademie hin- und hergeschoben. An Kontinuität ist nicht mehr zu denken; der Wunsch nach einem eigenen Haus muß sich aufdrängen. Lange genug hat man an der Bindung zur Akademie festgehalten. Oberbaurat Schinkel, dessen Frau zum Chor gehört und der mit Zelter befreundet ist, hat schon 1812 einen Querbau über den Hof der Akademie hin entworfen. Aber die Akademie braucht selbst größere Räume, und die Sing-Akademie ist, je länger je mehr, ein unwillkommener Gast. Am 10. Juni 1821 erhält sie auf die Bitte um Räume von der Akademie eine barsche Absage, »da sich die Sing-Akademie zu ihr in keinem officiellen Verhältnis befindet«.

Doch inzwischen hat sich die Sing-Akademie anderweitig mit Erfolg umgetan. Durch die teilweise Auffüllung des Festungsgrabens mit dem Schutt des abgebrannten Schauspielhauses ist neben dem Finanzministerium bei der Neuen Wache ein schöner Bauplatz entstanden. Man spricht wiederum Schinkel an bezüglich eines Entwurfs für ein hier zu errichtendes Gebäude und reicht die Pläne zusammen mit der Bitte um Überlassung des Bauplatzes am 27. März 1821 beim König ein. Am 27. April wird die Bebauung des Grundstücks genehmigt. Als man aber an das Finanzministerium wegen der Übereignung des Platzes herantritt, stellt sich heraus, daß eine solche nicht vorgesehen ist. Man wendet sich noch einmal an den König, der mit Kabinetts-Ordre vom 7. April 1824 »das gedachte Grundstück übereignen läßt, jedoch mit der ausdrücklichen Bedingung, daß dasselbe niemals einer anderen als jetzt beabsichtigten oder dieser ähnlichen Bestimmung gewidmet werden darf«[1].

10 000 Taler besitzt die Sing-Akademie an Kapital; 24 000 Taler stellen Mitglieder als Anleihe zur Verfügung. Doch Schinkels Plan erfordert das Doppelte. Man wendet sich an den vierundzwanzigjährigen Braunschweiger Hofbaumeister Karl Theodor Ottmer, den Zelter vom Bau des Königsstädtischen Theaters her kennt. Der macht zu einem Neuentwurf auf der Schinkelschen Grundlage einen Kostenvoranschlag über 37 500 Taler, der akzeptabel erscheint. Er erhält am 27. März 1825 den Bauauftrag. Aber schon ehe der Grundstein gelegt wird, weiß man, daß die veranschlagte Summe bei weitem nicht reichen wird. Der Baugrund ist versackt – konnte der erfahrene Maurermeister Zelter das nicht voraussehen?

Am 30. Juni 1825 morgens um fünf Uhr ist die feierliche Grundsteinlegung, die Zelter mit einer Rede zur Ehre Gottes, des Königs und des Stifters vornimmt. »Die morgendliche Stille«, schreibt er tags darauf an Goethe, »zu der hochgrünen Umgebung des Platzes, war nicht ohne feyerliche Wirkung. Die Witterung konnte nicht schöner seyn, und nun habe ich Hoffnung, binnen einiger Wochen die ersten Balken zu legen.«

Aber es geht langsam voran: »Regentage, Mangel an Arbeitern, ja an Material, indem das kleine Gewässer unsrer Flüßchen die Gefäße nicht tragen wollte. Nur noch drey Wochen ohne Regen, Schnee und Frost, so denke ich vor Weihnachten das Dach (mit Zink) belegt zu sehen« (5. November 1825 an Goethe).

Am 25. November ist Richtfest, zu dem Ratszimmermeister Richter die lapidar gereimte Kranzrede dichtet, in die am Ende die beliebtesten Gesänge der Sing-Akademie eingeflochten sind:

> So stehe denn nun, ein festes Haus
> bis in die fernste Zukunft hinaus
> erbaut zu erbauen in Freud und Schmerz
> durch frommen Gesang Gemüth und Herz.
> Ruf entgegen dem Bedrängten in seiner Not:
> »Ein feste Burg ist unser Gott!«
> ...
> Jahrhunderte soll erschallen in dir
> das heilige: »Herr Gott, Dich loben wir!«
> Sprecht mit mir jetzt in Jesu Namen
> dazu ein frommes Amen, Amen.

Der innere und äußere Ausbau des Hauses erfordert noch das ganze Jahre 1826. Aber am 2. Januar 1827 kann man die erste Probe abhalten mit der sechszehnstimmigen Fasch-Messe; man probiert verschiedene Aufstellungen der vier Chöre und ist sehr zufrieden mit der herrlichen Akustik. Die offizielle Einweihung ist am 8. April mit dem Zelter-Choral »Gott ist alleinig groß und schön« und der Fasch-Messe. 266 Choristen wirken mit, 800 Einlaßkarten werden ausgegeben. Der eingeladene König, von längerer Krankheit noch nicht völlig genesen, muß sich entschuldigen lassen. Ansonsten aber ist die ganze Berliner Hautevolee zugegen.

In die Freude über den gelungenen Bau mischen sich freilich bittere Wermutstropfen. Man hat sich finanziell total übernommen. Die veranschlagte Bausumme ist aufs Dreifache angewachsen. Da hilft eine Verdoppelung der Anleihe nicht ausreichend und auch nicht der Prozeß gegen den Baumeister Ottmer wegen »vertragswidrigen Mehraufwands«; Ottmer besitzt kein Vermögen, um Regreßansprüche erfüllen zu können.

Man wendet sich am 20. April 1827 wieder einmal an den König, schildert bewegt die »verzweiflungsvoll bedrängte Lage« durch Ottmers »Rechnungsirrtümer«: »Wenn uns eine Mehrzahlung oder Mehrschuld von 20 000 Reichstalern zur Last fällt, so ist das ganze Finanzwesen unseres Instituts von Grund auf zerrüttet.«

Die Sing-Akademie zu Berlin. Aquatinta-Blatt von Thiele, um 1830

Saal der Sing-Akademie zu Berlin

Darum die Bitte, »daß Allerhöchstdieselben die Gnade haben mögen, dem Institut der Sing-Akademie aus Höchstderer Dispositions-Fonds eine *zinsfreie* Anleihe von 20 000 Talern zu bewilligen«. Man begründet die Bitte mit den wohltätigen Aktivitäten der Sing-Akademie, doch der Bescheid ist negativ, »da hierzu keine Dispositionsfonds sich darbieten«.[2]

Die Lage wird immer beklemmender. Man wagt schließlich am 9. März 1830 einen neuerlichen Vorstoß beim König:[3] »Die wohlhabenden Mitglieder der Sing-Akademie haben schon große Opfer zur Erhaltung des Instituts gemacht.« Aber das reiche alles nicht, »um das Institut vor seinem Untergang zu retten«. Darum: »Wir bitten Eure Kgl. Majestät allerunterthänigst um ein Geschenk von 10 000 Talern, für die Sing-Akademie, wovon in diesem Jahr 5000 Thaler und im nächsten Jahr 5000 Thaler gezahlt würden.« Man ersinge doch jährlich 500 Taler für die Armen, die königliche Hilfe komme also diesen zugute. Alexander von Humboldt setzt sich für die Bittsteller ein; umsonst. Er erhält den Bescheid: »Ich habe Ihre Verwendung für die Sing-Akademie vom 11. des Monats nicht berücksichtigen können und das Gesuch derselben um die Bewilligung eines Geschenks von 10 000 Thalern ablehnen müssen.« Keine Begründung – oben auf dem Schreiben ist notiert: »abschlägig«.

Der Schuldenberg verändert den Stil der Sing-Akademie von Grund auf. Sie, die das öffentliche Konzert eher als Ausnahme in ihrer Arbeit betrachtet hatte und es fast ausschließlich zu wohltätigem Zweck veranstaltet hatte, ist nun gezwungen, vornehmlich für öffentliche Konzerte zu arbeiten, eine Abonnementsreihe einzurichten »zum Besten ihrer Kasse«. Hinrich Lichtenstein, erster Biograph der Sing-Akademie, beurteilt 1841 diese Entwicklung so:

»Wie bedenklich dies anfangs schien, so hat es dennoch die Gesellschaft ohne Zweifel allein vor der Gefahr einer möglichen Auflösung bewahrt und ist keineswegs von den Nachtheilen begleitet gewesen, die manche sich damals drohend dachten.«

Man kann ja nun auch die Mitgliederzahl vergrößern, richtet statt der Expektantenliste eine feste »vorbereitende Gesellschaft«, die Mittwochs-Akademie, ein, die etwa ein Drittel der Größe des Dienstags-Chors hat. 436 Mitglieder hat die Sing-Akademie 1827 bereits und erreicht 1842, nach fünfzig Jahren ihres Bestehens, die absolute Spitze mit 642. Ferner werden nun auch zuhörende Mitglieder gegen Entgelt zugelassen. Dies alles wird am 29. Januar 1833 in einem Nachtrag zur Verfassung niedergelegt, in dessen Präambel es heißt, daß »mehrere neuere Ereignisse, ganz besonders der Aufbau eines eigenen Gebäudes und die dadurch veranlaßte Verschuldung der Gesellschaft neue Verhältnisse erzeugt« habe. Nicht zuletzt muß den Aktionären Mitspracherecht eingeräumt werden; sie sollen z. B. bei der Direktorenwahl mitstimmen dürfen.

Und die Sing-Akademie muß ihren Saal vermieten, der freilich gern in Anspruch genommen wird. Paganini (1829) und Liszt (1842) machen hier Furore, Clara Wieck und Anton Rubinstein spielen hier, August Wilhelm von Schlegel und Alexander von Humboldt halten hier gleich im ersten Jahr Vorlesungen. Bis zu seiner Zerstörung im Zweiten Weltkrieg ist der Konzertsaal der Sing-Akademie einer der schönsten und beliebtesten in Berlin.

1 Deutsches Zentralarchiv Merseburg 2.2.1, Nr. 20391.
2 Ebenda, Blatt 21–26.
3 Ebenda, Blatt 27–29.

Geschenktes und Gesammeltes.
Der musikalische Besitz

Es ist an der Zeit, wieder von der musikalischen Arbeit der Sing-Akademie zu reden, und es läßt sich dies gut verbinden mit der Entwicklung ihres musikalischen Besitzes, ihrer Bibliothek, die schließlich ihresgleichen suchte.

Fasch hatte mit seiner unermüdlichen Abschreibetätigkeit (u. a. sämtliche Bach-Motetten) den Grund gelegt für die Bibliothek. Sein Schüler und Freund, der Musiklehrer Patzig, hatte ihn dabei unterstützt und verwaltete auch unter Zelter die Bibliothek bis zu seinem Tod im Jahre 1816.

1806 vermachte der König der Sing-Akademie eine umfangreiche Sammlung von Partituren aus dem Nachlaß seines Vaters. Dazu gehörte eine große Anzahl von Werken Händels in einer alten englischen Prachtausgabe, mit deren Hilfe alsbald eine Händel-Pflege anheben konnte, die sich in Zelters letzten Jahren und der nachfolgenden Ära Rungenhagen zu bemerkenswerter Dichte konzentrierte. Es wird an betreffender Stelle eigens davon die Rede sein müssen.

Das königliche Geschenk enthielt ferner Partituren altitalienischer Meister, an denen die Sing-Akademie ihren zentralen Auftrag, die Pflege des »gebundenen Stils«, erfüllen konnte. Später vermachte der König der Sing-Akademie noch die wertvolle siebenbändige Alfierische Palestrina-Ausgabe, schenkte aber auch Cherubinis d-Moll-Messe. Die Verbindung Zelters mit dem Abbé Santini in Rom erbrachte zahlreiche Abschriften aus der päpstlichen Bibliothek, so daß die Sing-Akademie über ein breites italienisches Repertoire verfügte, das von Palestrina bis in die unmittelbare Gegenwart reichte. Von der Wiener Klassik und ihrer vergleichsweise bescheidenen Rolle im Repertoire der Sing-Akademie war schon die Rede.

Begreiflicherweise, wenn auch vielleicht doch etwas über Gebühr, wurden die Werke der Direktoren der Sing-Akademie, aber auch verschiedener Mitglieder gepflegt. Das Werk des Stifters Fasch war gleichsam die »Bibel«; Zelter fügte dem in gleichem Sinn Kompositionen aus eigener Feder hinzu: Choräle, Motetten, sein Oratorium. Ab 1820 etwa wurden aber auch schon Werke von Rungenhagen und Grell, den späteren Direktoren, geprobt. Man sang aber auch ein »Vaterunser« von Hofrat Klipfel oder ein »Heilig« von Dr. Emil Fischer, einem Lehrer am Grauen Kloster. 1821 debütierte ein sehr junges Mitglied als Komponist: der zwölfjährige Felix Mendelssohn Bartholdy, der ein Jahr zuvor mit seiner Schwester Fanny in die Sing-Akademie eingetreten war, erlebte die Ehre, seinen Psalm 19 gesungen zu sehen.

Von den Zeitgenossen wären zu nennen der Haydn-Schüler Neukomm, Andreas Romberg (bekannt besonders durch sein »Lied von der Glocke« nach Schiller), dessen Psalmen sich einiger Beliebtheit erfreuten, sowie einzelne Sätze geistlicher Musik von Cherubini. 1825/26 arbeitete man intensiv an der großen zehnstimmigen Messe von Louis Spohr. Damit ist aber auch schon der fortgeschrittenste musikgeschichtliche Standort bezeichnet, den die Sing-Akademie in der Ära Zelter einnahm, und das höchste kompositorische Niveau, das sie pflegte. Das Werk von Schubert (der damals freilich allgemein noch kaum entdeckt war) oder von Carl Maria von Weber, der an sich der Sing-Akademie nahestand, blieb noch das ganze 19. Jahrhundert hindurch ausgespart.

Ein Sonderkapitel aber gebührt der Bach-Pflege der Sing-Akademie. Eine grandiose Sammlung von Handschriften aus dem Nachlaß Carl Philipp Emanuel Bachs ist über den Sammler Georg Poelchau in ihren Besitz gelangt. Poelchau, mit einer guten Tenorstimme begabt, gehörte von 1814 bis 1836 der Sing-Akademie an und betreute nach Zelters Tod deren Bibliothek. Diese 2200 Blatt umfassende Sammlung, zu der an die 100 Kantaten, die Passionen und das Weihnachts-Oratorium von Bach gehörten, wurde 1854 allerdings für die vergleichsweise bescheidene Summe von 1400 Reichstalern an die Königliche Bibliothek verkauft, trotz lukrativerer Angebote von anderer Seite. Der spätere Sing-Akademie-Direktor Martin Blumner hat diesen Verkauf begreiflicherweise beklagt. Wir heute können dafür nur dankbar sein. Zum einen wurde das Bach-Erbe dadurch vor Zersplitterung bewahrt und an einem Ort konzentriert, wo es der Forschung zugänglich ist; vor allem aber wurden unschätzbare, unersetzliche Werte vor der Vernichtung bewahrt, der die Bibliothek der Sing-Akademie im Zweiten Weltkrieg anheimfiel.

»Ich habe dich wieder ans Licht gebracht«.
Zelter und Bach

Zelter ist inmitten bester Berliner Bach-Tradition aufgewachsen. »Ich bin seit 50 Jahren gewohnt, den Bachschen Genius zu verehren«, schreibt er am 6. April 1829 an Goethe, »Friedemann ist hier gestorben, Emanuel Bach war hier Königlicher Kammermusiker, Kirnberger, Agricola Schüler vom alten Bach, Ring, Bertuch, Schmalz und Andere ließen fast nichts anderes hören als des alten Bachs Stücke…«

Zelter wurde schon während seines Kompositionsunterrichts bei Fasch in den Jahren 1784 bis 1786 mit dem Werk Johann Sebastian Bachs vertraut, ja, wohl in etwa nach dessen Unterrichtsmethode unterwiesen, die Fasch von Carl Philipp Emanuel Bach, seinem Mitcembalisten am preußischen Hof oder dem Bach-Schüler Johann Philipp Kirnberger kannte. Sie begann mit dem vierstimmigen Choralsatz, und die Bachschen Choräle, die Fasch sich abgeschrieben hatte, besaß Zelter in vier Exemplaren und hat sicher selbst wiederum damit unterrichtet.

Kirnberger war es, der für seine Kompositions-Schülerin Anna Amalia von Preußen, die Schwester Friedrichs des Großen, eine hervorragende Sammlung von Handschriften zusammentrug, die berühmte Amalien-Bibliothek, deren erste vierundachtzig Nummern Werke von Johann Sebastian Bach waren. Zelter hat diese Bibliothek, die die Prinzessin dem Joachimsthalschen Gymnasium vermachte, zwischen 1800 und 1802 katalogisiert und vieles daraus abgeschrieben.

Er beginnt – wie Fasch – 1804 mit den Motetten und arbeitet an ihnen die folgenden Jahre hindurch unermüdlich weiter. Nach Gründung der Ripien-Schule im Jahre 1807 werden auch die Freitagsproben zu einem Hort der Bach-Pflege. Schon in der zweiten am 17. April wird die E-Dur-Fuge aus dem Wohltemperierten Klavier II in einem Arrangement für Streichquartett gespielt. Am 31. Dezember ist Sarah Levy, eine Schülerin Wilhelm Friedemann Bachs und Großtante Mendelssohns, die Solistin im d-Moll-Klavierkonzert. Anfang des Jahres 1808 wird mehrfach das 5. Brandenburgische Konzert vorgenommen, im März das Musikalische Opfer, von Zelter für Streicher gesetzt.

Zu den Instrumentalisten tritt bald ein kleiner Kreis von Sängern der Sing-Akademie, so daß Zelter am 25. Oktober 1811 mit der h-Moll-Messe beginnen kann. Am 13. Dezember schreibt er an Poelchau: »Heute habe ich die erste Probe mit Instrumenten gehalten von der großen Messe (Kyrie und Credo aus h-Moll), welche wahrscheinlich das größte musikalische Kunstwerk ist, das die Welt gesehen hat.« Er legt das Werk jedoch bald beiseite – vielleicht war es noch zu schwer – und nimmt im April 1812 die A-Dur-Messe vor. Im Juni wird erstmals eine Kantate geprobt: »Nimm von uns, Herr, du treuer Gott.« In den folgenden Monaten werden die Violinkonzerte gespielt, im Frühjahr 1813 Stücke aus der Kunst der Fuge, für Streichquartett gesetzt. Im Lauf des Jahres kommen Ouvertüren und weitere Brandenburgische Konzerte hinzu (Nr. 4 und 6).

Im Jahr 1813 nimmt Zelter auch die h-Moll-Messe wieder auf und studiert sie diesmal ganz. Wahrlich eine musikhistorische Pioniertat an einem Werk, das damals niemand kannte. Am 25. Mai beginnt er mit der Johannespassion, dem Schlußchor und zwei Chorälen. Am 8. Juni schließlich nimmt er Stücke aus der Matthäuspassion vor. Die ersten Schritte zur Wiedererweckung der beiden Passionen sind getan.

Seit dem 10. Mai 1816 sind keine Aufzeichnungen Zelters zu den Freitagen mehr erhalten, doch sind die Proben bis zu seinem Tod – sicher in gleichem Sinn – weitergegangen und auch von Rungenhagen noch fortgesetzt worden.

In den großen Dienstagsproben des Gesamtchors werden die Motetten zum eisernen Bestand, und am 7. Januar 1823 kann Zelter ins Proben-Tagebuch eintragen: »Daß die Sebastian Bachschen Motetten seit 30 Jahren immer mehr anklingen, ja ihren Schwierigkeiten Trotz geboten wird, ist ein Triumph der Sing-Akademie und zeigt, daß die Übung an Meisterwerken, sie mögen gefallen oder nicht, ihren unbestreitbaren Nutzen hat.«

Am 8. Juni notiert Zelter: »Hätte der alte Bach heute zugehört, er hätte unsere Bassisten umarmt: *Ich stärke dich.* Wir fühlten uns gestärkt, auch ohne die Abwesenden.« Und natürlich werden zu Bachs Geburtstag am 21. März stets Motetten von ihm gesungen.

Kantaten und Oratorien glaubt Zelter freilich nicht in der Originalgestalt belassen und realisieren zu können. Er meint, an ihnen doch viel Zeitverhaftetes ausmachen zu müssen. »Der alte Bach«, so schreibt er am 8. April 1827 an Goethe, »ist mit aller Originalität ein Sohn seines Landes und seiner Zeit und hat dem Einflusse der Franzosen, namentlich des Couperin, nicht entgehen können... Dies Fremde kann man ihm aber abnehmen wie einen dünnen Schaum, und der lichte Gehalt liegt unmittelbar drunter. So hab ich mir, für mich alleine, manche seiner Kirchenstücke zugerichtet, und das Herz sagt mir, der alte Bach nickt mir zu, wie der gute Haydn: Ja, ja, so hab ich's gewollt.«

Wie sieht nun die Zeltersche »Zurichtung« aus? Zum Beispiel so: Er entkleidet die Sopran-Arie »Ich folge dir gleichfalls« aus der Matthäuspassion ihrer fließenden Sechzehntel-Bewegung, er »entkoloriert« sie, und es bleibt ein schlichter Achtelduktus gemäß der Ästhetik der »Simplicität« in der Berliner Liederschule. Ob dabei nun der »lichte Gehalt« zutage tritt, mag der Leser selbst beurteilen.

Solche »Verbesserungen«, die uns heute barbarisch dünken mögen, sind für Zelters Zeit gar nicht so abseitig. Selbst der Bach-Schüler Christoph Nichelmann, zweiter Cembalist am Preußischen Hof, übt in seiner Schrift »Die Melodie nach ihrem Wesen sowohl als nach ihren Eigenschaften« von 1755 Kritik an Bachs Melo-

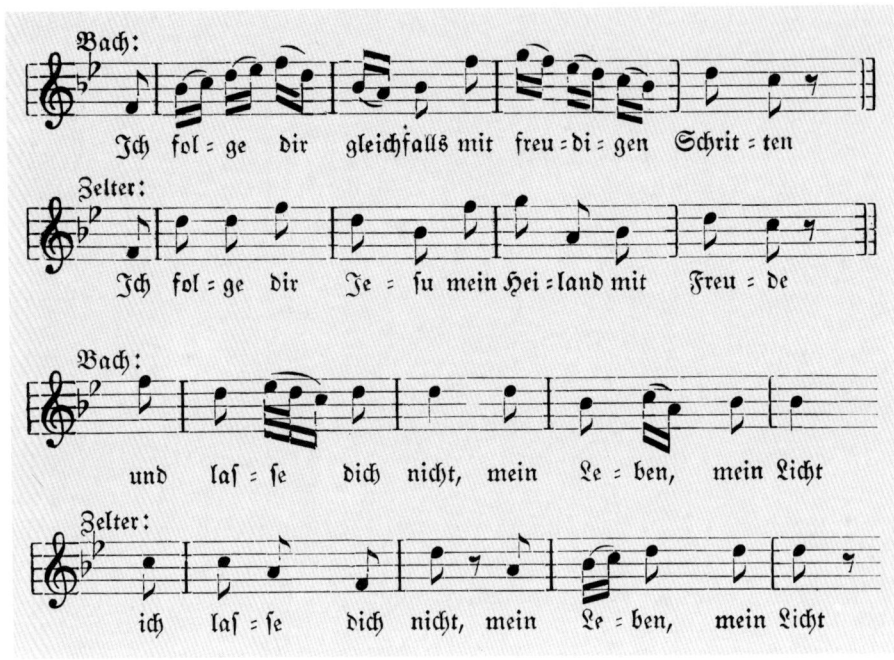

Bach:

Ich fol = ge dir gleichfalls mit freu = di = gen Schrit = ten

Zelter:

Ich fol = ge dir Je = su mein Hei = land mit Freu = de

Bach:

und laf = fe dich nicht, mein Le = ben, mein Licht

Zelter:

ich laf = fe dich nicht, mein Le = ben, mein Licht

dik, wobei er sich auf die vieldiskutierte Polemik Johann Adolf Scheibes von 1737 bezieht, der Bach ein »schwülstiges und verworrenes Wesen« vorgeworfen hatte. Nichelmann entkleidet nicht anders als Zelter eine Bach-Arie – »Ich bin vergnügt in meinem Glücke« – ihrer melodisch-rhythmischen Komplexität und richtet sie auf das Gleich- und Ebenmaß damaliger berlinischer Ästhetik zu im Wunsch, ihre »Einfalt«, ihr »natürliches Wesen« herauszustellen.[3]

Auch Zelters wohlgemeinte Intention ist keine andere, als Bach, den er wahrlich verehrt, seiner Zeit zugänglich zu machen. Im obigen Musikbeispiel ist zugleich eine Textänderung zu vermerken. Zelter bringt solche in großer Zahl an. Im gleichen Brief an Goethe heißt es:

»Das größte Hindernis in unsrer Zeit liegt freilich in den ganz verruchten deutschen Kirchentexten, welche dem polemischen Ernste der Reformation unterliegen, indem sie durch einen dicken Glaubensqualm den Unglauben aufstören, den niemand verlangt.«

Es ist aber auch die drastische Bildersprache barocker Ariendichtung, an der Zelter Anstoß nimmt. Wenn es in der Arie »Blute nur« aus der Matthäuspassion heißt: »Ach! ein Kind, das du erzogen, das an deiner Brust gesogen«, so ändert Zelter dahingehend: »Ach, ein Kind, das du geheget, warm an deine Brust geleget…«

Manchmal will Zelter es den Sängern einfach bequemer machen, zumal in den ja wahrlich komplizierten Rezitativen. So überträgt er das Tenor-Rezitativ des Evangelisten in der Matthäuspassion einem Baß und oktaviert dabei nicht nur nach unten, sondern komponiert die Partie zuweilen völlig um:

Ganz wohl scheint es Zelter bei seinen Änderungen freilich doch nicht gewesen zu sein, denn er sieht sich fortwährend veranlaßt, sich zu rechtfertigen. Im besagten Brief an Goethe: »Da kommen sie denn wohl und sagen: Man sollte seine Hand nicht an so etwas legen, und haben nicht ganz unrecht, weil es nicht *jeder* darf; aber mir ist es ein Mittel, zur Erkenntnis und Bewunderung des Wahren zu kommen. Und wenn ich ihnen ihr Urteil lasse, was geht sie das meine an?«

Und so schreckt Zelter nicht einmal davor zurück, in Bach-Autographen mit Rotstift zu hantieren. Noch ist Bach nicht sakrosankt. Zelter will ihn praktikabel machen. So notiert er zur Partitur der Johannespassion: »Die Arie: Es ist vollbracht mit der Gambe konnten wir auf der Gambe nicht spielen, weil wir dergleichen nicht mehr haben; es ist daher für die Bratsche und so gegeben, damit sich der Spieler auch dabey bedacht finde, und da das Bachsche dabey steht, kann sich jeder überzeugen, was und wie es verändert ist, ich bin darüber niemand Rechenschaft schuldig als Bachen selber.«

Und auf einem weiteren Notizblättchen schreibt er: »An einem Meister wie Seb. Bach kann man sich versuchen; man kan ihn aber nicht richten. Das erste ist hier geschehen, und wie es geschehen, mag sagen, wer's versteht, denn von Allen kann hier nicht die Rede seyn.«

Als Goethe nachhakt und fragt, was denn genau mit dem »französischen Schaum« gemeint sei, antwortet Zelter am 8. Juni 1827 nicht mehr so sicher: »Was ich an Sebastian Bach den französischen Schaum nannte, ist freilich nicht so leicht abgehoben, um nur zuzugreifen. Er ist wie der Äther allgegenwärtig, aber unergreiflich.«

Zelter will nun, bei aller Detailkritik, doch letztlich auf eine Apotheose Bachs hinaus: »Alles erwogen, was gegen ihn zeugen könnte, ist dieser Leipziger Kantor eine Erscheinung Gottes: klar, doch unerklärbar. Ich könnte ihm zurufen:

> Du hast mir Arbeit gemacht,
> Ich habe dich wieder ans Licht gebracht.«

Und mit letzterem hat Zelter recht. Ohne seine Pionierarbeit wäre jene vielberedete Wiederaufführung der Matthäuspassion unter Mendelssohn im Jahre 1829, die eine umfassende Entdeckung Bachs einleitete, nicht denkbar gewesen.

---

1 Detaillierteres zu diesem Thema findet sich in Georg Schünemanns Aufsatz »Die Bachpflege der Berliner Sing-Akademie bis zur Wiedererweckung der Matthäus-Passion« im Bach-Jahrbuch 1928, dem dieses Kapitel vieles verdankt.

2 Berliner Organisten.

3 Bach-Dokumente III, Kassel u. a. 1984, S. 101.

86

»Eine religiöse Hochfeier«.
Die Wiederaufführung der Matthäuspassion (1829)

Felix Mendelssohn Bartholdy ist bereits in beste Berliner Bach-Tradition hineingeboren. Die Großmutter mütterlicherseits, Babette Salomon, stammte aus dem Hause Itzig, in dem man Bach verehrte und pflegte. Ihre Schwester Sarah, verheiratete Levy, war die Lieblingsschülerin von Wilhelm Friedemann Bach gewesen, spielte, wie erwähnt, in Zelters Freitagsmusiken Klavierkonzerte von Bach und vermachte der Sing-Akademie später Bach-Handschriften. So wuchs Mendelssohns Mutter Lea mit Bach auf. Sie soll bei dem Bach-Schüler Kirnberger Unterricht gehabt haben,[1] den sie allerdings, noch nicht sechs Jahre alt, genossen haben müßte, denn sie ist 1777 geboren, Kirnberger aber bereits 1783 gestorben. Der Musiktheoretiker und -publizist Adolf Bernhard Marx, Freund des Hauses Mendelssohn, von dem noch viel die Rede sein wird, befand jedenfalls: »In ihr lebten Traditionen oder Nachklänge von Kirnberger her; von dorther war sie mit Sebastian Bach bekannt geworden und hatte das unausgesetzte Spiel des temperierten Klaviers ihrem Hause eingepflanzt.«[2]

Ihre Tochter Fanny, der sie schon bei ihrer Geburt »Fugenfinger« attestiert hatte, beherrschte denn auch bereits mit vierzehn Jahren einen ganzen Band Wohltemperiertes Klavier auswendig. Am 1. Oktober 1820 tritt sie zusammen mit ihrem Bruder Felix, der bereits bei Zelter Kompositionsunterricht hat, in die Sing-Akademie ein; sie ist fünfzehn, er elf. Und sie erweitern dort, zumal in den Freitags-Musiken, ihre Bach-Kenntnisse. Zelter probte da, wie gesagt, seit 1815 auch Stücke aus der Matthäuspassion. In Felix erwacht der Wunsch, eine Partitur des Werks zu besitzen, den ihm seine Großmutter zu Weihnachten 1823 auch erfüllt.

Anekdote ist freilich, daß die Großmutter Zelter eine Partitur des noch ungedruckten Werks abrang, ebenso wie jene noch kuriosere Mär, die A. B. Marx in seinen Erinnerungen kolportiert, Zelter habe die Partitur bei einem Käsehändler entdeckt. Felix kam an seine Partiturabschrift wohl über den schon genannten Bach-Sammler Georg Poelchau, den seine Mutter seit ihrer Jugend kannte und der das Autograph der Matthäuspassion besaß.[3] Poelchau übersiedelte 1813 von Hamburg nach Berlin, trat der Sing-Akademie bei und ging im Hause Salomon ein und aus.

Alsbald wird die Matthäuspassion bevorzugter Gesprächsgegenstand im Hause Mendelssohn. Besonders erwärmt sich an ihr Adolf Bernhard Marx, vierzehn Jahre älter als Mendelssohn, der 1824 die »Berliner Allgemeine Musikalische Zeitung« (BAMZ) gründet und in ihr bald zum glühenden Verfechter des Werks wird: »Ich

Felix Mendelssohn Bartholdy (1809–1847).
Ölgemälde von Eduard Magnus, 1846

war lange vor der Aufführung von dem Werke so ganz erfüllt, daß ich Tag und Nacht meine Gedanken nicht von ihm lösen konnte.«[4]

Aber auch nach außerhalb verbreitet sich die Kunde von der Matthäuspassion schnell. 1827 schon besitzt Johann Nepomuk Schelble, der Leiter des Frankfurter Caecilienvereins, eine Abschrift, ebenso wie Louis Spohr in Kassel. Marx kann den Berliner Verleger Schlesinger dazu bewegen, den Druck des Werks in Angriff zu nehmen, und rückt am 23. April 1828 in sein Blatt die folgende Nachricht ein: »Soeben erteilt mir die Schlesingersche Verlagshandlung die bestimmte Versicherung, daß sie noch im Laufe dieses Sommers das größte Werk unsres größten Meisters, das größte und heiligste Werk der Tonkunst aller Völker, von Johann Sebastian Bach die große Passionsmusik nach dem Evangelisten Matthäus, herausgiebt und der Stich schon begonnen hat. Wie herrliche Zeit bricht an!«

Das sind Superlative, die nicht ohne Wirkung bleiben sollten. Mit dem Erscheinen des Erstdrucks dauert es allerdings noch bis Sommer 1830; Marx muß ihn in seiner Zeitung anmahnen. Und er entfaltet nun für dieses Werk eine Pressekampagne von bisher nicht gekanntem Ausmaß. Am 21. Februar 1829 gibt er auf der

Titelseite seiner Zeitung bekannt: »In den ersten Tagen des März wird unter Direktion des Herrn Felix Mendelssohn Bartholdy die Passionsmusik nach dem Evangelisten Matthäus von Johann Sebastian Bach aufgeführt werden. Das größte und beste Werk des grössten Tondichters tritt damit nach einer fast hundertjährigen Verborgenheit in das Leben, eine Hochfeier der Religion und der Kunst.«

Die letzten Worte sind bemerkenswert. Die Sache wird nicht nur als Kunstereignis angekündigt, sondern wie ein gigantisches religiöses Ritual. Das überbietet Marx noch gleich in der nächsten Nummer seines Blatts (28. Februar) mit einer weiteren, sich nunmehr über zweieinhalb Seiten erstreckenden Ankündigung. Die Aufführung wird nun zum Beginn einer neuen musikgeschichtlichen Epoche stilisiert. Vom »größten und heiligsten Gebilde der Tonkunst« heißt es da: »Wie die erste Morgensonne nach den Nebellasten der Sündfluth verkündet es einen neuen leuchtenden Thag.«

Der überwältigende Erfolg des Werks erscheint damit geradezu vorprogrammiert. Doch mußte dazu schon noch eine exemplarische Aufführung kommen; denn mit einem unproblematischen Zugang zum Werk war nicht zu rechnen. Und der stellte sich auch nicht ohne weiteres ein, wie zu zeigen sein wird.

Wie aber kam es zu der Aufführung? Mendelssohn begann zunächst, die Matthäuspassion im häuslichen Kreis mit Freunden einzustudieren; die acht Chorstimmen waren kaum doppelt besetzt. Sein Freund Eduard Devrient, Baritonist an der Königlichen Oper, der hernach die Jesus-Partie sang, berichtet: »Nun ging uns eine neue Welt der Musik auf, als ein Stück nach dem andern uns gründlich klar wurde. Das cursorische Durchnehmen von Bruchstücken in Zelters Freitagsmusiken hatte das nicht bewirken können.«[5]

Eine öffentliche Aufführung aber hält zunächst niemand für denkbar: »Allgemein schreckte man zurück vor den unüberwindlichen Schwierigkeiten, welche das Werk an sich – mit Doppelchor und Doppelorchester – dem Studium in den Weg legen würde und vor denen, welche durch die Umständlichkeit der Sing-Akademie und die abgeschlossene, unförderliche Haltung Zelters drohten. Schließlich wurde sehr in Frage gestellt: ob das Publikum auf ein so weltfremdes Werk eingehen werde? Man hatte wohl in geistlichen Concerten hie und da ein kurzes Stück von Sebastian Bach der Merkwürdigkeit wegen hingenommen, nur die wenigen Kenner hatten Freude daran gehabt, jetzt aber sollte man einen ganzen Abend nichts als Sebastian Bach hören, der doch nur als unmelodisch, berechnend, trocken und unverständlich im Publikum bekannt war!«[6] Man muß diese öffentliche Einschätzung Bachs zur damaligen Zeit zur Kenntnis nehmen, um das Ungewöhnliche von Mendelssohns Tat recht zu begreifen.

Allmählich reift doch der Plan einer Aufführung. Devrient stellt sich da, seine Rolle wohl etwas übertreibend – er war schließlich Schauspieler –, als Motor dar. Vielmals wiedergegeben wurde jene amüsant erzählte Geschichte, wie er Mendelssohn aus dem Bett holt, mit ihm zu Zelter geht, um von ihm die Erlaubnis zur Auf-

Gambenstimme der Matthäuspassion
von Johann Sebastian Bach (Autograph)

führung mit der Sing-Akademie in deren Haus zu erlangen; wie Zelter in Rage gerät: »Das soll man sich nun geduldig anhören! Haben sich's ganz andere Leute vergehen lassen müssen, diese Arbeit zu unternehmen, und da kommt nun so ein Paar Rotznasen daher, denn alles das Kinderspiel ist!«

Und wie man ihn dann doch überredet, daß er zustimmt: »Na, ich will euch nicht entgegen sein – auch zum Guten sprechen, wo es Noth tut. Geht denn in Gottes Namen daran, wir werden ja sehn, was draus wird.«[7]

Die Freunde richten nun ein Gesuch an die Vorsteherschaft der Sing-Akademie, sie möge das »große Lokal der Sing-Akademie« zur Verfügung stellen und »Ihre freundliche Mitwirkung, sowie Ihre Fürsprache bey den einzelnen Mitgliedern der Sing-Akademie, welche wir zur gefälligen Unterstützung bey diesem Unternehmen aufzufordern gedenken, nicht versagen«[8].

Die Freunde erhalten den Saal für die 50 Taler Miete, die man von fremden Veranstaltern zu nehmen pflegt. Selbst als Veranstalter auftreten möchte die Sing-Akademie nicht. All dies scheint wichtig für die gerechte Bewertung der viel diskutierten und wechselnd gewichteten Rolle Zelters und Mendelssohns bei dieser Aufführung.

Mendelssohn lernt zwar durch seinen Lehrer Zelter zuerst die Matthäuspassion kennnen, erhält das Werk aber nicht über ihn (der hätte es wohl nicht herausgegeben), beginnt es, unabhängig von ihm einzustudieren und führt es auf eigene Initiative, eigene Verantwortung und eigenes Risiko auf, von der Sing-Akademie zunächst nur zögernd unterstützt.

Begreiflich, daß nach der erfolgreichen Aufführung zunächst allein Mendelssohn im Rampenlicht steht als Wiederentdecker und Wiedererwecker der Matthäuspassion. Zumal A. B. Marx, der in seiner Zeitung Zelter wiederholt angreift, hat dessen Rolle bei der Aufführung heruntergespielt. Gegen Ende des 19. Jahrhunderts tauchen dann umgekehrt Stimmen auf, die Mendelssohns Rolle bei dem Ereignis zu schmälern suchen. Es ist Eduard Grell, der spätere Direktor der Sing-Akademie, der in einem Brief vom 12. Mai 1883 die Anschauung verficht: »Soll jemand die Passion ausgegraben haben, so ist das kein anderer als Zelter gewesen.«[9]

Ihm schließt sich Georg Schünemann, der Biograph der Sing-Akademie an, der Zelter als »den eigentlichen Wiedererwecker der Bachschen Passion« bezeichnet.[10] Daß dieser Standort im »Dritten Reich« unter antisemitischen Vorzeichen noch zugespitzt wird, liegt auf der Hand.

Heute lassen sich die Verdienste leidenschaftslos einschätzen. Demnach wäre ohne Zelter, der aber wiederum auf der lebendigen Berliner Bach-Tradition fußt, die Aufführung sicher nicht denkbar gewesen. Eines aber steht auch fest: Zelter selbst hätte eine Aufführung nie gewagt, schon gar nicht ohne einschneidende Korrekturen. Für ihn war die Matthäuspassion zwar ein großartiges, aber doch zeitverhaftetes, historisches, wenn nicht museales Werk, an dem zwar Kenner ihren Kunstsinn schulen konnten, das ihn aber unzugänglich dünkte für ein breiteres

Publikum. Was ihn betrifft, so wären Bachs Oratorienmusiken einem engeren Zirkel vorbehalten geblieben.

Mendelssohn war es, der an die aktuelle, ja überaktuelle, überzeitliche Wirkung dieser Musik glaubte und damit recht behielt. Ohne ihn hätte sich die Bach-Renaissance des 19. Jahrhundert zumindest verzögert. Daß aber Zelter diese Aufführung nicht nur zugestand, sondern mit Rat und Tat förderte, sich von ihr schließlich überzeugen ließ, die dritte Aufführung selbst dirigierte und das Werk in den ihm noch verbleibenden Jahren jeweils am Karfreitag wiederholte, das spricht für die beachtliche Großzügigkeit und Flexibilität eines immerhin Siebzigjährigen und räumt ihm innerhalb dieser Bach-Renaissance einen ehrenvollen Platz ein.

Doch wie ging es mit den Proben weiter? Lassen wir wiederum Devrient berichten:[11] »Die erste Chorübung im kleinen Saale hatte schon doppelt so viele Theilnehmer als im Mendelssohn'schen Hause und sie wuchsen von einer Übung zur andern dergestalt, daß der Copist nicht hinlänglich Stimmen schaffen konnte, wir auch schon nach der fünften Uebung in den großen Saal gehen mußten. Man darf hierbei nicht vergessen, daß die große Zahl der Akademiemitglieder, welche, gelockt von dem merkwürdigen Unternehmen, zu diesen ersten Uebungen kamen, nach Zelters Voraussage alle nicht wiedergekommen wären, wenn es nicht gelang, sie gleich bei der ersten Zusammenkunft zu gewinnen und zu fesseln. Darum nahm Felix sofort – und wiederholte das in den ersten Vorübungen – nicht vereinzelte Stücke, etwa die leichten zuerst, sondern eine bestimmte Gruppe der Composition zum Studienobjecte, übte die Chöre sogleich mit unerbittlicher Genauigkeit bis zu ihrem vollen Ausdruck und gab dadurch den Singenden einen ganz vollständigen Eindruck von der Besonderheit des Werkes. Seine Erklärungen und Anweisungen waren präcis, kurz und ebenso übergewichtig als jugendlich bescheiden hervorgebracht.«

Fanny Mendelssohn schreibt am 22. März 1829 an Klingemann: »Zelter, der in den ersten Proben mitgewirkt hatte, zog sich nach und nach zurück und nahm in den späteren Proben, sowie in den Aufführungen mit meisterhafter Resignation seinen Sitz unter den Hörern.«[12]

Zelter stellt es gegenüber Goethe etwas anders dar (Brief vom 9. März 1829): »Aus der Zeitung wirst Du schon ersehen haben, daß wir die Passion von Johann Sebastian Bach aufführen. Felix hat die Musik unter mir eingeübt und wird sie dirigieren, wozu ich ihm meinen Stuhl überlasse.«

Noch einmal Devrient zum letzten Probenstadium: »Die Vollendung, die das Werk nun gewann, gab den Studien neues Interesse. Musiker und Kenner drängten sich zu den Proben, um die Composition genauer verstehen zu lernen. Man staunte, nicht sowohl über die Großartigkeit des Baues, sondern mehr über die Fülle der Melodien, über den reichen Ausdruck der Empfindung, der Leidenschaft, über die eigenthümliche Deklamation und über die Wucht der dramatischen Wirkungen. Von alledem hatte man ja dem alten Bach nichts zugetraut. Aber was Felix getan hat, diese Eigenschaft des Werks ans Licht zu kehren, seinen Wunderbau in seiner ganzen Pracht erkennen zu lassen, das ist ebenso denkwürdig als die ganze folgenreiche Unternehmung... Mit welcher Geschicklichkeit, Energie, Ausdauer und klugen Berechnung seiner Mittel er das antiquierte Werk wieder modern, anschaulich und lebendig gemacht hat, das muß man miterlebt haben...«[13]

In dichter Folge finden zuletzt die Proben statt, am 2., 9., 16., 17., 23. und 24. Februar sowie am 2., 3. und 8. März. Am 10. März, dem Vortag der Aufführung, ist Generalprobe.

Am 7. März hat A. B. Marx sein Blatt mit einer Ankündigung eröffnet, die sich zur breiten Einführung auswächst und die Veranstaltung noch mehr in Richtung eines religiösen Fests rückt: »Es öffnen sich mit dieser Aufführung die Pforten eines lange verschlossenen Tempels und wir werden nicht zu einem Kunstfest berufen, sondern zu einer religiösen Hochfeier... Mögen unsere Leser mit andächtiger Ehrfurcht vor Religion und Kunst zu dieser Hochfeier wallen. Wer so hintritt, wird geläutert und erhoben, beides für Religion und Kunst, zurückkehren.«

Nach all dem wird begreiflich, daß Berlin, ohne Übertreibung gesprochen, im Bach-Fieber lag. So war denn auch der Andrang gewaltig. Der Saal der Sing-Akademie mit seinen 800 bis 900 Plätzen war überfüllt, es wurden noch die Vorsäle und ein Saal unter dem Orchester geöffnet. Dennoch mußten über 1000 Interessenten abgewiesen werden. Eine große Delegation des Hofes mit dem König an der Spitze war erschienen, dazu die Prominenz aus dem kulturellen Leben. Da ein Ereignis von nicht allein musikalischer Bedeutung annonciert war, reichte auch der Kreis der Interessenten weit hinaus über den der Musikkenner und -liebhaber. Der Chor trat mit 159 Sängern an, nicht mit 300 bis 400, wie in manchen Erinnerungen überliefert ist. Es beteiligte sich also nur die knappe Hälfte der damals 354 singenden Mitglieder.

Den Kern des Orchesters machten die Mitglieder der »Philharmonischen Gesellschaft« aus, eines Liebhabervereins, den Eduard Rietz, ein Freund Mendelssohns (er hatte für ihn die Partitur der Matthäuspassion abgeschrieben), 1826 gegründet hatte. Die ersten Pulte und die Bläserstimmen waren mit Musikern der Königlichen Kapelle besetzt. Die Konzertmeister der beiden Orchester waren Eduard Rietz und der neunzehnjährige Ferdinand David vom Königstädtischen Theater, nachmals Konzertmeister des Gewandhauses zu Leipzig. Mendelssohn dirigierte vom Flügel aus, der quer zum Publikum zwischen den beiden Chören stand. Die Solosänger waren allesamt Mitglieder der Königlichen Oper und zugleich der Sing-Akademie – das seinerzeit Übliche, heute völlig Undenkbare –, und als solche sangen sie ehrenhalber, wie auch der größte Teil der Instrumentalisten unentgeltlich spielte. So daß der Erlös der Veranstaltung – der Eintritt kostete 2/3 Taler – fast gänzlich »sittlich verwahrlosten Kindern« zugute kam. Sopran sangen die gefeierte Primadonna Anna Milder-Hauptmann und die siebzehnjährige Pauline von Schätzel, Alt Auguste Türrschmidt, den Evangelisten Heinrich Stümer, den Christus Eduard Devrient, den Petrus Carl Adam Bader und die Baß-Partien J. E. Busolt und Weppler.

Aus dieser Besetzungsliste ist schon zu ersehen, daß die Solo-Partien anders verteilt waren als heute gebräuchlich. So wurden etwa Alt-Arien mit Sopranistinnen besetzt: Die Milder sang die Arie »Buß und Reu« und die Schätzel »Erbarme dich«.

Mendelssohns Aufführungspartitur hat sich erhalten, wird in der Bodleian Library zu Oxford aufbewahrt, und so wissen wir recht genau, wie diese Aufführung aussah (die Bach-Tage Berlin 1979 haben, 150 Jahre nach Mendelssohns Aufführung, diese zu rekonstruieren versucht).

Eine vollständige Aufführung wurde damals (und noch lange danach) nicht gewagt. Der Text des Evangelisten wurde immerhin nur geringfügig gekürzt. Gestrichen aber wurden zahlreiche madrigalische Stücke sowie Choräle, die uns heute unverzichtbar erscheinen. Im einzelnen sind es die folgenden:

Arie »Blute nur«

Rezitativ »Wiewohl mein Herz«

Arie »Ich will dir mein Herze schenken«

Choral »Ich will hier bei dir stehen«

Rezitativ »Der Heiland fällt vor seinem Vater nieder«

Arie »Gerne will ich mich bequemen«

Choral »Mir hat die Welt trüglich gericht't«

Rezitativ »Mein Jesus schweigt«

Arie »Geduld, Geduld«

Choral »Wer hat dich so geschlagen«

Choral »Bin ich gleich von dir gewichen«

Arie »Gebt mir meinen Jesum wieder«

Choral »Befiehl du deine Wege«

Choral »Wie wunderbarlich«

Arie »Können Tränen meiner Wangen«

Choralstrophe »Du edles Angesichte«

Rezitativ »Ja, freilich will in uns«

Arie »Komm, süßes Kreuz«

Arie mit Chor »Sehet, Jesus hat die Hand«

Arie »Mache dich, mein Herze, rein«

Mendelssohn hat aber keine Eingriffe in den Notentext nach Art Zelters unternommen. Lediglich dem Evangelisten hat Mendelssohn (meist nur durch Oktavierungen) einige Spitzentöne erspart – kein Tenor war damals eine solche Partie gewohnt. In der Instrumentation hat er nur Oboe d'amore und da caccia, die er nicht zur Verfügung hatte, durch Klarinetten ersetzt und das Rezitativ »Und siehe da, der Vorhang im Tempel zerriß« für Streichquartett orchestriert. Der Choral »Wenn ich einmal soll scheiden« wurde ohne Instrumentalbegleitung gesungen, ein Brauch, der Schule gemacht hat.

Mendelssohns Bezeichnungen von Tempo und Dynamik zeigen, daß er keineswegs eine »romantische« Interpretation lieferte, sondern um eine zügige, dyna-

Mendelssohns Instrumentation des Rezitativs Nr. 31 in der Matthäuspassion,
Stimme der Ersten Violine

95

misch dezente Wiedergabe bemüht war. Seine Aufführung war vielleicht werkgetreuer als manche heutige. Über Zelter dürften Mendelssohn noch Traditionen barocker Aufführungspraxis vermittelt worden sein. Er beherrschte das Spielen des Generalbasses, den er am Hammerflügel ausführte.

Zelters Bericht an Goethe von der Aufführung (12. März 1829) ist vergleichsweise nüchtern: »Unsre Bachsche Musik ist gestern glücklich von statten gegangen und Felix hat einen straffen, ruhigen Director gemacht... Ich hatte mich mit einer Partitur neben dem Orchester in ein Winkelchen gesetzt, von wo aus ich mein Völkchen beobachten konnte und das Publikum zugleich... Hätte doch der alte Bach unsre Aufführung hören können! das war mein Gefühl bey jeder gut gelungenen Stelle; und hier kann ich nicht unterlassen, meinen sämmtlichen Jüngern der Sing-Akademie, wie den Solosängern und dem Doppelorchester, das größte Lob auszusprechen.«

Nach der zweiten Aufführung am 21. März berichtet er tags darauf Goethe von einem kuriosen Urteil: »Dieser Hegel sagt: das sey keine rechte Musik; man sey jetzt weitergekommen, wiewohl noch lange nicht aufs Rechte.«

Fanny Mendelssohn gibt sicher zutreffend die Atmosphäre dieser Erstaufführung wieder: »Der überfüllte Saal gab einen Anblick wie eine Kirche, die tiefste Stille, die feierlichste Andacht herrschte in der Versammlung, man hörte nur einzelne unwillkürliche Äußerungen des erregten Gefühls. Was man so oft mit Unrecht von Unternehmungen dieser Art sagt, kann man hier mit wahrem Recht behaupten, daß ein besonderer Geist, ein allgemeines, höheres Interesse diese Aufführung geleitet habe, und daß ein Jeder nach Kräften seine Schuldigkeit, Manche aber mehr als ihre Schuldigkeit taten.«

Die Wiederholung der Aufführung suchte Hofkapellmeister Spontini zu hintertreiben, doch Mendelssohn und Devrient steckten sich hinter den Kronprinzen, der dem Werk wohlgesonnen war, und so gab es eine zweite Aufführung am 21. März, Bachs Geburtstag: Sie war gefragt und gelungen wie die erste, so daß man noch an eine dritte Aufführung denken konnte, die am Karfreitag, dem 17. April, stattfand, an dem Tag, wo seit Jahrzehnten Grauns »Tod Jesu« einen angestammten Platz hatte. Nun dirigierte Zelter, da Mendelssohn nach England abgereist war.

Johann Theodor Mosewius, der Direktor der Breslauer Sing-Akademie, der das Werk bereits im Jahr darauf aufführen sollte, eilte herbei, und bemerkenswert an seinem Bericht ist, daß selbst das Verständnis eines professionellen Musikers damals von der Matthäuspassion überfordert sein konnte. Er muß bekennen: »Der sich mit aller Aufmerksamkeit vor das Werk hinstellende Hörer vermochte doch nicht, ihm überall zu folgen. Ohne etwas anderes als den Text vor sich zu kennen, war er nicht imstande, von dem Anfange des großen Einleitungschores etwas Bestimmtes in Melodien und Perioden aufzufassen, so daß er bald alles dahingerichtete Streben aufgab, um sich einem ziemlich unbewußten Eindrucke hinzugeben, der in der Empfindung einiger mächtiger Erschütterungen auf lugubrem Grunde wahrgenommen wurde. Aehnliches erfuhr ich am Schlußchor des ersten Theils, und ist mir dies Ergebnis deshalb besonders bemerkenswerth, weil ich mich nicht zu erinnern weiss, jemals eine Musik gehört zu haben, ohne ihr folgen zu können.«[14]

Es leuchtet schon ein, daß ein Musiker, der an die klassische Gliederung von Musik gewöhnt war, das großbögige, unablässige Strömen Bachscher Musik nicht zu erfassen vermochte.

Unverständnis – und eine Portion Arroganz – fand sich erst recht bei einigen Nichtmusikern. Die geistreiche, manchmal aber auch geistreichelnde Rahel Varnhagen von Ense, Mittelpunkt des Berliner Salons, schreibt ihrem Gatten am 13. März 1829: »Von der Bachschen Musik, die er (Heine) vorgestern auch hörte, sagte er – sagte er, ist hier zu viel, er hätte acht Groschen Profit dabei; einen Gulden kostete sie, und für einen Thaler hätte er sich ennuyiert... Auch ich hatte Langeweile in dieser Musik. Chöre gehen in Berlin – wo sie so stolz drauf sind – immer beleidigend schlecht... Wie das Publikum, das frömmelnde, war, darüber mündlich...«[15]

Daß hingegen die Berichte von Marx, die sich über nicht weniger als vier aufeinanderfolgende Nummern seiner »Berliner Allgemeinen Musikalischen Zeitung« erstrecken, mehr als enthusiastisch waren, liegt nach dem bisher von ihm Berichteten nahe. Er schreibt am 14. März: »Es ist unmöglich, von dem Werke selbst und seiner Wirkung zu reden. Schon sein erster Chor ließ alle Zuhörer vergessen, was sie bisher von Musik gehört und welchen Maßstab etwa sie in ihrem Geiste mitgebracht hatten. Alle, soweit man aus der eigenen Empfindung schließen kann, und so weit man im Stande war, auf Andre zu merken, begingen eine religiöse Feier, die man still in sich wiederholen, nicht berichten kann.«

Direkt auf Marx' extreme Superlative bezieht sich eine etwas zurückhaltendere Besprechung durch Ludwig Rellstab (den Sohn Johann Friedrichs), der seinerzeit der gefürchtetste Kritiker Berlins war. Er schreibt am 13. März in der »Vossischen Zeitung« u. a.: »Ohne den unbedingten Bewunderern des ehrwürdigen Meisters beizutreten, ohne das in Rede stehende Werk absolut als das höchste, welches deutsche Kunst hervorgebracht hat, anzuerkennen, muß man demselben doch einen solchen Platz in der Kunstgeschichte einräumen, daß es mit den vollendetsten Schöpfungen auf seine Weise ohne Frage in die Schranken treten kann.«

Er findet aber »Zeitliches und Vergängliches« dran:

»Es läßt sich nicht läugnen, daß auch die zu streng festgehaltene Wissenschaft der Kunst ihrer Freiheit und Schönheit gefährlich werden kann.«

Ein Vorwurf, den Bach ähnlich schon zu seinen Lebzeiten erfahren hat.

»Seine Unerschöpflichkeit an Wissenschaft hat ihn dabei zuweilen verführt, mehr durch Reichtum als durch Beschränkung groß zu erscheinen. Hierher rechnen wir den zu langen Eingangs-Chor, den Schluß-Chor des ersten und den des zweiten Teils, obwohl gerade diese drei großen Chöre zugleich von der erhabensten Auffassung und der höchsten Erfindung zeugen.«

Und dann das uneingeschränkte Lob: »Die ewige, große, unendlich wunderbare Kraft und Erhabenheit des Werks aber, die allen Zeiten trotzen wird, liegt in der Behandlung der evangelischen Worte selber. Hier hat der Tonsetzer sich zu einer Kühnheit erhoben, die vielleicht nie ein andrer nach ihm wagen dürfte.« Nach der zweiten Aufführung gesteht Rellstab am 24. März, daß seine »Bewunderung höher und höher gestiegen« sei.

Skeptischer noch gegenüber den Vorschußlorbeeren für die Matthäuspassion gibt sich Friedrich Förster, der in diesem Jahr gemeinsam mit dem Dichter Willibald Alexis das »Berliner Conversationsblatt« herausgibt. Er erweist sich als Anhänger der altitalienischen Kirchenmusik, der Palestrina-Renaissance, die er gegen Bachs »evangelische Musik« ausspielt: »Daß die evangelische Musik, so Großes auch Händel, Seb. Bach und andere geleistet haben, es so wenig mit den großen Italienern der altkatholischen Zeit aufnehmen können, als Lucas Cranach mit Raffael, steht kaum zu bezweifelns« (14. März 1829).

Um so bemerkenswerter, daß Förster zuvor einen Aufsatz ganz anderer Tendenz abdruckt, aus der Feder des zwanzigjährigen Mendelssohn-Freundes Gustav Droysen, des nachmaligen großen Historikers. Der stellt sich entschieden auf die Seite dieses »wahrhaften Eigenthums und Erzeugnisses unseres evangelischen Glaubens« und sieht es nicht als Zufall an, daß es »zuerst wieder lebendig wird in unserer Stadt, dem Antlitz unseres preußischen Vaterlandes. Preußen ist das Land des Protestantismus...«

Als »Erzeugnis evangelischen Glaubens« aus altdeutscher Zeit erlebt die Matthäuspassion im Zeichen von nationaler Romantik in einem dezidiert evangelischen Milieu, das mit Schleiermacher Religion zur Sache des Gefühls macht, das Kunst als religiöse Feier erlebt, ihre Auferstehung. Das gewinnt besonderes Gewicht in einem Augenblick, da zugleich Paganini, als Exponent italienischen Virtuosentums und äußeren Sinnenkitzels, im Haus der Sing-Akademie Furore macht.

Wohl hatte schon Bachs erster Biograph Johann Nikolaus Forkel dessen Werk als »Nationalangelegenheit« betrachtet, ihn aber zugleich als »Klassiker« apostrophiert und ihn damit letztlich ins Museum gerückt. Mendelssohns Tat aber offenbart die Aktualität, ja die Zukunftsträchtigkeit Bachs. Noch einmal Droysen: »Es macht die Kunst jetzt einen Anfang, und vieles Grosse, das in der Zeit sich bildet und zu wirken beginnt, wird sich freudigen Mutes anschließen an diese, die theuerste und wichtigste Erscheinung unserer Tage.«

Eine Lawine ist ins Rollen gekommen. Die dichte Kette der Nachfolgeaufführungen, die die Matthäuspassion erfährt, liest sich imposant: Frankfurt/Main 1829, Breslau 1830, Stettin 1831, Königsberg und Kassel 1832, Dresden 1833.

Über kein Werk zuvor ist so viel geschrieben, so viel diskutiert worden wie über dieses. Bach war ein für allemal zum Leben erweckt.

1 Susanna Großmann-Vandrey: Felix Mendelssohn Bartholdy und die Musik der Vergangenheit, Regensburg 1969, S. 14, Anm. 8.
2 Adolf Bernhard Marx: Erinnerungen II, Berlin 1863, S. 166.
3 Martin Geck: Die Wiederentdeckung der Matthäus-Passion im 19. Jahrhundert, Regensburg 1967, S. 18. Dieser glänzenden, umfassendsten Studie zum Thema verdankt dieses Kapitel das meiste.
4 Marx, a.a.O., S. 36.
5 Eduard Devrient: Meine Erinnerungen an Felix Mendelssohn Bartholdy und seine Briefe an mich, Leipzig ²1872, S. 41.
6 Ebenda, S. 48 f.
7 Ebenda, S. 49 ff.
8 Siehe Georg Schünemann: Die Bachpflege der Berliner Sing-Akademie bis zur Wiedererweckung der Matthäus-Passion, in: Bach-Jahrbuch 1928, S. 155 f.
9 Mitgeteilt in der Berliner Allgemeinen Musikzeitung vom 17. April 1901, S. 56.
10 Georg Schünemann: Die Sing-Akademie zu Berlin, Regensburg 1941, S. 56.
11 Devrient, a.a.O., S. 59 ff.
12 Zitiert nach: Geck, a.a.O., S. 32.
13 Devrient, a.a.O., S. 61 ff.
14 Theodor Mosewius: Die Breslauer Sing-Akademie in den ersten 25 Jahren ihres Bestehens, Breslau 1850, S. 71.
15 Briefwechsel zwischen Varnhagen und Rahel, Bd. 6, Leipzig 1875, S. 353 ff.

»Der Nestor der Musik hierselbst«.
Zelters letzte Jahre (1828–1832)

Für einen Augenblick war der alte Zelter in den Schatten des jugendlichen Mendels-
sohn getreten. Das änderte aber nichts an der Tatsache, daß er inzwischen eine Art
Musikpapst in Berlin war. Er hatte viel auf den Weg gebracht, war überhäuft mit
Ämtern und Ehren.

Seit 1816 war er als Nachfolger des verstorbenen Musikdirektors Johann Georg
Lehmann (der übrigens Sing-Akademie-Mitglied der ersten Stunde war) Aufseher
über alle Schulchöre Berlins geworden. 1818 hatte er eine Musikbibliothek initiiert,
deren Grundstock der Nachlaß des Musikgelehrten und Bach-Biographen Forkel
war. 1819 war endlich die »musikalische Bildungsanstalt«, das spätere Institut für
Kirchen- und Schulmusik, zustande gekommen, dessen Direktor er 1823 wurde.
1820 etablierte er die Musik an der 1810 gegründeten Universität. 1829 fielen ihm
drei weitere Ämter zu: Er wurde akademischer Musikdirektor an der Universität
und leitete als solcher einen Studentenchor; er übernahm den Unterricht für Gesang
und Theorie am Institut für Kirchen- und Schulmusik und die Oberaufsicht über
die Musikbibliothek. 1830 verlieh ihm die Universität den Ehrendoktor der Philo-
sophie.

Das hinderte freilich die Presse nicht daran, an Zelter in seinen letzten Jahren zu-
nehmend Kritik zu üben. Ein in der Tat befremdlicher Punkt war, daß Zelter die
Werke Faschs, die doch die Basis des Repertoires der Sing-Akademie ausmachten,
nie zum Druck freigab. Dies ist um so verwunderlicher, als er 1825, zum 25. Todestag Faschs, der zugleich sein fünfundzwanzigjähriges Jubiläum als Direktor der
Sing-Akademie bezeichnete, vor dem Chor sagte:

»Noch heute sind seine Werke wahr, heiter, zeit-, natur- und kunstgemäß; des
seid ihr alle Zeugen! Ja, wir dürfen sie wohl gegen das Beste stellen, das in seiner
Zeit entstanden ist. Und so werden sie bleiben und nicht untergehn.«[1]

Die »Berliner Allgemeine Musikalische Zeitung« vom 7. März 1827 (S. 73) gesteht der Sing-Akademie zwar zu, daß sie »den Sinn ihres Stifters, des herrlichen
Fasch, immer kräftiger ins Leben gebracht hat«, erinnert aber daran, daß Fasch in
seinem Testament 300 Taler zum Stich seiner Messe bestimmt habe: »... somit ist es
Herr Professor Zelter sich und der Kunst schuldig, diese Werke öffentlich bekannt
zu machen... Die Akademie, der Fasch sie bei seinem Leben gegeben hatte, der also
unbestritten das Eigentum zusteht, muß sich und ihrem Stifter ein ewiges Denkmal
setzen... und sich, fern von allem kleinlichen Dünkel eines ausschließlichen Besitzes, einen neuen Ruhm als Hervorbringerin neuer Kunstwerke erwerben... Daß

Carl Friedrich Zelter im Alter von etwa 70 Jahren.
Lithographie von L. Heine nach einem Gemälde
von C. Begas

der Direktor eingreifen wird, läßt sich nicht erwarten, sonst hätte er diese Herausgabe schon früher veranstalten können. So thue also die Akademie selbst, was ihr
Stifter wollte.«

Im Herbst 1831 meldet sich in der AMZ (Nr. 28, S. 450–452) G. Freiherr von
Tucher aus Nürnberg zu Wort, der beklagt: »Fasch ist ein blosser Name, ist ein für
seine Landsleute, für die ganze gebildete Kunstwelt verloren gegangenes Gut,
denn ein einziger Mann (so heißt es), stolz auf den ausschließlichen Besitz der
Werke des Meisters, halte diese mit der eifersüchtigsten Sorgfalt verwahrt, gestatte
nicht einmal, Abschriften davon nehmen zu lassen…«

Und er richtet die Aufforderung an Zelter, »er möge sich gefälligst über den
Grund der Vorenthaltung der Faschischen Werke äußern…«. Zelter hat, soweit zu
sehen, nicht mehr reagiert.

Aber auch Kritik an der Direktion der Sing-Akademie wird nun laut. Anläßlich
einer Aufführung des »Alexanderfestes« von Händel im September 1828 moniert
der Berlin-Korrespondent der AMZ (Nr. 44, S. 741): »Ein Fehler ist es, dass unter
der grossen Zahl von nahe an 300 Mitgliedern so wenig ausgezeichnete Solo-Sän-

ger vollkommen ausgebildet werden, so dass man fast jedes Mal genöthigt ist, auf die precaire Beyhülfe der Theatermitglieder zu rechnen.« Er trauert den Solosopranen der Julie Zelter und Ernestine Voitus (deren Nichte) nach sowie dem Tenor von Otto Grell.

Anläßlich zweier Aufführungen des »Judas Makkabäus« von Händel am 17. Januar und 6. Februar 1828 zusammen mit der Rietzschen Philharmonischen Gesellschaft äußert sich A. B. Marx in seiner »Berliner Allgemeinen Musikalischen Zeitung« über zwei Nummern hinweg (7/8, S. 54 ff. und 61 f.) grundsätzlich über »die berliner Sing-Akademie in öffentlicher Thätigkeit«. Er begrüßt zunächst die »Sinnenänderung der Akademie und ihrer Direktion, ihre thatsächliche Erklärung für öffentliche Wirksamkeit« (die, wie wir sahen, durch die Bau-Verschuldung erzwungen war). Er sieht die Sing-Akademie am Beginn ihrer »dritten Periode« (nach der Ära Fasch und der bisherigen Zelter-Ägide) und hält ihren »Eintritt in öffentliche Wirksamkeit« deshalb für »unentbehrlich, um sich aus einer Bequemlichkeit zu wecken, die leicht zur Schlaffheit wird und jede höhere Regung des Geistes bannt oder unterdrückt. Dies ist in allen bisherigen und so auch in der diesmaligen Aufführung der Sing-Akademie bemerkbar geworden. Ein hoher Grad von Präzision, eine oft sehr günstige Derbheit und Rüstigkeit, die Früchte jahrelangen Zusammensingens des großen Vereins, lassen bei aller gebührenden Anerkennung um so mehr ein freieres und edleres Walten in der Darstellung des Ganzen vermissen, das ohne geistige Erhebung des Dirigierenden und der Ausübenden nicht denkbar ist, gewiss aber nicht ausbleiben wird, sobald das Institut aus der Alltäglichkeit eines *Uebens um der Uebung willen* sich zu einer höheren Bestimmung angeregt fühlt«.

Es folgt noch eine spezielle Rezension der Aufführungen, die in der Bemerkung gipfelt: »Die hohe Stufe musikalischer Intelligenz und technischer Ausbildung, auf welcher die beiden Institute, deren Vereinigung wir diese Aufführung verdanken, stehen, dürfte indess zu noch höheren Erwartungen berechtigt haben.«

Die Ansprüche waren gestiegen, nicht zuletzt durch die Maßstäbe, die die Sing-Akademie selbst setzte. Zudem hatte sie zu weiteren Chorgründungen angeregt, ja solche aus sich heraus geboren, die nun wieder in Wettstreit mit ihr traten. Die genannte »Singanstalt des Kantors Adlung«, die seit etwa 1800 in Erscheinung tritt, war 1807, nach Adlungs Tod, von dem Petri-Organisten Otto Friedrich Hansmann weitergeführt worden, der 1792/93 Mitglied der Sing-Akademie gewesen war. Er leitete seinen Chor, der nach zeitgenössischen Berichten nur in der Quantität, nicht aber in der Qualität der Sing-Akademie nachstand, bis zu seinem Tod im Jahre 1836 (danach übernahm den Chor der Kgl. Musikdirektor Julius Schneider).

Schärfer zieht der gefürchtete Ludwig Rellstab, dem seine Pamphlete gegen Spontini und Henriette Sontag sogar Festungshaft eintrugen, gegen Zelter vom Leder. Schon in der ersten Nummer des ersten Jahrgangs (1830) seiner Zeitschrift »Iris im Gebiete der Tonkunst« schreibt er zum Mozart-Requiem, das am 11. März gegeben worden war: »Die Aufführung war durch Schuld des Dirigenten in vielen Teilen mangelhaft.«

Noch weiter gehen seine Vorwürfe im Zusammenhang mit der Aufführung von Haydns »Jahreszeiten« am 2. Dezember 1830. Zunächst sagt er: »Die Aufführung war in vieler Hinsicht sehr zu loben, namentlich die Chöre vortrefflich«. Aber dann: »Die Hauptfehler, welche vorfielen, verschuldete der Direktor, der nicht einmal die wenigen Akkorde der Rezitativ-Begleitung richtig angab. Bei aller Achtung vor dem großen Verdienst des Mannes, der so vieles für die Kunst geleistet hat, glauben wir doch dergleichen nicht verschweigen zu dürfen, weil leider häufig die ausgezeichnetsten Werke durch Mißgriffe dieser oder anderer Art, die theils aus zu großer Anhänglichkeit an alte Gewohnheiten, theils aus der abnehmenden Fähigkeit, das Dirigenten-Geschäft zu verwalten, hervorgehen. – Professor Zelter ist der Nestor der Musik hierselbst; er gebe Rath wie dieser – die Achtung aller Jüngeren wird ihm gewiß seyn – aber er ziehe sich auch ebenso von dem wirklichen Kampf und aus dem Handgemenge zurück, dem er jetzt nicht mehr gewachsen ist. Wer das Seinige so gethan hat wie er, dem wird das wahrlich eher mehr Ruhm als Schande bringen. – Die Akademie, als eine freie, sich selbst konstituirende Versammlung, sollte ihrem würdigen Vorsteher den Ehrenplatz des Direktors lassen, aber die Geschäfte selbst, die Mühe und Arbeit, einem Jüngeren, Rüstigen übertragen« (Iris im Gebiete der Tonkunst, Jg. 1, Nr. 47/48).

Seine Angriffe krönt Rellstab nach der Messias-Aufführung vom 8. März 1832: »Das Ganze dieser Aufführung war durchaus lobenswerth, und namentlich leisteten die sicheren, gebildeten Chöre der Akademie Vortreffliches. Die Direktion war, wie wir sie schon immer bezeichnet haben, nicht so gut wie das dirigirte Corps; es ist eine vortreffliche Armee mit einem würdigen, aber zu alten Feldherrn, der den Zeitpunkt erreicht hat, wo es ehrenvoller ist, sich in den wohlerworbenen Ruhestand zu versetzen als fortzuwirken« (Iris..., Jg. 3, Nr. 10).

Derlei Anwürfe sind es wohl, auf die Zelter mit dem oben angeführten Satz an Goethe gelassen reagiert: »Mag der Züchter immer getadelt werden, wenn nur die Zucht gut ist.«

Zelter war immerhin dreiundsiebzig, schwer gehandicapt, ja teilweise in den Händen gelähmt durch seine Gicht. Und welches Arbeitspensum hatte er seit der Einweihung des Hauses der Sing-Akademie zu bewältigen! Um nur einige Stationen zu nennen: Am 25. Juni 1827 führt man erstmals Händels »Josua« auf, am 13. November des folgenden Jahres ebenso dessen »Samson«, dazwischen liegen die besagten (und kritisierten) Doppel-Aufführungen des »Judas Makkabäus« und des »Alexanderfestes«. Zwischen den drei Aufführungen der Matthäuspassion im Jahre 1829 wird am 2. April Händels »Jephtha« erstmals gegeben. Das Jahr 1830 sieht zehn öffentliche Konzerte, das Jahr 1831 sechs. In Zelters letzten Lebensmonaten ballen sich die Aufführungen über die Maßen: Januar 1832 »Judas Makkabäus«, 9. Februar zwei Bach-Motetten, eine Bach-Kantate und das Mozart-Requiem,

8. März »Messias«, 22. März, am Tag von Goethes Tod, der Zelters Lebenskraft erschüttert, noch einmal »Judas Makkabäus«, am 31. März die »Schöpfung« (Oberleitung Spontini), 15. April Matthäuspassion, 21. April »Tod Jesu«.

Zur Probe am 24. April kann Zelter nicht kommen, schreibt aber ins Tagebuch: »Es muß wohl die vieljährige bewunderungswüridge gegenseitige Huld und Neigung der unvergleichlichen Sing-Akademie selber seyn, die mich kein Wort finden lehrt und mir wohl mehr gönnt als das Brod, das ich esse. Ja, rufe getrost den Mann auf, der sich ähnlicher Treue, Liebe, Gehorsams und Zutrauens bewußt ist.«

Am 1. Mai schreibt er seine letzten Worte ins Buch: »Heute Dienstag nach der ersten Nummer ging der Direktor ab.«

Und er kehrt nicht wieder. Auf den Stufen des Altars bei einer Aufführung in der überfüllten Marienkirche sitzend, zieht Zelter sich eine Erkältung zu und stirbt am Morgen des 15. Mai. Am 18. Mai morgens vor sieben Uhr trifft sich die Sing-Akademie zahlstark in ihrem Haus. Choräle von Graun und Bach umrahmen eine Trauerrede des großen Theologen (und Chor-Mitglieds) Friedrich Schleiermacher, der die Verbindung zum Tod Goethes herstellt und dessen Verse zitiert:

> Wie Gras auf dem Felde sind Menschen dahin,
> Wir bleiben nur wenige Tage,
> Gehn wie verkleidet einher.
> Der Adler besuchet die Erde, doch dauernd nicht,
> Schüttelt vom Flügel den Staub
> Und kehret zur Sonne zurück.

Ein illustrer Trauerzug bewegt sich danach zum Sophienkirchhof, wo Zelter seine letzte Ruhestätte findet. Im Jahr darauf hat die Sing-Akademie dort ein Denkmal aus Sandstein errichtet, das fünfzig Jahre später, 1883, durch einen Granitobelisken ersetzt wurde. Im Mittelpunkt der großen Trauerfeier im Juni 1832 steht das Requiem von Mozart, mit dem man schon Faschs Gedächtnis geehrt hatte und das hinfort beim Hinscheiden eines jeden großen Freundes und Mitgliedes der Sing-Akademie erklingen sollte.

Ludwig Rellstab, der Zelter in seinen letzten Jahren so zugesetzt hatte, läßt ihm in einem Nachruf nun durchaus Gerechtigkeit widerfahren: »Sein Wirken war von größtem Erfolge, denn er war das Centrum der ernsteren musikalischen Richtung Berlins und gründete so einen festen Damm gegen die sinnliche Entartung der Kunst. Dieses Ziel verfolgte er mit einer Anstrengung und Festigkeit, in der wenige ihm gleichkommen werden. Hoffentlich wird eine ausgeführte Beschreibung seines an inneren Beziehungen so überreichen Lebens erscheinen.« Mit letzterer sollte es noch seine gute Weile haben.

1 Zitiert nach: Martin Blumner: Geschichte der Sing-Akademie zu Berlin, Berlin 1891, S. 61.

»Deine tüchtige Leibgarde«.
Goethe und die Sing-Akademie

Die einzigartige Freundschaft zwischen Goethe und Zelter umspannt die gesamten zweiunddreißig Jahre, die Zelter der Sing-Akademie vorstand. So finden sich in dem lebhaften und umfangreichen Briefwechsel der Freunde zahlreiche Nachrichten aus der Geschichte der Sing-Akademie – es war schon vielfach daraus zu zitieren.

Doch berichtet diese Korrespondenz nicht nur von Ereignissen, die wir auch aus anderer Quelle kennen. Da sie eine sehr persönliche, vertraute ist, gibt sie in einer Weise Aufschluß über Zelters »Liebes-Beziehung« zur Sing-Akademie, wie er anderweitig nicht zu gewinnen ist. Sie ist nicht nur ein Austausch von Informationen. Zelters Arbeit mit der Sing-Akademie strahlt über die Briefe aus auf Goethes musikalisches Denken und Handeln bis hin zu eigenen Choraktivitäten desselben, wie umgekehrt Goethes Tun und Dichten hineinwirkt in das Leben der Sing-Akademie. Grund genug, der Beziehung zwischen Goethe und der Sing-Akademie ein eigenes Kapitel zu widmen.

Zelter hatte seit 1795 Goethe-Texte vertont und lieferte Schiller für dessen Musenalmanach von 1797/98 Goethe- und Schiller-Kompositionen. Zelters Freund Johann Friedrich de la Trobe trug Goethe Zelter-Vertonungen von dessen Texten vor, und der war davon angetan, entsprachen sie doch seiner Lied-Ästhetik, die das Strophenlied favorisierte. Goethe rühmt von Zelter: »Er trifft den Charakter eines solchen in gleichen Strophen wiederkehrenden Ganzen trefflich, so daß er in jedem einzelnen Teile wieder gefühlt wird, da wo andere, durch ein sogenanntes Durchkomponieren, den Eindruck des Ganzen durch vordringende Einzelheiten zerstören.«

Zelter hört durch einen Freund, den Buchhändler Unger, von Goethes Begeisterung und wagt am 11. August 1799 den ersten Brief an ihn: »Der Beyfall, welchen meine Versuche sich bey Ihnen erwerben können, ist mir ein Glück, das ich wohl gewünscht, aber nicht mit Zuversicht gehofft habe, und obwohl ich über manche gelungene Arbeit bey mir selbst außer Zweifel gewesen bin; so gereicht mir die freye Zustimmung eines Mannes, dessen Werke meine Hausgötter sind, zu einer Beruhigung, die ich niemals so rein und heiß gefühlt habe als jetzt. Ich sehe es als eine schöne Belohnung an, wenn Sie mir ferner Ihre Gedichte zur Komposition anvertrauen wollen...«

Goethe antwortet am 26. August: »Mit aufrichtigem Dank erwiedere ich Ihren freundlichen Brief, durch den Sie mir in Worten sagen mochten, wovon mich Ihre

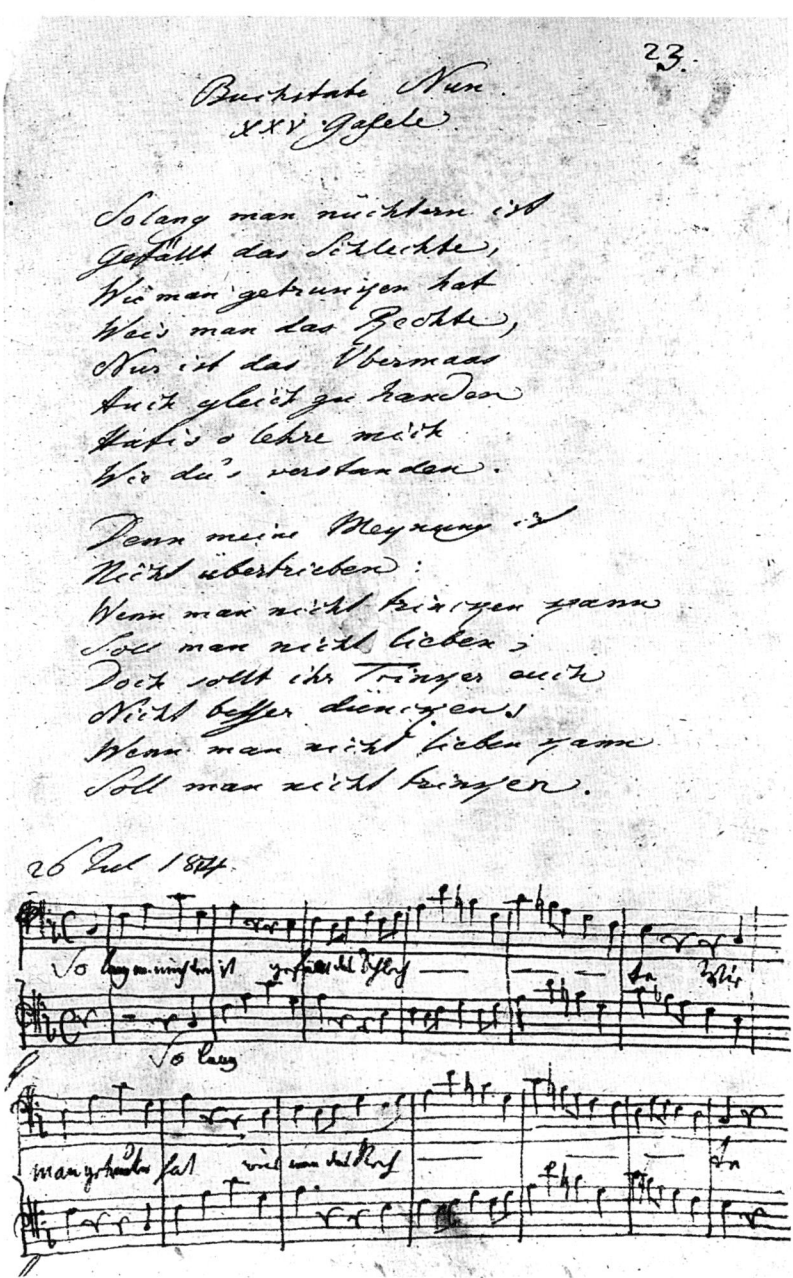

Carl Friedrich Zelters Vertonung von Goethes Gedicht
»So lang man nüchtern ist«

Kompositionen schon längst überzeugt hatten: daß Sie an meinen Arbeiten lebhaften Antheil nehmen und sich manches mit wahrer Neigung zugeeignet haben. Es ist das Schöne einer thätigen Theilnahme, daß sie wieder hervorbringend ist; denn wenn meine Lieder Sie zu Melodien veranlaßten, so kann ich wohl sagen, daß Ihre Melodien mich zu manchem Liede aufgeweckt haben und ich würde gewiß, wenn wir näher zusammen lebten, mich öfter als jetzt zur lyrischen Stimmung erhoben fühlen.«

Am 15. April 1801 übersendet Zelter Goethe seine kleine Fasch-Biographie, und dieser bezeichnet sie am 20. Mai als »verdienstliches Werk«: »Die Entstehung der sechzehnstimmigen Messe und der daraus hervorwachsenden Singgesellschaft hat mich besonders ergötzt. Wie sehr habe ich dem guten Fasch gegönnt, daß er so glücklich war, eine solche Idee zuletzt noch realisiert zu sehen.«

Ende Februar 1802 kommt es zu einer ersten Begegnung in Weimar, und von da an bittet Zelter Goethe (und über ihn Schiller) um Texte für die Sing-Akademie (und später für die Liedertafel), so wie er selbst von Goethe um Musik gebeten wird. Am 28. Oktober 1803 schreibt er an Goethe: »Wäre wohl Schiller willig, mir einige Strophen im Hymnenstil zu dichten, die ich componiren möchte, um meinen König damit auf der Sing-Akademie zu bewillkommnen? Der König, der seinen aufrichtigen Wunsch und Willen zu erkennen giebt, dem Kunstwesen die Hand zu bieten, ist noch niemals auf der Sing-Akademie gewesen. Es ist möglich, daß er bald kommt, und ich möchte ihn gern würdig empfangen.«

Am 9. Mai 1805 stirbt Schiller bereits, und Goethe bittet nun Zelter um Werke für die Trauerfeier. Der übersendet seine achtstimmige Motette »Der Mensch lebt und bestehet« und sein Requiem.

Zelter läßt Goethe teilnehmen an seinen Bemühungen um eine feste Institutionalisierung der Sing-Akademie, um ihre Einbindung in die Akademie der Künste, und schreibt am 5. März 1804 von seiner Eingabe an Hardenberg: »... ich habe dem Minister meine unendlich geliebte Sing-Akademie empfohlen und den Wunsch beygebracht, solche zu sanctioniren und unter das Curatorium der schönen Künste zu stellen. Diese Sing-Akademie ist jetzt zwey hundert Personen stark und mir nebenher zu einer unendlich schweren Last, weil ich Tag und Nacht dafür arbeiten muß. Ich habe sie jetzt so weit gebracht, daß sie sich selbst, auf fortwährende Zeiten, vollkommen anständig und kunstwürdig erhalten kann und muß, wenn der König ihr den Raum im Gebäude der Akademie nach wie vor gestattet; und dies war eben nichts leichtes, weil die bloße Unterhaltung derselben jährlich gegen Tausend Thaler kostet und ich dabey meinen Dienst ganz unentgeldlich verrichtete.«

Zelter schickt Goethe am 1. Mai 1804 eine Denkschrift: »Es ist mir überaus wichtig, Ihre Meynung darüber zu erfahren und Ihre Worte sollten mir goldne Worte seyn. Denn hier ist kein Mensch, mit dem sich darüber etwas Ernsthaftes traktiren ließe... Meine Vorschläge gehen bloß auf die Musik. In dieser, wäre mein Plan, wollte ich eine Bahn eröffnen und vorangehn...«

Goethe, mit dem Aufsatz einverstanden, rät als gewiefter Diplomat Zelter zu *konstruktiver* Kritik, die dieser sich dann auch zu eigen macht: »Nun wollten wir aber, um der Wirkung willen, Ihnen ans Herz legen, daß Sie wo möglich die Opposition, in der Sie mit der Zeit stehen, verbärgen, auch überhaupt mehr von den Vortheilen, welche Religion und Sitten aus einer solchen Anstalt ziehen als von denjenigen sprächen, welche die Kunst zu erwarten hat. Zu dem Guten, wovon wir überzeugt sind, die Menschen zu bewegen, dürfen wir uns nicht unserer Argumente bedienen, sondern wir müssen bedenken, was ohngefähr die ihrigen wären.«

Zelter wünscht sich sehnlich, Goethe seine Sing-Akademie präsentieren zu können: »Der Hauptgrund, weswegen ich jetzo Sie hier wünschte, ist rein idealisch. Unser Chor ist anjetzo immer noch nichts weiter als ein großes Organum, das ich mit meiner Hand spielen lassen und stellen kann wie einen Telegraphen, große Sachen andeuten und klar machen kann. Sähen und hörten Sie ihn nur ein einziges Mal, es würde Ihnen ein Licht aufgehn, was noch keinem aufgegangen ist, auch nicht mir. Eine Orgel, in der jede Pfeife ein vernunftfähiges, willig lenkbares Wesen ist, kann das Allerhöchste werden, aber es verlangt auch den allerhöchsten Geist, der es beherrscht. Er findet die schönste und beste Jugend einer nicht ganz verderbten großen Residenz beysammen, die jedes gute Wort gern faßt und stillschweigend darauf ausgeht: eine Schule der Weisheit zu stiften; ihre Mittel sind endlich Poesie, Harmonie und Gesang. Ich sage es noch einmal: Sie würden finden, was niemand noch gefunden; wollen Sie noch nicht kommen?«

Goethe ist nie gekommen, hat nie die Sing-Akademie gehört, zu Zelters großem Leidwesen. Er hat Zelter einmal gesagt: »Ich bin überzeugt, daß ich im ersten Takt Deiner Sing-Akademie den Saal verlassen müßte«, so bewegt wäre er. War es darum? Goethe war freilich im Alter auch recht seßhaft geworden, reiste nicht mehr gern, nahm aber aus der Ferne den lebhaftesten Anteil an der Sing-Akademie. Und Zelter vertraute ihm die intimsten Gedanken um sie an. Am 2. Juli 1805 meldet er: »Es kann vielleicht eben dahin kommen, daß ich meine unendlich geliebte Sing-Akademie, die Frucht eines unablässigen Fleißes von sechzehn sauren Jahren, aufgebe und aufhebe; mitten in ihrer schönsten Blüthe und in einer Aussicht von Hoffnungen für Kunst und wahren Gehalt, die ich immer in mir redlich verschlossen habe, um nur immer mit That und gethaner Arbeit erscheinen zu können. Noch kann ich nichts, mag ich nichts weiteres hierüber sagen... Allein auf den ersten Hieb sollen sie mich nicht klein hauen, ich will sie ruhig erwarten und mich wehren, wie ich kann.«

Es sind wohl die Widerstände von seiten der Akademie der Künste und der anderen staatlichen Behörden, die ihn zermürben. Es zieht ihn ins Land seiner Jugendsehnsucht: »Ich denke jetzt auf nichts als wie ich nach Italien kommen soll, um wenigstens drey Jahre dort zu seyn... Ich fühle es im Innersten, ja ich sehe es ein, daß ich hier nichts leisten kann, wo in allem Überfluß und Mangel zugleich ist, in dessen Anschaun mein Wesen verdorrt.«

Zwei Jahre später aber, am 8. August 1807 – die Zeiten sind noch schwieriger geworden; die Franzosen haben Berlin besetzt –, ist sich Zelter klar geworden: »Gehe ich nach Italien, so ist die Sing-Akademie so gut als verloren; denn es *kann* nicht bestehen, das sehe ich mit Trauern. Sie ist jetzt gegen dritthalb hundert stark und ich sehe keinen, der das Schiff flott halten soll. Es ist ein Anderes, ein bezahltes Orchester, und ein Anderes, so viel freye Leute in diesen Zeiten vor sich selber zu bewahren!«

Zelter bleibt auf seinem Posten, sieht Italien nie. Er hat sich, nicht zuletzt durch Goethe, davon überzeugen lassen, daß er eine Funktion hat. Der hatte am 28. März 1804 geschrieben: »So mancher Reisende zeugt von Ihren Werken und Thaten, insofern sie erscheinen und nach außen wirken... Wie schätz ich sie glücklich, daß Sie in dem selbst geschaffenen Elemente bildend fortwirken und daß Sie hoffen können, auch etwas für die Dauer geleistet zu haben.«

Zelter spürt nun selbst die Ausstrahlung seines Werks. Gemischte Chöre nach dem Vorbild der Sing-Akademie sprießen wie Pilze aus dem Boden, ja sogar Goethe selbst will etwas in diesem Sinne einrichten: »Ich möchte das Seculum sich selbst überlassen und mich ins Heilige zurückziehn. Da möchte ich denn alle Woche einmal bey mir mehrstimmige geistliche Gesänge aufführen lassen, im Sinne Ihrer Anstalt, obgleich nur als den fernsten Abglanz derselben. Helfen Sie mir dazu und senden mir vierstimmige nicht zu schwere Gesänge, schon in Stimmen ausgeschrieben« (27. Juli 1807).

Am 24. August geht »ein Päcklein Singsachen von allerley Art« nach Weimar ab: »Sie sind sämmtlich kurz und daher nicht zu schwer, um in einem kleinen und engen Kreise brauchbar zu seyn. Freylich sollte man für das Engere, Gesellschaftliche andere als geistliche, besonders heitere und noch leichtere Stücke haben als diese zum Theil sind. Indessen muß irgendwo der Anfang gemacht werden, wo denn alles gut ist, was klingen will.

Es sind hier in Berlin anjetzt vielleicht mehr als fünfzig solcher Familienkreise, die sich singend vergnügen und Singe-Thees genannt werden. Ich darf an keinem einzigen derselben Antheil nehmen, weil sie die gefährlichsten Feinde der Sing-Akademie sind... Aus einem solchen kleinen Kreise ist freylich die Sing-Akademie entstanden; allein es ist alle Aufmerksamkeit nöthig, diese nicht wieder in einen Singethee aufgelöset zu sehn, da alle Freyheit und kein Gesetz für alle vorhanden ist. Deswegen wird die Sing-Akademie nur mit großen und vielstimmigen Sachen beschäftigt, und wenn Sie, mein Freund, solche einst brauchen werden, da kann ich mit reichem und tüchtigem Vorrath aufwarten.«

Goethe bedankt sich am 15. September: »Wie ich nach Hause kam, fand ich die Gesänge, und schon ist der Anfang zur kleinen Singschule gemacht. Wir werden nach und nach die Sänger des Theaters und unsere Choristen herbeyziehen, auch Personen aus der Stadt, und sehen, wie weit wir kommen.«

Am 16. Dezember kann er schon berichten: »Mein kleines Singchor, das freylich noch kaum über vier Stimmen hinausgeht, bildet sich schon recht hübsch und wirkt auch schon auf das Theater zu. Kurz vor meiner Abreise ist es durch eine junge weibliche Stimme, die man fast einen Alt nennen könnte, sehr ausgeschmückt worden.«

Doch Goethe liefert auch umgekehrt für Zelters »Singechor« Material. Schon seinem ersten Brief an ihn hatte er seine Ballade »Der Zauberlehrling« beigelegt mit der Idee, »ob man nicht die dramatischen Balladen so ausbilden könnte, daß sie zu einem größeren Singstück dem Componisten Stoff gäben«. Nun, am 1. Juni 1809, schickt er Zelter seine soeben gedichtete Ballade »Johanna Sebus«, die nach einer wahren Begebenheit gestaltete Geschichte einer heldenhaften Frau, die Kinder in einer Sturmflut rettet und dabei ihr Leben opfert. Am 24. Januar 1810 teilt Zelter mit: »In der Johanna Sebus habe ich versucht, was Sie mir einst von einer dramatischen Form der Romanzen schrieben. Die Composition ist entworfen und geendigt...« Und am 17. Februar kann er ausrufen: »Hier, mein göttlicher Freund, ist meine, unsre Johanna, der ich um alles kein Leid habe thun wollen.«

In lebhaftem Ablauf läßt Zelter hier drei Soli und geballten Chorklang zu aufgewühlter Klavierbegleitung alternieren, hält das Ganze durch Refrains zusammen und kommt am Ende, wo die Flut zerronnen ist und sich Erinnerung ausbreitet, zu beschaulicher, fast idyllischer Ruhe. Goethe reagiert am 6. März: »Die Composition der Johanna Sebus habe ich zwar erst unvollkommen gehört, allein genugsam, um versichern zu können, daß sie mir ganz vortrefflich vorkommt. Ich müßte sehr weitläufig seyn, wenn ich alles sagen wollte, was mir bey dieser Gelegenheit durch den Sinn gegangen. Nur eins will ich erwähnen, daß Sie auf eine sehr bedeutende Weise von demjenigen Gebrauch gemacht, wofür ich keinen Namen habe, das man aber Nachahmung, Malerey und ich weiß nicht sonst wie nennt, und das bey andern sehr fehlerhaft wird und ungehörig ausartet.«

Und dann kommt der berühmte Satz: »Es ist eine Art Symbolik fürs Ohr, wodurch der Gegenstand insofern er in Bewegung oder nicht in Bewegung ist weder nachgeahmt oder gemalt, sondern in der Imagination auf eine ganz eigene und unbegreifliche Weise hervorgebracht wird...« Dieses gemeinsame Werk veranlaßt Zelter zum ersten Male, den selbstgestellten Auftrag der Sing-Akademie, nur die »heilige Musik« zu pflegen, zu überschreiten und mit ihr eine weltliche Kantate zu probieren.

Goethes Dichtung schafft es noch ein weiteres Mal, die Sing-Akademie aus der sonst streng gewahrten Sphäre sakraler Musik herauszuführen: mit nichts geringerem als seinem »Faust«. Der polnische Fürst und Musikliebhaber Anton Heinrich Radziwill, der 1796 Prinzessin Louise, eine Schwester des Prinzen Louis Ferdinand geheiratet hatte und in Berlin residierte, Cello spielte, sang und als Dilettant (im positiven Sinn des Worts) komponierte, hat sich als einer der ersten seit 1808 an Musik zu Goethes »Faust« versucht – Zelter hatte das abgelehnt. Er stand dabei in engem Kontakt mit Goethe, der ihm sogar opernhafte Zusatzverse lieferte. Radziwill arbeitete bis zu seinem Tode im Jahre 1833 an diesem seinem Hauptwerk. Und es ge-

Carl Friedrich Zelter, »Johanna Sebus«.
Autograph

bührt ihm das Verdienst, »das bisher im dicksten Schatten verborgen gewesene Gedicht ans Licht gebracht zu haben« (Zelter an Goethe 22. Mai 1820).

Die Sing-Akademie, die in dem Fürsten einen Gönner hatte und sich ihm sehr
verbunden fühlte, hatte schon 1810 den Osterchor vorgetragen. Privatauffüh-
rungen einzelner Szenen mit Musik im Palais Radziwill, bei denen Mitglieder der
Sing-Akademie mitwirkten, betreute Zelter und berichtet darüber am 31. März

1816: »Der Componist hat manches zur Verwunderung getroffen. Was gefehlt ist, besteht darin, daß er wie alle angehenden Artisten in Nebendingen hauptsächlich ist.«

Szene und Musik werden in den folgenden Jahren weiter geprobt, und am 22. Mai 1820 kann Zelter Goethe mitteilen: »Gestern als den 21. dieses, am Geburtstag des Fürsten Radziwill, ist endlich unser Faust glatt und rund vom Stapel gelaufen… Denkst Du Dir nun den Kreis dazu, in dem alles vorgeht: einen Prinzen als Mephisto, unsern ersten Schauspieler als Faust, unsre erste Schauspielerin als Gretchen, einen Fürsten als Componisten, einen wirklich guten König als ersten Zuhörer mit seinen jüngsten Kindern und ganzem Hofe, eine Capelle der ersten Art, wie man sie findet, und endlich einen Singchor von unsern besten Stimmen, der aus ehrbaren Frauen, mehrentheils schönen Mädchen und Männern von Range (worunter ein Consistorialrath, ein Prediger, eine Consistorialraths-Tochter), Staats- und Justizräthen besteht und dies alles angeführt vom königlichen General-Intendanten aller Schauspiele der Residenz, der den Maschinenmeister, den Dirigenten, den Souffleur macht; in der Residenz, in einem königlichen Schlosse; so sollst Du mir den Wunsch nicht schlimm heißen, Dich unter uns gewünscht zu haben.«

Noch in einem seiner letzten Briefe an Goethe, am 4. März 1832, weiß Zelter zu melden: »Fürst Radziwill hat uns gestern endlich wieder Neues und Altes aus dem Faust zum Besten gegeben, wozu ich einige vierzig Helfershelfer geliefert.« Öffentlich aufgeführt hat die Sing-Akademie diese Faust-Musik erst 1835, nach Zelters und Radziwills Tod, dann aber bis 1888 nicht weniger als fünfundzwanzigmal. Er wurde ihre Spezialität, und es wird an Ort und Stelle weiter davon zu berichten sein.

Aus dem Zelter-Goethe-Briefwechsel erfahren wir auch von einer Feier der Akademie der Künste zum 300. Todestag von Raffael im Jahre 1820, an der die Sing-Akademie teilhatte und aus deren Schilderung wir entnehmen, wie derartige, in der Geschichte der Sing-Akademie nicht seltene Feiern begangen wurden: »Drey große Bilder: die Madonna del Sisto, die Mad. del Pesce und das Bild der heiligen Caecilia waren am Ende eins 110 Fuß langen Saals in der Höhe nebeneinander aufgestellt. Unter denselben stand Raffaels Katafalk auf einer Estrade von sieben Fuß Höhe. Auf beiden Seiten des letztern die vier Lieblingsmusen des Helden: Poesie, Malerey, Architektur und Musik, Statuen von Gyps, sechs Fuß hoch und von Tieck in der That schön drappiert. Zwischen jeden zwey Musen ein brennender Candelaber, über die Figuren hinausragend, was sich gut componierte. Ueber dem Katafalk das Brustbild Raffaels, gut von Weitsch copirt.

Alle Zwischenräume waren mit farbigen Tüchern gut behangen, sowie der ganze Vorplatz von 40 Fuß Tiefe.

In diesem Vorplatz war ein Singchor von 100 ausgewählten Personen, Frauen, weiß, und Männer hinter ihnen, schwarz gekleidet, in Halbkreis aufgestellt. Gesungen ward:

1) Ein Requiem von mir
2) Das Leben Rafaels abgelesen vom Professor Tölken.
3) Crucifixus von Antonio Lotti; eines großen Styls wegen merkwürdig.
4) Las ich etwas zum Verständnis dieses alten Stücks in Verbindung mit
5) Gloria in excelsis Deo von Joseph Haydn, um den Unterschied der Zeitalter in Absicht des Styls bemerkbar zu machen.«

Interessant an Zelters Rede ist sein Kommentar zum Crucifixus des Venetianers Antonio Lotti: »So wie in Rafaels vor uns aufgestellter Caecilia das beschauende Auge zum Ohre, so wird in der Musik das Ohr durch innere Vorstellung zum geistigen Auge, vor dem sich das ewige Kreuz wunderwürdig, nach und nach aufgerichtet, woran die Sünde und Schmach aller Welt abgebüßt worden.«

In den späten Jahren dieser Korrespondenz werden Zelters Bemerkungen über das »Seelenleben« der Sing-Akademie immer häufiger, und da wir nirgendwoher sonst so anschaulich davon erfahren, seien sie dem Leser nicht vorenthalten. Anfang Mai 1816 besucht Zelter einen »Ableger« seines Chors, die Potsdamer Sing-Akademie, und erzählt am 8. Mai: »Sie haben dort seit anderthalb Jahren eine Sing-Akademie errichtet und mich schon längst dazu eingeladen, doch konnte ich mich erst jetzt von hier abreißen. Ich würde verwundert, ja erstaunt seyn, daß diese Leute nach anderthalben Jahren leisten, was wir hier nach sechs und zwanzig Jahren mit stetiger Ausdauer zu Stande bringen, wenn ich nicht bedenken müßte, daß mein Treiben und Wesen in die Ferne gewirkt habe und fortwirken wird, wenn auch das Modell nach mir zerfallen sollte.«

Er hegt freilich Skepsis gegen die Dauer und Kraft des Potsdamer Unternehmens: »Ihre Kunst ist wie ein Sterbekleid, sie hat nichts hinter sich; und daß ich mit meiner Sippschaft alle Wochen wieder von vorne anfange, fällt ihnen, wie all den guten Leuten, nicht ein.«

Und am Ende des Briefs entringt sich ihm ein Seufzer über seine eigene »Sippschaft«: »Wie es Dir mit Deinen Schauspielern geht; so geht es mir mit der Sing-Akademie. Bin ich unter ihnen, so habe ich kein Urtheil; höre ich sie am dritten Orte, so möchte ich sie zerschmeißen, und schon deswegen möchte ich Dich einmal gern hier haben, weil Du der einzige Mensch bist, auf dessen Urtheil in der Musik ich etwas halte. Einer hat den Generalbaß im Leibe, und andere die schwere Noth mit der Romantik, und zwischen beyden liegt Sandsteppe.«

Aus einem Brief vom 21. Juli 1820 erfahren wir Aufschlußreiches über den Probenstil Zelters und die »Soziologie« des Chors: »Da ich eine Art von Repertorium beym Institute observiere; so wird jedesmal zwar schon Bekanntes, aber doch Anderes durchs ganze Jahr vorgenommen. Es findet daher bey uns nur eine Vorbereitung statt, wenn große öffentliche Aufführungen unbekannter Stücke gegeben werden, wo von rechts wegen jedes Individuum, nach Fähigkeit, seiner Stimme mächtig seyn muß... Was bey solchem Institute schlimm ist, ist eben auch gut. Denn eine Gesellschaft von nahe an 300 regenerirt sich jede zwey bis drey Lustern mehr als zur Hälfte, und da von Zeit zu Zeit neue dazu kommen, so wird ewig von vorn herein gearbeitet; aber wir bleiben ewig jung und so haben wir keinen Ueberfluß an alten Weibern feminini und masculini generis, und das Ding nimmt sich zumal bey Licht selbst in der Nähe nicht schlecht aus. Die Weiblein können sich wöchentlich zweymal Berufs halber putzen, mit einander klatschen... Freylich hat's an andern Orten nicht leicht Bestand, weil das Klatschen endlich die Hauptsache wird, was jedoch bey uns unterm Maaße bleibt, weil ich jedes Mal der Erste vorhanden bin, und mit dem Nächsten, der nach mir kömmt, sey's Mann oder Weib, gleich etwas zur Sache gehöriges vornehme. Dazu kömmt, daß nun nach dreyßig Jahren die Gesellschaft eine Familie worden ist von Männern, Frauen, Geschwistern, Kindern und Angehörigen und sich selbst recht gut beobachtet; so daß noch kein Scandal keiner Art geschehen ist, als den ich manchmal selber durchfallend verursache, und der dann freylich eine Woche lang die Unterhaltung der Stadt ist.«

Am 18. Januar 1824 meditiert Zelter über meteorologische Einflüsse aufs Singen: »Wenn der Barometer schönes Wetter anzeigt, ist unser Singchor vortrefflich, ich meine nämlich solchen Chor, der schulmäßig an Tragung des Tones und elastische Beweglichkeit gewöhnt ist (portamento di voce) und in solchen guten Tagen schon oftmals die Bewunderung der Kenner erworben hat. Die eigentliche Wirkung ist dann nicht erschütternd, schmetternd und dergleichen, sie ist vielmehr groß, tröstlich, erbaulich, und das scheint mir die rechte.

Geht das Barometer tief herunter, so ist es nicht möglich trotz allen Zurufens: Gehoben! Getragen! – die Stimmen flott zu halten: Einer zieht den andern mit, und wenn ich sie gehn lasse, so ist das Ganze noch immer in seiner Art gut genug; will ich aber die Gewalt des Instruments gelten machen so hört die Harmonie der Harmonie auf, und es entsteht ein innerer Unfriede bei aller Mühe. Denn ein guter Chor ist wie eine einzelne Person anzusehn und was er wirkt, will er wirken, wenn auch ohne äußeres Bewußtsein, und wo dieser Charakter nicht ist, ist auch keine Schule. Wäre es doch nicht möglich, einen Chor von 160 bis 200 Stimmen beisammen zu sehn, die alle von gleicher Güte wären, wenn nicht ein Geist des Ganzen darin herrschte; der ist, was Harmonie heißt.«

Am 5. November 1825 beklagt sich Zelter anläßlich der Schenkung einer Cherubini-Messe durch den König über »Insinuationen«, Unterstellungen gegen seine Mannschaft: »Doppelt, ja vielfach erfreulich erscheint solch ein königliches Andenken, da sich die Sing-Akademie während ihres Anwuchses mancher heimlichen Insinuationen tröstet: Es sey unnöthig, die Musik zu befördern, die schon alles andere verschlinge; item Deutscher Gesang sey ein Nonsens; item man klebe am Alten und hindre den Fortschritt; item man neige sich zum Katholicismus; item es sey eine stille Heyrathsanstalt u.s.w.

An dem allen ist wohl etwas wahr: denn, nur das Letzte betrachtet, so besteht die Sing-Akademie mit den Jahren aus lauter Eltern und Kindern, Eheleuten und Geschwistern und bewegt sich durch einander und bewacht sich auch. Dann ist es auch ein Ort glückseliger Freyheit, da vom Fürsten bis zum Handwerk hinab unabgeredet eine Gleichheit statt findet, aus der sich jedes Talent erheben darf.

Hätte der große Napoleon mein Regiment gesehen, er hätte Augen gemacht. Er hat Welttheile durchzogen – *Das* hat er nicht gesehen! Und daß *Du* es nicht sehen sollst, ärgert mich.«

Zelter verteidigt seinen Chor, selbst auf eigene Kosten: »Das ist nun der Vortheil, ja der Vorzug der Sing-Akademie, daß ich den Chor, ohne viel Schulmeisterey, von Woche zu Woche gehn, ja schlendern lassen kann; wenn's aber gilt und sie wissen, daß ich's meine, so läßt sich keiner lumpen und ich selber mache wohl eher einen Fehler, den sie alle recht gut merken...

Wer die Singakademie zum ersten Male hört, auf den muß ein Ensemble von 150–180 eingeübten Stimmen eine unerhoffte Wirkung ausüben. Ich, der ich das Ding seit manchen Jahren Tag vor Tag aus den heterogensten Theilchen, wie eine musivische Arbeit, zu ergänzen und in Gestalt zu halten habe, werde wohl selber einmal zusammengeschmissen, als wenn ich niemals davon gewußt hätte... Was unsern Chor ganz eigen auszeichnet, sind die Mittelstimmen: das Intus eines echten Chors. Solch einen Cubus von schönen weiblichen Altstimmen hat nicht die Welt außer hier; und das war kein Kleines, weil alles hoch singen will und die Knabenstimmen der Veränderung unterworfen sind, dahingegen die weiblichen mit den Jahren an Fülle und Derbheit zunehmen« (5.–8. März 1828).

In seinen letzten Jahren macht sich Zelter Gedanken über die Zukunft der Sing-Akademie: »Die Sing-Akademie wird sich einen ordentlichen Diener schwer erziehn und erhalten. Ich selber habe sie verzogen. Sie leben und wirken mir zu Gefallen, und davon habe ich selber unter ihnen zwey Generationen durchlebt, ja sie gefallen mir heute noch. Wo aber ich's hernehme und wovon ich's gebe, da hat mich einmal nur unser verstorbener Bancodirektor unschuldig gefragt: Was ich davon habe? und das ist lange her. Doch habe ich gelebt und lebe und muß es schätzen, wenn das Geringste unsrer 400 Mitglieder sich im Auslande ein Mitglied der Sing-Akademie in Berlin nennt« (25. November 1830).

Natürlich läßt Zelter den Bach-Verehrer Goethe, der das nicht zuletzt durch Zelter geworden ist, teilhaben an der Wiedererweckung der Matthäuspassion – wir sprachen davon. Und Goethe antwortet darauf: »Es ist mir, als ob ich von ferne das Meer brausen hörte« (28. März 1828). Das erinnert an Beethovens Wort: »Nicht Bach, Meer sollte er heißen.«

Goethe, nun längst Freund der Sing-Akademie, wird aus Anlaß von Zelters 70. Geburtstag am 11. Dezember 1828 vom Vize und Nachfolger Rungenhagen um ein Gedicht zum Fest angegangen. Goethe übersendet alsbald einen Kantatentext »Zelters 70. Geburtstag, gefeiert von Bauenden, Dichtenden, Singenden«. Und er liefert genaue choreographische Vorstellungen mit: »Ich habe mir das Fest dramatisch, ja theatralisch gedacht. Die Bauenden treten zuerst von der linken Seite herein und stellen sich rechts auf, und so tragen sie Chor und Solo vor. Die Singenden sodann kommen von der Rechten, stellen sich links und vollenden das Vorgeschriebene. In die Mitte tritt sodann die Chorführerin der dichtenden recitierend hin und trägt ihre Arie vor.« Und es folgt ein genauer Plan des Ablaufs.[1]

Leider hat sich nur der Text, nicht Rungenhagens Musik erhalten (nur eine andere Rungenhagen-Kantate nach Goethes Gedicht »Das Göttliche«, die u. a. dann zu Goethes 100. Geburtstag im Jahre 1849 erklang).

Zelter bedankt sich am 16. Dezember 1828 für das Geburtstagsgeschenk: »Rungenhagens Musik zu Deinen Worten hat vielen Beyfall gefunden, worinn ich einstimmen muß. Beym ersten Anblicke des Saales, wohin mich die schönsten Mädchen einführten, habe ich mich einmal wieder zusammennehmen sollen, was denn auch noch einmal gelungen ist. Wer kein armer Sünder ist, müßte sich dabey einen solchen fühlen«.

Höchst Merkwürdiges fällt Goethe in seinem letzten Brief an Zelter (11. März 1832) im Gedanken an die Sing-Akademie ein: »Ich möchte wirklich zum Scherze Dir einmal, wenn Du mit Deinen lebendigen Jünglingen lebensthätige Chöre durchprüfst, einen uralten Elephanten-Backenzahn aus unsern Kiesgruben vorlegen, damit Ihr den Contrast recht lebhaft und mit einiger Anmuth fühlen möchtet.«

Der alte Goethe, der sich immer tiefer in die Archäologie, ins Anschauen von Fossilien versenkt, beneidet Zelter etwas, daß er der Kunst des Augenblicks, des Gegenwärtigen hingegeben ist:

»Glücklicherweise ist Dein Talent-Charakter auf den Ton, d. h. den Augenblick angewiesen. Da nun eine Folge von consequenten Augenblicken immer eine Art von Ewigkeit selbst ist, so war Dir gegeben, im Vorübergehenden stet, beständig zu seyn... Sieh mich dagegen an, der ich hauptsächlich in der Vergangenheit, weniger in der Zukunft, und für den Augenblick in der Ferne lebe...«

Und Goethe bestärkt Zelter in seinem Festhalten an der Augenblicks-Kunst, im Bewahren der »lebensthätigen Chöre«: »So ist es recht! nachdem Du Dir Deine Citadelle durch den Aufwand Deines ganzen Lebens erbaut und gegründet, einer tüchtigen Leibgarde und alliirter Mitkämpfer nicht ermangelst; so schlägst Du Dich nun tüchtig herum, das Erworbene zu erhalten...«

Gewiß, die Sing-Akademie mit ihren »lebendigen Jünglingen« – Goethe meint damit sicher Leute wie Mendelssohn und Otto Nicolai – trieb auch so etwas wie »musikalische Archäologie«, darin scheinbar Goethe nicht unähnlich. Doch was sie ausgrub, brachte sie zum gegenwärtigen Klingen, regte so zur schöpferischen Auseinandersetzung an und wirkte damit in die Zukunft, für die Erweiterung des musikalischen Horizonts, für den Fortschritt. Daß sie sich indes der »lebendigen Jünglinge« nicht fernerhin versicherte, gereichte ihr zum Problem.

---

1 Georg Schünemann: Die Sing-Akademie zu Berlin, Regensburg 1941, S. 78 und Beilage nach S. 80.

»Sicher und zuverlässig«.
Rungenhagen wird Direktor

Der »lebendige Jüngling« Mendelssohn oder der altvertraute, gestandene Vizedirektor Rungenhagen, vierundfünfzig Jahre alt – auf diese Alternative spitzte sich rasch die Frage der Nachfolge Zelters zu. Gewiß, es hatten sich noch andere um den attraktiven Posten bemüht: Carl Loewe hatte sich schon wenige Tage nach Zelters Tod aus Stettin gemeldet, der Berliner Musikdirektor A. W. Bach und Bernhard Klein, beide Schüler Zelters, standen zur Debatte. Die Wahlkommission trat satzungsgemäß zusammen: Außer den Vorstehern gehörten ihr, vom »größeren Ausschuß« vorgeschlagen, noch einige weitere kompetente Persönlichkeiten der Sing-Akademie an wie Schleiermacher, Devrient, Poelchau und der »Evangelist« der Matthäuspassion Stümer, ferner fünf »Aktionäre«.

Man hatte auch auswärtige Musiker angesprochen wie Mosewius, den Leiter der Breslauer Sing-Akademie, Schelble, den Gründer des Frankfurter Caecilienvereins, Kapellmeister Reißiger in Dresden, doch es blieb die heikle Alternative »Rungenhagen oder Mendelssohn«.

Rungenhagen, der schon zweiunddreißig Jahre der Sing-Akademie angehörte, hatte sich als Vizedirektor verdient gemacht, die Mendelssohns aber waren seit Gründung der Sing-Akademie ihr verbunden, hatten sie mit großzügigen Handschriften-Geschenken bedacht, und Felix hatte jene geniale Wiederaufführung der Matthäuspassion geleitet. Im übrigen hatte ihn noch Zelter in Übereinstimmung mit der Vorsteherschaft zu seinem Nachfolger ersehen.

Mendelssohn selbst freilich drängte es gar nicht mehr so sehr in diese Position. Er war nach der zweiten Aufführung der Matthäuspassion nach England abgereist und hatte sich drei Jahre lang im Ausland aufgehalten; Berlin dünkte den inzwischen Weltläufigen nun etwas provinziell. Er wollte sich seine Bewegungsfreiheit erhalten.

Um zu einer angemessenen Beurteilung des vielberedeten Sachverhalts zu gelangen, muß man Mendelssohns Einstellung zum Amt des Sing-Akademie-Direktors sorgfältig dokumentieren. Am unverblümtesten geht sie aus dem Briefwechsel mit dem Legationsrat Karl Klingemann, einem Freund des Hauses Mendelssohn, hervor, der in London lebte. Am 4. Juli 1832, zwei Wochen nach seiner Rückkunft in Berlin, schreibt ihm Mendelssohn: »Ich habe erklärt, daß ich mich um die Direktor-Stelle weder melden noch bewerben wolle; was sie von mir verlangten, möchten sie mir anbieten, dann würde ich's annehmen oder nicht, es wird aber nichts daraus. Denn die Hauptbedingung, die ich machen muß, ist jährlich einige Monate Urlaub,

Carl Friedrich Rungenhagen (1778–1851)

und abgehen zu können, wann ich will, und darauf können sie sich nicht einlassen, denke ich.«[1]

Am 4. August meint Mendelssohn: »Die Akademie-Stelle wird wohl Rungenhagen erhalten oder *behalten,* das gibt den Ausschlag. Die Sache schläft vielleicht ganz ein; ich nehme sie auf keinen Fall an ohne brilliante Bedingungen, schönes Gehalt, vollen Einfluß und Urlaub zu Reisen, wie z. B. 1833 zu einer Schweizer und Englischen Reise.«[2] Am 5. September beklagt sich Mendelssohn über »das ganze still stehengebliebene Berliner Nest, dann die Verhandlungen wegen der Akademie, mit der sie mich mehr quälen als recht ist, um am Ende doch ihren Rungenhagen oder weiß Gott wen zu wählen...«.[3]

Mendelssohn hatte aus England eine Originalpartitur des Oratoriums »Salomo« von Händel mitgebracht, das er mit der Sing-Akademie aufführen wollte. Da diese nicht englisch sang, bat Mendelssohn Klingemann um eine Übersetzung. Am 5. Dezember aber muß er diesem melden: »Mein ganzer Plan mit dem Oratorium ist zu Wasser. Die Sing-Akademie hat Beschlag darauf gelegt, hat es ohne Bearbeitung, fast ohne Weglassung, mit einer Übersetzung in abscheulicher Prosa, bei der sie noch die Noten überall ändern mußten, mit dem schlechtesten Eifer oder viel mehr gar keinem gegeben, und wie vorauszusehen war, hat es den Leuten langweilig geschienen.«[4]

Am gleichen Tag schreibt Mendelssohn an Friedrich Rosen: »Die Vorsteher der Sing-Akademie wollen mich gern zum Direktor, aber die Mitglieder wollen Rungenhagen lieber...«[5]

Am 26. Dezember erfährt Klingemann: »Sie schwanken noch zwischen Rungenhagen und mir, und ich habe vor vier Monaten die Dummheit begangen, nicht von vornherein zu bitten, man möge mich gütigst ungeschoren lassen. Nun scheren sie auch weidlich an mir, verderben mir die Wolle nach Kräften, wer mir begegnet, weiß eine neue Klatscherei.«[6] Mendelssohn ist das alles längst leid, er hält sich nur noch auf Drängen der Familie und der Freunde für die Kandidatur bereit, möchte das Ganze hinter sich haben. Am 16. Januar 1833: »Nun wird nächste Woche endlich ein Sing-Akademie-Direktor gewählt werden, und dann bin ich viele Berliner Anreden los und vielen Ärger und kann endlich anfangen, ordentlich ein Mensch zu sein.«[7]

Die Sing-Akademie hätte das Dilemma »Rungenhagen oder Mendelssohn« gern durch einen Kompromiß gelöst mit einem doppelten Direktor: Rungenhagen eher mit der obersten Repräsentanz und der Geschäftsführung betraut, Mendelssohn eher mit der musikalischen Leitung. Mendelssohn wäre damit einverstanden gewesen, doch Rungenhagen lehnte ab. Es blieb nur ein satzungsgemäßes Vorgehen: die Aufstellung dreier Kandidaten. Nachdem alle auswärtigen und einheimischen Bewerber ihre Chancenlosigkeit erkannt und sich zurückgezogen hatten, stellte sich als dritter Kandidat Eduard Grell zur Verfügung, der sich im Chor als Komponist und Klavierbegleiter schon hervorgetan hatte, auch gelegentlich als Dirigent. Am 22. Januar wurden die Wahlurnen geöffnet: Rungenhagen hatte 148 Stimmen, Mendelssohn 88 und Grell 4.

Diese immerhin demokratische Entscheidung ist viel diskutiert und gerügt worden. Antisemitische Ressentiments gegen Mendelssohn spielten fraglos eine Rolle. Sein Freund Devrient, der in der Wahlkommission saß und in seinen »Erinnerungen« die Meinungsbildung vor der Wahl ausführlich dokumentiert, berichtet, er habe in einer Gruppe die Äußerung gehört: »Die Sing-Akademie sei, durch ihre fast ausschließliche Beschäftigung mit geistlicher Musik, ein christliches Institut, es sei darum unerhört, daß man ihr einen Judenjungen zum Director aufreden wolle«[8] (Mendelssohn war nicht nur protestantisch getauft, sondern lebte und empfand als Protestant, wie seine geistlichen Werke zeigen).

Devrients Bericht zeigt ferner, daß viele Sing-Akademiker mit dem Weg an die Öffentlichkeit, den die Sing-Akademie seit einigen Jahren beschritten hatte und auf dem Mendelssohn fraglos weitergegangen wäre, überhaupt nicht einverstanden waren: »Die Sing-Akademie sei nichts als eine Privatgesellschaft, welche zusammenkäme, um sich mit geistlicher Musik zu unterhalten; sie habe gar keine Verpflichtung gegen die Öffentlichkeit; zu ihren Aufführungen werde das Publicum nur zugelassen; wem ihr Gesang nicht gefalle, der könne ja wegbleiben. So wolle die Gesellschaft auch vornehmlich einen Direktor, der ihr persönlich angenehm sei, ein solcher sei Rungenhagen aus alter lieber Gewohnheit, ein solcher aber sei Mendelssohn nicht aus allerlei Gründen, unter denen gerade seine Jugend voranstehe; denn es sei nicht schicklich, daß so viele alte und hochangesehene Männer und würdige Frauen von einem so jungen Menschen sich sollten zurechtweisen lassen.«[9]

Das Alter wollte die Jugend nicht, die Jugend aber hatte keine Stimme. Mendelssohns Mutter schreibt am 15. Januar 1833 an den Geiger Ferdinand David, »daß kein minorennes (minderjähriges) Frauenzimmer und keiner, der unter zwei Jahren Mitglied ist, stimmen darf; die Alten aber mögen das Hergebrachte und können sich nicht an die Idee gewöhnen, einen lebhaften jungen Menschen an ihrer Spitze zu sehen«.[10] Volljährig wurde man damals erst mit 24.

Es ist viel darüber spekuliert worden, ob die Sing-Akademie mit ihrer Entscheidung nicht ihre historische Chance verpaßt habe. Am härtesten urteilt Devrient, der freilich Partei ist: »Die Sing-Akademie war damit auf eine lange Reihe von Jahren zur Mittelmäßigkeit verdammt.«[11] Was so nicht zutrifft. Aber selbst der spätere Sing-Akademie-Direktor Martin Blumner mutmaßt: »Vielleicht hätte dadurch das ganze musikalische Leben Berlins eine andere Gestaltung bekommen.«[12]

Ein frischer Wind wäre gewiß in die Sing-Akademie eingezogen, aber hätte sich der jugendliche, vorwärtsstürmende Geist Mendelssohns lange bei ihr aufgehalten? Er hätte sich ihr jedenfalls nicht so intensiv gewidmet wie Zelter und Rungenhagen, das machen die angeführten Briefe ganz deutlich. Es hätte exzellente Aufführungen gegeben, gewiß, aber Kontinuität? Berlin, seine Heimatstadt, der Mendelssohn in Haß-Liebe verbunden war, hätte ihn wohl ohnedies nicht auf Dauer halten können. Er schreibt am 4. Februar 1833 an Klingemann: »Die ganze Stadt ist ja genau auf demselben Punkte, wo ich sie vor drei Jahren verlassen habe. Da liegt 1830 dazwischen, unglaubliche Zeiten, bejammernswerte Umwälzungen, wie unsere Landstände sagen; aber bis hierher ist nichts gedrungen. Wir sind nicht aufgewacht und nicht eingeschlafen – es ist, als gäbe es keine Zeit.« Aber tief verletzt hat ihn die Ablehnung durch die Sing-Akademie doch (obwohl sie ja alles andere als eine einhellige war), sie wurde geradezu ein Trauma für ihn. Noch fast ein Jahr später schreibt er der Mutter: »Ich habe für die Ewigkeit nichts mit der Sing-Akademie gemein und da sie im Himmel nicht besteht, gar nichts...«[13]

Mendelssohn wendet sich von Berlin ab, geht als Musikdirektor nach Düsseldorf und dann als Gewandhauskapellmeister nach Leipzig, wo er das erste deutsche Konservatorium gründet und die Stadt zu einem musikalischen Zentrum von europäischer Bedeutung macht. Berlin gewinnt ihn später nur noch vorübergehend als Dirigenten des 1843 reorganisierten Domchors zurück. Er lehnt nun auch höflich die ihm angetragene Position des Vizedirektors ab; Eduard Grell erhält sie. Mendelssohn verläßt die Sing-Akademie, man macht ihn zum Ehrenmitglied; die ganze Familie Mendelssohn aber erklärt ihren Austritt aus der Sing-Akademie.

Die erste Tat des neugewählten Direktors folgt ganz den Spuren Zelters – und Mendelssohns. Rungenhagen wagt am 21. Februar 1833 mit 155 Sängern die Johannespassion von Johann Sebastian Bach, auch sie wie die Matthäuspassion als Erstaufführung seit dem Tod des Komponisten. Die Solistenbesetzung ist der der Matthäuspassion nicht unähnlich: Pauline von Schätzel (nunmehr Pauline Decker) singt Sopran, Frau Türrschmiedt Alt, Stümer den Evangelisten, Devrient den Jesus, Mantius die Tenorarien, Otto Nicolai, der einmal »vom Blatt« als Jesus in der Matthäuspassion eingesprungen war, und Julius Krause die Baß-Arien. Die Annahme, man könne damit den grandiosen Erfolg der Matthäuspassion wiederholen, mußte sich freilich als trügerisch erweisen. Man darf ja bei aller Öffentlichkeit um die Matthäuspassion nicht vergessen, daß mit ihrer Wiederbelebung nun Bachs Oratorienschaffen noch keineswegs auf Anhieb durchgesetzt war; es blieb noch auf lange Zeit ein schwerer Brocken, selbst für Musiksachverständige. Hören wir die AMZ: »So fremd das im strengsten Style geschriebene grossartige Werk auch in unsrer Zeit erscheinen muss, so fand es doch verdiente Anerkennung, wenngleich die Sologesänge der Passionsmusik nach dem Evangelisten Matthäus ihrer melodischen Behandlung wegen, allgemeiner ansprachen.«[14]

. Respekt, aber keine Begeisterung. Und die damals allgemein übliche unterschiedliche Bewertung von Chören und Arien: »Die Chöre und Choräle erschienen als die Hauptzierde des Werkes durch Erhabenheit der Ideen, Wahrheit des Ausdrucks und Kunst der harmonischen Behandlung... Am schwersten verständlich sind die Arien, deren Cantilene so disparat von der Begleitung geführt wird, dass die Combination der Motive dem Sänger ebenso schwer als dem Zuhörer wird. Hier dürfte doch mehr die Melodie vorherrschen, so bewunderungswürdig auch die Kunst der Harmonie erscheint.«

Die Aufführung wird gelobt: »Dass die Chöre ausgezeichnet gesungen wurden, bedarf kaum der Erwähnung. Es ist bekannt, was die Sing-Akademie in dieser Beziehung leistet. Auch die Orchesterbegleitung war genau eingeübt, und das Ganze wurde von dem Hrn. Musikdirektor Rungenhagen, zum ersten Male öffentlich in seiner Qualität als bestallter Musikdirektor, sicher und umsichtig geleitet.«

Keine übermäßige Resonanz, wohl auch innerhalb des Chores nicht. Und Rungenhagen war wohl nicht der Mann, der wie Zelter durch unermüdliches Weiterarbeiten an einem Werk es dem Chor vertraut zu machen wußte. Die Johannespassion verschwand für fünfzig Jahre (!) wieder in der Versenkung.

Noch mehr Mühe hat Rungenhagen mit dem nächsten großen Bach-Projekt, der h-Moll-Messe, die zwar schon Zelter zweiundzwanzig Jahre zuvor studiert hatte, die es aber gleichfalls noch der Öffentlichkeit vorzustellen galt. Im November 1833 nimmt Rungenhagen die Proben auf: »Schwerlich fand schon ein Werk so viel Widerspruch bey den Ausführenden als dieses«, muß er feststellen. »Viele sagten sich los, die Aufführung für unmöglich haltend, oder wollten ihre Kräfte nicht der anstrengenden Übung weihen. Doch blieb eine treue Schaar« von 160 Sängern, die das Werk schließlich meisterten. Rungenhagen ging durchaus diplomatisch und psychologisch geschickt vor: »Nur nach und nach war der Chor mit den Schwierigkeiten der einzelnen Stücke bekannt geworden, um die psychischen Kräfte der Sänger nicht erlahmen zu lassen.«

Schließlich war es geschafft: »Alle Motionen gegen das Werk waren glücklich besiegt, und so ging denn auch das Werk selbst siegreich gegen Meinung, siegreich über alle seine Schwierigkeiten hervor.«[15] Rungenhagen entschloß sich zu einer Aufführung »in Raten«. Am 20. Februar 1834 gab man erst einmal Kyrie, Gloria und Credo, auch diese noch mit Kürzungen. Das »Et incarnatus« und das »Qui tollis« wurden, aufführungspraktisch gar nicht so abwegig, solistisch besetzt. Die Resonanz in der Öffentlichkeit ähnelte der bei der Johannespassion. Die AMZ (1834, Sp. 226 ff.) sprach von einem »complicirten, der jetzigen Zeit so überaus fremden Werke«, vom »sehr schwer verständlichen Kyrie«. Die Sologesänge waren es, die »verhältnissmässig am wenigsten ansprachen«. Summa summarum: »Das ganze colossale Kunstwerk ... fand mehr Bewunderung als innige Theilnahme, wie dies ganz natürlich nach einmaligem Hören eines so streng in sich Abgeschlossenen Ganzen ist, für dessen Dimensionen der Maasstab unserer Zeit nicht zureichen dürfte und dessen Einzelheiten mit dem Sinne des Gehörs so schwer zu verfolgen sind.« Interessant noch, daß der Rezensent die Aufführungsdauer des Fragments mit zwei Stunden angibt. Die Tempi müssen also sehr langsam gewesen sein.

Rungenhagen selbst sah die Schwierigkeiten des Werks nicht unähnlich. Er schrieb einmal: »Die Gesangwerke des Johann Sebastian Bach gleichen colossalen Bildern, die alle eine Ausführung bis ins kleine Detail haben. Indeß die erhabenen Grundzüge seiner Tongemälde einen *weiten* Standpunkt erfordern, um sie umfassen zu können, so fordern wiederum die unzähligen kleineren Glieder eine ganz *nahe* Betrachtung; hierin mag der Grund liegen, daß ihnen die Wirkung auf das Gemüth so sehr erschwert wird.«[16]

Rungenhagen blieb gleichwohl bei der Sache, obwohl die Weiterarbeit an der h-Moll-Messe zunehmenden Mitgliederschwund zeitigte: »Aus Unkunde mit dem Bachschen Singen und aus Besorgniß zu großer Anstrengung haben sich viele weibliche Mitglieder von dem Antheil an der Ausführung entfernt gehalten. Hoffentlich werden die Vorurtheile gegen diesen hohen Meister in der Kunst nach und nach schwinden und er die Mehrzahl zu gebührendem Antheil ermahnen.«[17]

Am 12. Februar 1835 wurde eine vollständigere Aufführung der h-Moll-Messe angeboten (nicht nur die zweite Hälfte, wie sonst überall zu lesen). Kyrie und Gloria waren gekürzt, Credo, Sanctus und Agnus Dei aber ziemlich komplett geboten. Man hatte nur das »Dona nobis pacem«, dessen Musik ja mit der des »Gratias« identisch ist, weggelassen und dafür das Osanna an den Schluß gestellt, wider allen liturgischen Ablauf. Die Resonanz in der AMZ (1835, Sp. 238 f.) zeugt nun schon davon, daß das Werk allmählich an Überzeugungskraft gewinnt: »Vorzüglich imponierten die kräftigen, sicher und mit Ausdruck gesungenen Chöre. Weniger sprachen die sehr künstlichen Soli an, in welchen die Instrumentalbegleitung stets ihren ganz eigenen Weg geht, ohne die Singstimme zu unterstützen. Im Credo machte das tiefsinnige Crucifixus und das darauf jubelnd sich emporschwingende Et resurrexit eine erhebende Wirkung, wie das mysteriöse »Et exspecto resurrectionem mortuorum« einen schauerlichen Einblick in die Geheimnisse der Geisterwelt thun liess. Wie erhaben durchdringt Bach's Genius, von ächt religiösem Gefühl sicher geleitet, die Tiefen des menschlichen Herzens, wie die kühnste Höhe speculativen Wissens in der Kunst!! Konnten auch nur wenige Zuhörer dem Adlerfluge dieses Geistes folgen, so staunten doch alle seine Grösse an und erkennen den Eifer des Instituts und seiner Vorsteher, welche diesem Riesenwerke ihre Kräfte mit seltener Anstrengung widmeten.«

Aber auch eine Wiederholung dieser Tat wagte Rungenhagen nicht noch einmal. 1840 kombinierte er einmal das Credo mit der Bach-Kantate »Gottes Zeit« und der Kantate »Maria und Johannes« von J. A. P. Schulz, dann legte er das Werk endgültig beiseite. Auch sein Nachfolger Eduard Grell gab noch keine kompletten Aufführungen. Erst dessen Vizedirektor Martin Blumner wagte sie seit 1871.

Selbst die Matthäuspassion, die schon im Repertoire der Sing-Akademie fest verankert schien (sie erklang seit der Wiederaufführung jährlich am Palmsonntag), wurde nach 1840 nicht mehr regelmäßig aufgeführt; sie fiel 1841/42 und 1846 bis 1849 aus. Weit wichtiger als Bach war damals für die Sing-Akademie dessen großer Zeit- und Altersgenosse Händel – das wird gern vergessen.

1 Felix Mendelssohn Bartholdys Briefwechsel mit Karl Klingemann in London, Essen 1909, S. 95.
2 Ebenda, S. 98.
3 Ebenda, S. 100.
4 Ebenda, S. 103.
5 Ebenda, S. 104.
6 Ebenda, S. 106.
7 Ebenda.
8 Eduard Devrient: Meine Erinnerungen an Felix Mendelssohn Bartholdy und seine Briefe an mich, Leipzig ²1872, S. 149.
9 Ebenda, S. 148 f.
10 Zitiert nach: Ernst Wolff: Felix Mendelssohn Bartholdy, Berlin 1906, S. 109.
11 Devrient, a.a.O. S. 154.
12 Martin Blumner: Geschichte der Sing-Akademie zu Berlin, Berlin 1891, S. 94
13 Zitiert nach: Eric Werner: Mendelssohns Leben und Werk in neuer Sicht, Zürich 1980, S. 65.
14 Allgemeine musikalische Zeitung 1833, Sp. 212 f.
15 Zitiert nach: Georg Schünemann: Die Sing-Akademie zu Berlin, Regensburg 1941, S. 86.
16 Ebenda, S. 87 f.
17 Ebenda.

»Erscheinung aus der Vorwelt«.
Händel kompakt (1827–1841)

Händels Musik hat sich viel rascher wieder beleben lassen als die Musik Bachs, ja sie war nie ganz in Vergessenheit geraten. Händel galt weiten Kreisen im 19. Jahrhundert und noch bis spät hinein ins 19. Jahrhundert als der bedeutendere Komponist. Die Anschauung Reichardts steht für viele: »Hätte Bach den Wahrheitssinn und das tiefe Gefühl für Ausdruck gehabt, so Händel beseelte, er wäre weit größer noch als Händel, so aber ist er nur weit kunstgelehrter und fleißiger.«[1]

So setzte sich denn Händel auch in Berlin, nicht zuletzt eben durch Reichardt gefördert, viel rascher durch als Bach.[2] Von dessen Bericht über eine Aufführung des »Judas Makkabäus« im Jahre 1774 war die Rede. Und schon vor der denkwürdigen »Messias«-Aufführung unter Hiller im Jahre 1786 musizierte man beim Kronprinzen, dem nachmaligen König Friedrich Wilhelm II., dieses Oratorium. Zelter war dabei. Im Kreis um Anna Amalia von Preußen wurde neben Bach vor allem Händel gepflegt. Der niederländische Baron Gottfried van Swieten, der dort aus- und einging (und später Bach und Händel den Wiener Klassikern vermittelte), hielt sich auch zu einem Liebhaberkreis, der sich um den Verleger Friedrich Nicolai scharte und seit etwa 1770 neben den genannten beiden Oratorien auch das »Alexanderfest« musizierte. Das »Alexanderfest« war denn auch das erste Händel-Oratorium, mit dem Zelter und seine Sing-Akademie an die Öffentlichkeit traten: am 24. November 1807. Wobei man sogar auf die Originalfassung zurückgriff. Ansonsten benutzte man die Mozartsche Bearbeitung (die erst Grell wieder beiseite legte), so etwa zur Einweihung des Schauspielhauses am 27. Februar 1821.

Die Rolle des »Judas Makkabäus« während der Freiheits-Kriege wurde schon geschildert. Hinzuzufügen ist, daß er bereits bei einer Trauerfeier für den gefallenen Prinzen Louis Ferdinand am 26. März 1811 gegeben wurde. Er blieb beständig im Repertoire.

Der »Messias«, der für Zelter in seiner Jugend so etwas wie ein Schlüsselerlebnis war, beschäftigte ihn begreiflicherweise sehr stark; der Briefwechsel mit Goethe gibt davon beredte Kunde. Zelter probte Chöre aus dem »Messias« seit 1804 – 1803 war die Mozartsche Bearbeitung erschienen, die er seinen Aufführungen zugrunde legte. Aber erst am 30. Oktober 1817 wurde der »Messias« öffentlich gegeben »auf königlichen Befehl in der Garnisonkirche mit den von Mozart hinzugefügten Blasinstrumenten und den vereinten Mitgliedern der Sing-Akademie, den königlichen Sängern und Sängerinnen und der gesamten königlichen Kapelle unter Zelters und

Georg Friedrich Händel (1685–1759).
(Anonym)

Mösers Leitung...«.[3] Bis zum Ende des 19. Jahrhunderts wurde der »Messias« an
die dreißigmal aufgeführt.

Gegen Ausklang der Zelter-Ära häufen sich die Händel-Aufführungen, im Zusammenhang eben auch mit dem verstärkten Auftreten der Sing-Akademie nach
dem Bau ihres Hauses. Und das setzt sich unter Rungenhagen bruchlos, ja noch ge-
ballter fort. Fast jedes Jahr gibt es schließlich eine Händel-Erstaufführung. Als
Überblick mag hier zunächst die imposante Liste der Händel-Aufführungen seit
1827 stehen (EA = Berliner Erstaufführung):

1827	10.1. und 25.6.	Josua (EA)
1828	17.1.	Judas Makkabäus
	September	Alexanderfest
	13.11.	Samson
1829	29.1.	Messias
	2.4.	Jephtha
1830	11.2.	Judas Makkabäus
	5.11.	Alexanderfest

1831	13.1.	Dettinger Te Deum
	8.12.	Israel in Ägypten (EA)
1832	8.3.	Messias
	22.3.	Judas Makkabäus
	22.11.	Salomo (EA)
	13.12.	Josua
1833	17.1.	Samson
	21.11.	Saul (EA)
1834	23.1.	Alexanderfest
	20.11.	Belsazar (EA)
	18.12.	Messias
1835	12.3.	Judas Makkabäus
	12.11.	Athalia
1836	4.2.	Israel in Ägypten
	15.12.	Joseph (EA)
1837	16.11.	Joseph
	14.12.	Messias
1838	15.2.	Salomo
	15.3.	Alexanderfest
1839	2.11.	Messias
	7. und 13.11.	Samson
1840	9.1.	Judas Makkabäus
	12.3.	Saul
	19.10.	Dettinger Te Deum
	5.11.	Belsazar
	10.12.	Messias I. Teil
1841	11.3.	Theodora (EA)
	6.10.	Judas Makkabäus
	25.11.	Joseph

Brechen wir nach diesen Rekordjahren (1840 fünf Händel-Aufführungen!) ab, die hinfort nicht mehr überboten wurden. Nicht weniger als dreizehn Oratorien von Händel wurden also in diesem Zeitraum von knapp fünfzehn Jahren gegeben, darunter acht Novitäten für Berlin. Das dürfte einmalig in der gesamten Musik-Landschaft gewesen sein.

Greifen wir die markantesten Ereignisse heraus: Für die Erstaufführung des »Josua« am 10. Januar 1827 hatte sich eines der prominentesten Mitglieder der Sing-Akademie, die Primadonna der Hofoper Anna Milder-Hauptmann, als Veranstalterin eingesetzt, und das wurde ihr von der AMZ (1827, Sp.27) hoch angerechnet. Das Werk sei »zweckmäßig erwählt, sowohl in der Beziehung, dem frivolen Zeitgeschmack durch ein sinniges Werk ernster Größe entgegenzutreten und statt

Noten zu Georg Friedrich Händels »Messias«
(Autograph)

der modischen musikalischen Abendunterhaltungen von 10 bis 12 zerfegten bunten Läppchen, mit italienischen Bonbons verzuckert, ein gediegenes Ganzes aufzustellen, das einen Total-Eindruck gewährt«.

Die Sing-Akademie kam mit den zahlreichen Chören des Werks, unter ihnen der bekannteste »Seht, er kommt mit Preis gekrönt«, gut zum Zug; die Milder wird in der berühmten Koloraturarie »O hätt ich Jubals Harf« geglänzt haben; nur die Trompete, an solche Partien nicht mehr gewöhnt, rief mit ihrem »quäckenden, unreinen Tönen« Unruhe und Heiterkeit hervor.

»Samson«, dieses vitale Werk Händels war in Berlin schon bekannt, als es die Sing-Akademie am 13. November 1828 in ihr Repertoire aufnahm; Spontini etwa hatte es 1825 in der Hofoper dirigiert. Schon im folgenden Jahr wurde es wiederholt, blieb fest im Repertoire und war gegen Ende des Jahrhunderts geradezu ein Lieblingswerk der Sing-Akademie. Am 2. April 1829 wurde »Jephtha« in der freizügigen Moselschen Bearbeitung gegeben. Dies letzte Oratorium Händels, das heute als vorausweisend auf Gluck und Beethoven hochgeschätzt wird, scheint damals noch nicht angekommen zu sein. Es taucht im 19. Jahrhundert nicht mehr auf im Repertoire.

Die letzte Händel-Premiere unter Zelter wurde am 8. Dezember 1831 »Israel in Ägypten«, ein Werk, in dem der (Doppel-) Chor mit insgesamt zwanzig Nummern die Hauptrolle spielt – eine dankbare Aufgabe für die Sing-Akademie. Es wurde freilich bei weitem nicht komplett gegeben. Auch hier verwendete man eine zeitgenössische Bearbeitung, die Schaumsche Übersetzung und instrumentale Neufassung. Der Ruf nach den Originalen wird erst später kräftiger ertönen.

Die Presse (AMZ 1832, Sp.73 f.) sprach von einem »wahrhaft großen antiken Kunstwerk, streng und ernst durchgeführt, rührend und ergreifend in den erhabenen Chören... in Charakter und Ausdruck nach fast 100 Jahren noch gleich wahr und treffend... wie eine Erscheinung aus der Vorwelt, fremdartig und Ehrfurcht erweckend«.

Von der problematischen, noch von Zelter, dann von Mendelssohn geplanten, dann aber von Rungenhagen unternommenen Aufführung des »Salomo« war schon die Rede. Das Werk mußte mit seiner doppelchörigen Anlage den Möglichkeiten der Sing-Akademie sehr entgegenkommen. Rungenhagen beließ es hier immerhin bei unwesentlichen Kürzungen und geringen instrumentalen Zusätzen. Die Alt-Partie des Salomo wurde einem Baßbariton, Eduard Devrient, übertragen. Das besonders lyrische Werk wurde zwar nicht zum Favoriten der Sing-Akademie, hat aber immerhin bis 1890 noch vier Wiederholungen erlebt, zuletzt auch mit wiederhergestellter Alt-Besetzung für die Titelpartie.

Schon ein Jahr später, am 27. November 1833, bringt Rungenhagen den »Saul« heraus. Hier tut er etwas Eigenartiges (laut AMZ von 1833, Sp.867 f.): »An Chören ist das Oratorium weniger reich, weshalb auch Rungenhagen sehr zweckmäßig den so wichtigen Chor an mehreren Gesängen, unbeschadet der Melodie und Harmonie der Original-Komposition, teilnehmen ließ, um die sonst unausbleibliche Einförmigkeit der Arien zu unterbrechen.« Trotz Kürzungen dauerte das Ganze fast drei Stunden. Wieder ein Jahr später, am 20. November 1834, präsentiert Rungenhagen als nächste Novität »Belsazar«, jene dramatische Geschichte von dem lästerlichen babylonischen König, der das jüdische Tempelgerät schändet und durch eine Flammenschrift an der Wand seinen Untergang erfährt (Heine hat das in einer berühmten Ballade verewigt). Dieses Werk nun erklang ganz nach der Original-Partitur; nur gelegentlich waren bei den Chören Posaunen hinzugefügt, und einige Arien waren gestrichen. Dem Rezensenten der AMZ (1835, Sp.29 f.) waren es immer noch zu viel. Die Aufführung jedoch war »sorgfältig vorbereitet und im Ganzen wohlgelungen, als man dies von dem achtbaren Institute und seinem thätigen Director zu erwarten gewohnt ist. Die Chöre wurden mit Präzision, Energie und Ausdruck gesungen«.

Die Aufführung von »Athalia« am 12. November 1835 war keine Premiere für die Sing-Akademie, wie lange angenommen; schon am 14. November 1822 hatte sie bei einem Konzert ihres Mitglieds, der königlichen Sängerin Auguste Türr-schmiedt, in dem Oratorium mitgewirkt. Es ist freilich auch dies ein chorarmes Werk, weswegen es nicht weiter gepflegt wurde.

Besser setzte sich da das Oratorium »Joseph« durch, das man am 15. Dezember 1836 in Berlin vorstellte. Es ist zwar gleichfalls nicht überreich an Chören, aber an dramatischem Gehalt: Joseph, ins fremde Ägypten verkauft, heimwehkrank, ver-heiratet mit der Tochter des Hohenpriesters, konfrontiert mit den Brüdern aus der Heimat, die ihn hatten vernichten wollen und denen er sich erst nach langer Prü-fung zu erkennen gibt – das ist schon ein bewegender Stoff, dessen Dramatik Run-genhagen aber offenbar durch Auslassungen kappte.[4] Er, der jetzt fest etabliert war, wagte nun auch eine durchgehende Neuinstrumentation. Daß sie »angemes-sen, dem Styl durchaus getreu« war, wie J. P. Schmidt in der AMZ (1837, S. 81 ff.) befindet, dürfen wir füglich bezweifeln. Der Rezensent berichtet von einem »dem Gemüthe wohlthuenden Eindruck«, rühmt diesmal nicht nur die Chöre, sondern auch die Arien ob der »Wahrheit des Ausdrucks«.

Ein Nachzügler in der Serie von Rungenhagens Händel-Premieren wurde am 11. März 1841 »Theodora«, ein Oratorium, das seinen Stoff einmal nicht dem Alten Te-stament entnimmt, sondern dem frühen Christentum: Die Christin Theodora wei-gert sich, den römischen Göttern zu huldigen, und ist bereit, für ihre Überzeugung zu sterben. Vielleicht durch diesen für ihn ganz ungewöhnlichen Stoff fühlt sich Händel in diesem seinem vorletzten Oratorium inspiriert zu einem besonderen Reichtum an Formen und Farben. Doch trotz Rungenhagens »Nachhilfen« in der Instrumentation (oder vielleicht deswegen) kam das Werk nicht an und wurde aus-gerechnet als »einförmig« eingestuft. Es wurde nie wieder von der Sing-Akademie aufgenommen.

Bleibt noch anzufügen, daß Händels jubelndes »Dettinger Te Deum« bei zahllo-sen festlichen Gelegenheiten, insbesondere bei Huldigungen an das Königshaus gesungen wurde. Auch das »Utrechter Te Deum« blieb in Zelters eigentümlicher Bearbeitung für zwei Chöre a cappella noch lange im Repertoire, ehe Eduard Grell auf die Originalfassung zurückkam.

Händel en masse also. Doch wo bleibt die Wiener Klassik, wo Haydn, Mozart und Beethoven, deren Werk nun ja auch bereits abgeschlossen vorlag? Gewiß, die »Schöpfung« von Haydn, mehr noch seine »Jahreszeiten«, die zunächst als zu »welt-lich« gegolten hatten, sie gehörten zum Repertoire, die »Schöpfung« mit drei, die »Jahreszeiten« gar mit sieben Aufführungen während der Ära Rungenhagen. Gele-gentlich tauchen auch die »Sieben Worte Christi am Kreuz« auf. Aber was ist mit den Messen Haydns? Ähnlich steht es mit Mozarts Messen; nur das Requiem ge-hört seit dem Gedenkkonzert für Fasch zum eisernen Bestand und wird hinfort bei jeder großen Trauerfeier – und deren begeht die Sing-Akademie viele – gesun-gen, im Zeitraum zwischen 1800 und 1890 nicht weniger als siebenunddreißig Mal, dazu zwanzig Mal mit Klavierbegleitung. Außerdem erklingt nur noch ein

Te Deum, das von Hellwig achtstimmig gesetzt wurde, ein Offertorium »Misericordias« und das berühmte »Ave verum«, alles entgegen den Originalen ohne Orchesterbegleitung.

Und Beethoven? Er interessiert die Sing-Akademie eigentlich überhaupt nicht, und sie führt ihn aus eigener Initiative nicht auf. Es bedarf eines besonderen Anlasses. Von Bonn aus ist 1836 ein Aufruf ergangen, die Errichtung eines Beethoven-Denkmals zu fördern. Die Königliche Kapelle veranstaltet im Konzertsaal des Schauspielhauses einen Abend mit Beethovens 5. und 9. Symphonie sowie Kyrie und Gloria aus der Missa solemnis. Dem versagt die Sing-Akademie ihre Mitwirkung nicht – es wäre auch in Berlin kaum ein anderer Chor in Frage gekommen. Dies war übrigens, spät genug, die Berliner Erstaufführung der Neunten, sieben Jahre nach Beethovens Tod immerhin; Berlin tat sich hart mit Beethoven. Der Rezensent der AMZ (1836, Sp. 792) war eher erschlagen von dem Ereignis: Die Missa bewirkte zwar »durch den trefflichen Chor einen erhebenden Eindruck«, aber: »Der Totaleindruck der drei Musikstücke dieses Abends kann in Wahrheit als colossal, gewaltig und zuletzt betäubend bezeichnet werden.«

Es bleibt dies ein gänzlich singuläres Ereignis in der Geschichte der Sing-Akademie im 19. Jahrhundert. Warum?

Die Wiener Klassik hatte ja zumal die Instrumentalmusik, die Symphonie, das Streichquartett, zu höchstem Niveau entfaltet. Dem konnte Berlin nichts Vergleichbares entgegensetzen. Die drückende Konkurrenz mag Abwehrmechanismen freigesetzt haben, die Neigung hervorgerufen haben, das nicht Erreichbare herunterzumachen, Instrumentalmusik als solcher einen minderen Wert zuzuerkennen. Doch was konnte Berlin der Wiener Instrumentalmusik an Positivem entgegenhalten? Die Vokalmusik, speziell die Chormusik bot eine Chance. Und es ist eines der ersten Motive für die Gründung und Erhaltung der Sing-Akademie gewesen, einen Damm zu errichten gegen die wuchernde Instrumentalmusik, die selbst noch die Vokalmusik »infizierte«. Wenn die AMZ 1801 (Sp. 424) schreibt, Ziel der Sing-Akademie sei es, »den Gesang mit der Instrumentalmusik wieder ins Gleichgewicht zu bringen«, so heißt das: die Dominanz der Instrumentalmusik zu brechen. Die Kirchenmusik der Wiener Klassik ist von Form und Ausdruck der Instrumentalmusik bestimmt, ihre Chöre wirken vielfach wie lediglich eingepaßt in einen primär instrumentalen Ablauf, der oft sogar ohne den Gesang, als Symphonie gewissermaßen, ertönen könnte. Für Rezitativ und Arie wird der Einfluß der Oper mit ihrem Koloraturgesang maßgeblich.

Das alles war der Sing-Akademie zu »weltlich«, das war nicht »wahre Kirchenmusik«, das widersprach ihrem Ideal des »ernsten gebundenen Styls«. Und damit stand die Sing-Akademie keineswegs esoterisch in ihrer Zeit da, sondern war Teil einer umfassenderen Bewegung, in der Berlin nur eines von mehreren Zentren war. Das begann schon in der frühen Romantik, ja zeigte sich schon zuvor: Von Reichardts Einsatz für die »wahre Kirchenmusik«, nämlich die altitalienische, war schon die Rede. Der Fasch-Schüler Wilhelm Heinrich Wackenroder schwärmte von »jener alten, choralmäßigen Kirchenmusik, die wie ein einziges ›Miserere mei Domine‹ klingt und deren langsame tiefe Töne gleich sündenbeladenen Pilgrimen in tiefen Tälern dahinschleichen«[6]. Sein Freund Ludwig Tieck, auch er Berliner und die letzten Jahre in der Heimatstadt lebend, erfuhr 1805 in Rom die altitalienische Kirchenmusik und rühmte sie in seinen Schriften. E.T.A. Hoffmann, gleichfalls entscheidende Jahre seines Lebens in Berlin wirkend, Schüler von Reichardt, schrieb nicht nur 1814 einen Aufsatz »Alte und neue Kirchenmusik«, in dem er auf die Palestrina-Zeit rekurriert, er komponierte 1808 sogar A-cappella-Chöre im alten Kirchenstil.

Der Jurist Justus Thibaut, der seit 1814 in Heidelberg einen Singverein leitete, in dem vor allem ältere Musik musiziert wurde, verfaßte 1824 eine Schrift »Über Reinheit der Tonkunst«, die im 19. Jahrhundert eine ungeheure Verbreitung erlebte und zum Manifest jener Bewegung für Erneuerung der Kirchenmusik wurde, die man nach der Schutzpatronin derselben »Caecilianismus« genannt hat. Bei Thibaut wird die Kirchenmusik Haydns, Mozarts und Beethovens verworfen zugunsten der Vokalmusik Palestrinas und seiner Nachfolger. Als »rein« gilt allein die Chormusik ohne Instrumentalbegleitung, ungeachtet der damals noch nicht bewußten Tatsache, daß der A-cappella-Gesang der päpstlichen Kapelle im 16. Jahrhundert eher die Ausnahme war. Die romantische Vision von einer »reinen« Chormusik beruhte also auf einem historischen Irrtum, was ihre Wirksamkeit indes nicht hinderte. Als »rein« galt ferner die Musik im strengen, »gebundenen« Stil Palestrinas, der Linie und Klang zum idealen Ausgleich brachte. Und schließlich schwingt in Thibauts schillerndem Begriff der »Reinheit« noch ein ethisches Moment mit einem unverkennbaren Anflug von Askese: Der besagten Musik wurde ein besonders hohes sittliches, sittenbildendes Niveau zuerkannt.

Damit war also die Ästhetik niedergelegt, die unausgesprochen oder allenfalls mündlich formuliert das Tun der Sing-Akademie von Anfang an bestimmte. Die Arbeit der Sing-Akademie, die schon unter Fasch altitalienische Kirchenmusik pflegte, seit 1801 Palestrina sang, darf als eine frühe Ausprägung von Caecilianismus – den Begriff im weitesten Sinn verstanden – angesehen werden.

Die fast gänzliche Aussparung von Mozart und Beethoven wird von daher verständlich, auch die Ausnahme vom Prinzip: Mozarts Requiem ist eben in wesentlichen Teilen im »gebundenen Stil« gehalten, dem sich die Sing-Akademie per Satzung verschrieben hatte.

Weitere Nahrung erhält diese Ausrichtung um die Zeit des Wechsels von Zelter zu Rungenhagen durch die rasche Erschließung von alter und immer älterer Musik durch die aufblühende Musikforschung. In der AMZ (1834, Sp.695) wird bekanntgemacht: »Die Sing-Akademie übt jetzt, außer der 16-stimmigen Messe von Fasch, auch ältere Kirchengesänge von Bai und Allegri ein, wozu die trefflichen Geschichtswerke von Kiesewetter, Baini und Winterfeld mit Veranlassung geben.

Diese älteren, heiligen Gesangs-Compositionen nicht nur durch das Studium der schwer zugänglichen Partituren, sondern auch in lebendiger Wirkung hörend kennen zu lernen, bietet ein so umfassender Gesang-Verein als die Sing-Akademie die zureichenden Mittel dar, deren sorgfältige Benutzung sich der zeitige Director ernstlich angelegen seyn läßt.«

Was hat es mit all diesen Namen auf sich? Giuseppe Baini war Leiter der päpstlichen Kapelle in Rom und brachte 1828 eine zweibändige Palestrina-Biographie heraus, die im Auszug auch in Deutschland bekannt wurde. 1832 veröffentlichte der Jurist und Musikforscher Carl von Winterfeld, der 1809 bis 1816 Mitglied der Sing-Akademie gewesen war und seither als Kustos der Musikabteilung an der Universitätsbibliothek in Breslau wirkte, eine darauf fußende eigene Palestrina-Biographie. 1834 ließ er ein dreibändiges Werk »J. Gabrieli und sein Zeitalter« folgen, das einen Band Musikbeispiele enthielt – Musik des 16. Jahrhunderts also. Historisch noch weiter zurück, nämlich bis ins 15. Jahrhundert, griff schon 1826 die Schrift des österreichischen Musikhistorikers Raphael Georg von Kiesewetter »Die Verdienste der Niederländer um die Tonkunst«. Entsprechende Notensammlungen ergänzten diese musikgeschichtlichen Werke und machten sie für die Praxis fruchtbar. Eine der ersten in dieser Richtung waren die »42 Kirchengesänge der berühmtesten älteren italienischen Meister«, die Gottlieb Freiherr von Tucher, der Thibaut nahestand, 1827 veröffentlichte; wir haben ihn schon als Anwalt Faschs kennengelernt.

Die Sing-Akademie griff zu, und so wurden nun neben vielen anderen altitalienischen Meistern Palestrina und Gabrieli geprobt, ja Werke des Niederländers Josequin des Prés (ca. 1450–1521), der eben erst ins historische Bewußtsein gerückt war.

An die Öffentlichkeit allerdings wurden diese Werke, die die Sing-Akademie ja als ihre eigentliche Aufgabe betrachtete, kaum gebracht; da mußten kommerzielle Erwägungen den Vorrang erhalten, da wurden repräsentative Oratorien verlangt; ein reines A-cappella-Konzert mit Alter Musik hatte noch fast den Charakter des Exotischen.

1 Johann Friedrich Reichardt: Musikalisches Kunstmagazin I, Berlin 1782, zitiert nach: Johann Friedrich Reichardt: Briefe, die Musik betreffend, Leipzig 1976, S. 174f.
2 Ausführlicheres zum Thema »Händel in Berlin und die Sing-Akademie« findet sich in Werner Bollerts Aufsatz »Die Händel-Pflege der Berliner Sing-Akademie unter Zelter und Rungenhagen«, in: Sing-Akademie zu Berlin, Festschrift zum 175jährigen Bestehen, Berlin 1966, S. 69ff.
3 Allgemeine musikalische Zeitung 1817, Sp. 803.
4 Vgl. Bollert, a.a.O, S. 73.
5 Allgemeine musikalische Zeitung 1841, Sp. 365.
6 Wilhelm Heinrich Wackenroder: Sämtliche Schriften, Reinbek 1968, S. 165.

»Offenbarung eines reinen Gemüths«.
Die Fasch-Edition (1837–1839)

Die Beschäftigung mit Bach, mit Händel, mit den alten Italienern – das war alles
noch Erbe aus Zelters Zeit. Mit Zelters Erbe im ganz handfesten Sinne des Wortes
hatte sich jedoch nun die Sing-Akademie überdies zu befassen. Georg Pölchau, der
nun die Betreuung der Bibliothek übernehmen sollte, fand sie in einem verwirren-
den Zustand vor. Bei vielem, was Zelter hinterlassen hatte, war es gänzlich unklar,
ob es ihm oder der Sing-Akademie gehörte. Um den Sachverhalt positiv zu inter-
pretieren: Zelter identifizierte sich vielleicht derart mit der Sing-Akademie, daß es
da für ihn keinen Unterschied gab. Zwischen der Sing-Akademie und den Erben
Zelters aber brach ein Rechtsstreit aus, der am 24. April 1835 durch einen Vergleich
beigelegt wurde: Die Sing-Akademie erhielt gegen Zahlung von 1000 Reichstalern
die beanspruchten Schätze. Dazu gehörten auch die Werke Faschs und das Recht der
Drucklegung, die noch immer ausstand, obgleich Zelter, dem Vermächtnis Faschs
gemäß, wenigstens die Messe schon längst hatte in Kupfer stechen lassen.[1]

Im August 1837 kündigte die Buch- und Musikalienhandlung T. Trautwein im
Intelligenz-Blatt zur Allgemeinen musikalischen Zeitung an:

»Die Sing-Akademie zu Berlin hat sich entschlossen, die von ihrem Stifter Karl
Christian Friedrich Fasch hinterlassenen, sämtlich a cappella gearbeiteten musikalischen Compositionen, welche bisher zu ihrer ausschließlichen Benutzung dienten,
dem allgemeinen Gebrauch zugänglich zu machen und durch den Druck zu veröf-
fentlichen.«

Jeweils im Abstand von vier Monaten sollten sieben Lieferungen erscheinen mit
folgendem Inhalt:

    I. Zwölf Choräle zu bekannten Kirchenmelodien
   II. Mendelssohniana; vier- und achtstimmige Psalmen nach Moses Mendels-
       sohns Übersetzung
  III. a) Inclina Domine
        b) Requiem, achtstimmig
        c) Trauermotette »Selig sind die Toten«, vierstimmig
  IV. Davidiana. Aus den Psalmen Davids nach Luthers Übersetzung
   V. Der 119. Psalm
  VI. Miserere, zu 8 Stimmen
 VII. Messe, zu 16 Stimmen

1839 lag die Ausgabe komplett vor, und der schon erwähnte Carl von Winterfeld
lieferte als »Beigabe« eine Einführung[2], die nicht auf die Werke im einzelnen ein-

geht, geschweige denn sie analysiert, sondern lediglich ihre Herausgabe begründet. Sie unterstreicht: »Faschs Werke sind allerdings nicht Kinder der Zeit, in der sie erscheinen, auch nicht neu entdeckte Schätze längst vergangener Blüthezeit der Kunst. Sie kommen aber einem Bedürfnisse der Gegenwart entgegen durch ihre innere Tüchtigkeit und ihre Wahrhaftigkeit.«[3] Die Zeit neige sich solchen Werken deshalb zu, weil sie in ihnen »das ausgeprägt findet, was sie in der Gegenwart vermißt«[4]. Ein weitverbreitetes Motiv in dieser Zeit für die Wiedererweckung älterer Musik: das Ungenügen an der Gegenwart, die als zu äußerlich empfunden wird. Faschs Werke aber seien »der Spiegel einer reinen, wahrhaft frommen Seele«[5], und gepaart mit technischer Meisterschaft ergebe das höchste Kunst: »Wo eine seltene Meisterschaft in Handhabung der Kunstmittel, wie hier, nicht für leeren Prunk mit denselben aufgeboten wird, sondern zu Offenbarung eines reinen, liebenswürdigen, wahrhaft begeisterten Gemüths, da ist die Kunst gewiß in ihrer Fülle vorhanden.«[6]

Weil Winterfeld damit recht hat, weil dennoch eigentümlicherweise niemand bislang eingehender über Faschs Werke geschrieben hat, weil sie aber Ausgangs- und Mittelpunkt der Arbeit der Sing-Akademie waren bis tief hinein ins 19. Jahrhundert, deshalb scheinen wenigstens einige Worte zu ihnen angebracht.

Mit gutem Grund stehen am Anfang der Ausgabe die Choräle: So wie der vierstimmige Choralsatz nach guter Bach-Tradition in Faschs und Zelters Kompositionsunterricht den Ausgangspunkt bezeichnete, so pflegte auch der Choral unter Fasch und Zelter am Anfang der Chorprobe zu stehen, als methodische Basis der Chorerziehung.

Unübersehbar sind für Faschs Choräle die Bachschen Voraussetzung. Aber Fasch geht über sie hinaus, entwickelt den Choral zu einer eigenen musikalischen Gattung, die ganz auf die damalige Struktur der Sing-Akademie ausgerichtet ist: Es werden mehrere Strophen unterschiedlich vertont. Die Rahmenstrophen sind im schlichten vierstimmigen Chorsatz à la Bach gehalten und für das Gesamtensemble gedacht. Die mittleren Strophen aber gehören den Solostimmen, die es seinerzeit in beachtlicher Zahl und auf professionellem Niveau in der Sing-Akademie gab und die durch das einfache Mitsingen im Chor vielleicht nicht hinreichend motiviert gewesen wären für die Mitwirkung im Verein.

Diese Mittelstrophen nun, von »Individuen« gesungen, nehmen auch einen besonders individuellen Charakter an. Es sind ja diese Choräle (wie das gesamte Werk Faschs) nicht eigentlich kirchliche, der Liturgie dienende, sondern geistliche Werke, wie Winterfeld zutreffend bemerkt. Wohl handelt es sich um die altbekannten Kirchenmelodien wie »Nun danket alle Gott« (Nr. 4 und 8) oder »Wie schön leuchtet der Morgenstern« (Nr. 9), aber die Texte, die ihnen unterlegt sind, stehen heute in keinem Gesangbuch mehr, denn sie sind Kinder des Zeitalters der Aufklärung und Empfindsamkeit (was zwei Seiten einer Medaille sind), einer ziemlich unkirchlichen Zeit also.

»Sich selbst erkennen, ist Verstand«, heißt es in einem Choral, »gabst mir ein Herz voll Fühlbarkeit« in einem andern. Jedenfalls steht der denkende und fühlende Mensch in diesen Texten fast mehr im Mittelpunkt als Gott, der mit Vorliebe in seiner Schöpfung, der Natur erkannt wird: »Ich höre dich im Sturme, ich sehe dich im Tau.«

Solches alles gibt Anlaß zu intensiver musikalischer Textausdeutung, die schon in den Rahmenstrophen durchaus nicht fehlt, sich aber voll entfaltet in den solistischen Mittelstrophen. Sie sind das eigentlich Neue bei Fasch, sie sprechen ganz die Sprache seiner Zeit, variieren die Choralmelodien fast bis zur Unkenntlichkeit, umspielen sie mit galanten, empfindsamen Ornamenten. Die majestätische Melodie von »Nun danket alle Gott« kann sich da verwandeln zur wiegenden, terzenseligen Pastorale aufgrund des Textes: »Wie Schafe läßt du uns auf grüner Aue weiden«. Das »Ich höre Dich im Sturme« aber ruft dramatische Koloraturen hervor. Typisch für Fasch, daß er diese Solostrophen gern sanft verschweben läßt. Ihre Beliebtheit in der Sing-Akademie ist schon nachvollziehbar.

Der Solo-Tutti-Wechsel, der fürs ganze Chorschaffen Faschs bestimmend ist, wird in den »Mendelssohniana« auf größere Dimensionen übertragen. Grundsätzlich läßt sich sagen, daß die chorischen Partien stets die archaischeren sind – hier sind sie, zumal in den Ecksätzen, von lapidarem händelschem Zuschnitt mit einer Fuge am Ende. Die Solopartien aber sind das Moderne: Das zweite von sechs Stücken ist hier ein empfindsames Sopran-Alt-Duett mit Generalbaß. Aber auch Chorsätze sind mit solistischen Einsprengseln durchsetzt, wie denn Fasch überhaupt die vielfältigsten Kombinationen von Solo und Chor entwickelt. Das vierte Stück etwa ist eine Tenorarie mit Chorbegleitung.

Die III. Lieferung von Faschs Werken versammelt drei kleinere, darum aber nicht unbedeutende Stücke. Der Psalm »Inclina Domine« ist mit seiner raffinierten Verquickung von Koloratur-Arie für Tenor, Soloterzett und sechsstimmigem Doppelchor eines der modernsten Stücke Faschs. Das kurze Requiem vertont nur den ersten Satz des traditionellen Textes der Totenmesse. Siebenstimmiger Chor in Moll wechselt mit Soloterzetten, -quartetten, -quintetten in Dur. Von einfacher Dreiteiligkeit (A B A) ist schließlich die vierstimmige Trauermotette »Selig sind die Toten«, die bei zahllosen Trauerfeiern gesungen wurde. Zwischen die chorischen, stilistisch eher spätbarocken Eckpartien in c-Moll ist ein feingliedriges, eher vorklassisches, solistisches C-Dur-Feld eingelassen.

In den »Davidiana« der IV. Lieferung, den Psalmversen in Luthers Übersetzung, ist vielleicht durch die altdeutsche Sprache die altertümlichere, barockere Tonsprache bedingt. Zumal in den ersten drei von acht Stücken herrscht wuchtiger händelscher Ton. Der Zyklus aber vollzieht in sich gleichsam Musikgeschichte: Die letzten Sätze nehmen die Tonsprache Mendelssohns voraus, dessen Chormusik ohne die von Fasch wohl kaum denkbar wäre (worauf meines Wissens noch niemand hingewiesen hat).

Die Mittlerrolle zwischen Spätbarock und Mendelssohn, die Faschs musikgeschichtlichen Ort bezeichnet, wird auch in den drei weiteren Lieferungen der Fasch-Ausgabe manifest, dort nur in stetig weiter wachsenden Dimensionen.

Der 119. Psalm der V. Lieferung umfaßt sechzehn Stücke in zwei Abteilungen. Hier stehen nun zwischen »barocken« Chorblöcken – »Heil dem Manne« wurde gerne zu Ehrentagen musiziert – Solonummern, die nicht mehr der kleingliedrigen Melodik der Vorklassik verhaftet, sondern von großem ariosem Atem getragen sind, der in den besten Augenblicken fast mozartische Schönheit und Klassizität gewinnt.

Noch reicher ist das achtstimmige »Miserere« der VI. Lieferung, das sich in nicht weniger als einundzwanzig Stücke gliedert, deren jedes eine andere Besetzung, eine andere Struktur, einen anderen Stil präsentiert: Material genug für jede Probensituation der Sing-Akademie.

Die sechzehnstimmige Messe steht als Krönung von Faschs Werk zu Recht am Ende der Ausgabe, bezeichnet in der Geschichte der Sing-Akademie freilich den Ausgangspunkt. Bedenkt man das Motiv ihrer Entstehung, die Anregung durch eine sechzehnstimmige Messe des frühbarocken römischen Meisters Orazio Benevoli (1605–1672), ist man geneigt, anzunehmen, daß diese das Modell für Faschs Arbeit geliefert habe. Vergleicht man indes die Druckfassung der Fasch-Messe mit der Benevoli-Messe, so bleibt als Gemeinsamkeit kaum mehr als die Stimmenzahl (im übrigen handelt es sich bei der Fasch-Messe um eine sogenannte Missa brevis, die nur Kyrie und Gloria – in zehn Teile gegliedert – enthält). Wir besitzen jedoch noch eine mit 1793 datierte frühere Fassung, die dem Stil der Benevoli-Messe tatsächlich noch näher ist.[1]

Da man von der unablässigen Revision weiß, der Fasch seine Werke zu unterziehen pflegte, darf man annehmen, daß es noch eine Reihe weiterer Stadien der Arbeit an der Messe gab, die uns nicht erhalten sind. Aber schon aus dem Vorhandenen läßt sich entnehmen, daß Fasch sich immer weiter vom Gegenstand seiner Anregung entfernt hat und gerade nicht versuchte, die Messe immer mehr in Richtung von Benevolis reinem, ganz in strenger Palestrina-Nachfolge stehenden Satz auszufeilen. Und Benevolis Satz *ist* strenger als der Faschs, entgegen einer Behauptung von Schünemann, die dahingehend lautet, daß Fasch seine Messe »im Gegensatz zu der italienischen so arbeitete, daß jeder der vier Chöre in sich selbst im reinen Satz geschrieben war«[2].

Das Umgekehrte ist der Fall. Bei Benevoli ist jeder der vier Chöre für sich ein vollständiger, korrekter vierstimmiger Satz, bei Fasch kann man die einzelnen Chöre wohl für sich proben (wie geschehen), aber nicht aufführen; es würde immer etwas fehlen. Womit kein Werturteil ausgesprochen ist; Fasch wollte etwas ganz anderes, hatte ein anderes Stilideal, das mehr an Klangsinnlichkeit, an Ausdruck als an strenger Durchführung der Stimmen orientiert war.

Benevolis fast modellhafter Strenge in der imitatorischen Einführung und Durchführung der Stimmen kommt allenfalls Faschs Schlußsatz »Cum sancto spiritu« nahe, der sein Thema strikt imitierend durch alle sechzehn Stimmen führt. Ansonsten ist Fasch jedem Schematismus abhold, ist auf große Variablität aus. Fasch ist, wie auch Winterfeld bestätigt, kein »Nachtreter«. Das trennt ihn denn letztlich doch noch vom Caecilianismus des 19. Jahrhunderts. Er huldigt keinem epigonalen Ideal von »reiner Kirchenmusik« á la Palestrina, im Gegenteil: Er bringt durchaus den weltlichen, galanten, empfindsamen Stil seiner Zeit ein mit seinen weichen Vorhalten und seiner Terzen- und Sextenseligkeit. Das bemerkenswerteste Stück in dieser Hinsicht ist die Nr. 6, das »Laudamus te«, eine Koloraturarie für Sopran, der bis in die Regionen von Mozarts Königin der Nacht emporgetrieben wird. Begleitung und Ritornell werden aber eben nicht von einem Orchester geliefert, sondern vom Chor, der wiederum im »gebundenen« Stil gehalten ist. Wo gibt es das sonst noch?

Die Messe ist zusammen mit dem »Miserere« ein Kompendium der späten Kunst Faschs (von der frühen wissen wir nicht viel), die eine eigene ausführliche Studie verdiente. Sie umgreift die Musiksprache eines ganzen Jahrhunderts und zwingt sie an dessen Ende noch einmal zu einem einheitlichen Ganzen zusammen. Darin liegt Faschs geschichtlicher Rang, der von der Musikforschung und vom Musikleben erst noch zu erkennen wäre.

1 Näheres über den Rechtsstreit siehe Georg Schünemann: Die Sing-Akademie zu Berlin, Regensburg 1941, S. 66–72.
2 Carl von Winterfeld: Über Karl Christian Friedrich Faschs geistliche Gesangswerke, Berlin 1839.
3 Ebenda, S. 13.
4 Ebenda, S. 12.
5 Ebenda.
6 Ebenda, Sp. 6.
7 Staatsbibliothek Preußischer Kulturbesitz Berlin, Mus. ms. 5794.
8 Schünemann, a.a.O. S. 12.

»Warum noch biblische Oratorien?«
Zeitgenössisches

Im Jahre 1838 ist in der von Robert Schumann herausgegebenen »Neuen Zeitschrift für Musik« (im folgenden abgekürzt als NZ) das Folgende zu lesen: »Die Sing-Akademie hat in vielen Beziehungen, in manchen Prinzipien Ähnlichkeit mit der Verfassung des Himmlischen Reiches – mit China. Seit beinahe 30 Jahren hält sich das Institut auf derselben Höhe, ohne vor- oder zurückzuschreiten. Händel und Bach sind die Grundpfeiler, von neueren Künstlern – Klein, Mendelssohn, Schneider – wird nur höchst selten etwas gegeben...«[1]

Was den letzten Halbsatz betrifft, da hat der Berliner Korrespondent nun wirklich nicht richtig hingesehen oder hingehört. Nie vorher und nachher hat die Sing-Akademie so viel Zeitgenössisches gegeben wie unter Rungenhagen. Der hat in den neunzehn Jahren seiner Direktion nicht weniger als rund dreißig neue Oratorien einstudiert. Man muß diese stattliche Liste erst einmal hersetzen; sie ist chronologisch geordnet nach dem jeweils ersten Erscheinen des Werks in der Sing-Akademie.

Bernhard Klein: David (1830, 1836, 1846)
Sigismund Neukomm: Das Gesetz des alten Bundes (1832, 1835)
Carl Loewe: Die Sieben Schläfer (1833, 1841)
Carl Friedrich Rungenhagen: Christi Einzug in Jerusalem (1834)
Karl Eckert: Ruth (1834)
Georg Abraham Schneider: Christi Geburt (1834)
Fürst Anton Radziwill: Musik zu Goethes »Faust« (seit 1835 viele Male)
Friedrich Schneider: Das befreite Jerusalem (1837)
August Wilhelm Bach: Bonifaz, der deutsche Apostel (1837)
Felix Mendelssohn Bartholdy: Paulus (seit 1838 mehrmals)
Johannes Elkamp: Paulus (1838)
Eduard Grell: Die Israeliten in der Wüste (1838)
Ferdinand Ries: Die Könige in Israel (1839)
Carl Loewe: Gutenberg (1840)
Karl Eckert: Judith (1841)
Carl Loewe: Johannes Hus (1841)
Carl Friedrich Rungenhagen: Caecilia (1842)
Eduard Sobolewski: Die Enthauptung Johannis (1843)
Louis Spohr: Des Heilands letzte Stunden (1843, 1845)
Ferdinand Hiller: Die Zerstörung Jerusalems (1844, 1846, 1849)

Louis Spohr (1784–1859).
Stahlstich-Porträt nach einem Gemälde
von Resux, um 1840

Hermann Küster: Die Erscheinung des Kreuzes (1844)
Louis Spohr: Der Fall Babylons (1845)
Adolf Bernhard Marx: Mose (1845)
Carl Loewe: Palestrina (1845)
Robert Schumann: Das Paradies und die Peri (1846)
Felix Mendelssohn Bartholdy: Elias (seit 1847 mehrmals)
Friedrich Wilhelm Markull: Johannes der Täufer (1848)
Emil Naumann: Christus, der Friedensbote (1849)
Julius Hopfe: Die Auferweckung des Lazarus (1850)

Wenn Schumanns NZ schon 1836 dekretiert: »Die Epoche der Oratorien ist geschlossen«, so widerspricht dem jedenfalls diese opulente Liste. Und schließlich
taucht in ihr ja Schumann selbst auf mit seiner Einstudierung von »Das Paradies
und die Peri«, das er freilich nicht als Oratorium bezeichnet wissen will und das in
der Tat zu einer neuen Musikform gelangt. Diskutierenswert wäre allerdings die
Fortsetzung des obigen Satzes: »Schon viele (Oratorien) sind zu spät geboren.«

Jedenfalls kamen sie noch in großer Anzahl zur Welt, und das waren durchaus nicht stets Totgeburten.

Zehn Jahre später fragt die »Allgemeine musikalische Zeitung« (AMZ):[3] »Warum schreibt man überhaupt noch biblische Oratorien? Es ist, so scheint es uns wenigstens, weder ein Mangel noch ein Bedürfniss vorhanden.« Mangel wohl nicht, Bedürfnis wohl doch. Die Sing-Akademie hätte schwerlich in solcher Menge biblische Oratorien herausgebracht, wenn sie nicht Zuspruch gefunden hätten; und auf den war sie ja aus finanziellen Gründen angewiesen.

Die AMZ fährt fort: »Wir halten es, bis nicht ein Genie neue Bahnen bricht, vorläufig für unmöglich, in der Form der biblischen Cantate (Oratorium) etwas entschieden Neues zu leisten.«

Es ist schon richtig, von den vielen aufgeführten Werken war kaum eines bahnbrechend, hat kaum eines überlebt. Dennoch waren das nicht alles nur Eintagsfliegen, sondern oft Stücke, die überregionales Echo fanden, die das Musikleben prägten, die breit in den Musikzeitschriften diskutiert wurden. Und wenn sie vergessen sind, so heißt das noch nicht unbedingt, daß sie allesamt mäßig oder schlecht gewesen wären. Die Musikgeschichte ist unbarmherzig und läßt nur das Allerbeste überdauern (und manchmal nicht einmal das). Die Frage muß immer wieder neu gestellt werden, ob darüber nicht Wertvolles untergeht. Jedenfalls spielt das geistliche Oratorium in der Musikgeschichte des 19. Jahrhundert – und nicht nur in der Sing-Akademie – eine so große Rolle, daß ein unvollständiges Bild der Epoche entstünde, würde man es ignorieren.

Die Liste der Aufführungen zeitgenössischer Oratorien unter Rungenhagen ist nicht so bunt, wie es scheinen mag. Es gibt mannigfache Querverbindungen zwischen den Werken, es lassen sich Gruppen zusammenfassen, die einen bestimmten musikalischen Umkreis repräsentieren, und fast alle spiegeln sie das erwachende Interesse an der Alten Musik und fügen sich so durchaus ins sonstige Repertoire der Sing-Akademie.

Eine bevorzugte Rolle spielen Werke, die im Umkreis der Sing-Akademie entstehen. Stets hat der Chor großzügig Stücke von komponierenden Mitgliedern gesungen und dabei durchaus auch die Jüngsten zum Zuge kommen lassen. Das haben Mendelssohn und Meyerbeer schon im Kindesalter erfahren, und das erlebte nun auch der Rungenhagen-Schüler Karl Eckert, der als Dreizehnjähriger (!) sein Oratorium »Ruth« mit der Sing-Akademie aufführt. Sieben Jahre später musiziert er mit ihr seine »Judith«, dann fürt ihn sein Weg ins Ausland (am Ende seines Lebens kehrt er als Erster Hofkapellmeister nach Berlin zurück).

Rungenhagen selbst ist schon quasi per Satzung der Sing-Akademie verpflichtet, sich als Komponist im »gebundenen Stil« auszuweisen, und stellt im März 1834 sein Oratorium »Der Einzug Christi in Jerusalem« vor, das in der AMZ (1834/Sp. 299ff.) Resonanz findet als »gemüthvolles, sinnig ernstes Werk«. Das Problem wird gesehen in »der Weitschweifigkeit und zu wenig poetischen Durchführung«

des Textes (von C. Grüneisen). Aber: »Auch ohne den seltenen Reichthum eines übergroßen Erfindungsvermögens und einer lebhaften Phantasie weiß der von echter religiöser Empfindung durchglühte, mit der Wirkung des Gesangs vertraute Componist seinen Gegenstand mit Ernst und Würde konsequent zu behandeln.«

Ludwig Rellstabs »Iris im Gebiete der Tonkunst« äußert sich lapidarer (1834, S. 48): »Ein Werk, wie es uns schien, der Combination, des Fleißes, aber nicht des Talents.« Rungenhagen hatte das Werk übereilt fertiggestellt, schwankte zwischen altem und neuem Stil, hat es später nicht wieder aufgeführt, 1842 aber ein neues Oratorium »Caecilia, die Heilige« vorgestellt, zu der sich die NZ (1842, S. 131) et- was umständlich äußert: »Legt man an dieses Werk einen gewissen mittelmäßigen Maßstab, so möchte es sich neben vielem halten, was hier und da geschrieben und aufgeführt wird; verlangt man aber von einem neuen Kunstwerke, daß es irgend- wie einen neuen Weg einschlagen oder einen schon eingeschlagenen weiter verfol- gen solle, so möchten sich bei dem vorliegenden Werke wenige Spuren davon nach- weisen lassen.«

Zum engsten Kreis der Sing-Akademie zählte der hochbegabte Bernhard Klein, dessen Oratorium »David« schon Zelter 1830 herausgebracht hatte und das 1836 und 1846 Wiederholungen erlebte. Der Kölner Bernhard Klein (1793–1832) lernt früh die altitalienische Kirchenmusik kennen, dirigiert dergleichen in Thibauts Heidelberger Singverein, kommt 1818 als Stipendiat zu Zelter, tritt alsbald in die Sing-Akademie ein, wird Lehrer für Generalbaß und Kontrapunkt an Zelters neu- gegründetem Institut für Kirchenmusik. Er kommt aber mit Zelter nicht sehr gut aus und legt 1829 seine Ämter nieder, bewirbt sich um sie noch einmal nach Zelters Tod, stirbt aber wenige Monate nach ihm. 1824 heiratet er die Enkelin des Verlegers Friedrich Nicolai, Lili Parthey, deren Haus noch immer in engem Kontakt zur Sing-Akademie steht. Er gründet dort einen »Konvent«, einen musikalischen Lieb- haberzirkel, an dem Mitglieder der Sing-Akademie teilhaben und der ganze Opern und Oratorien einstudiert und aufführt.

Kleins Oratorien werden von der Musikforschung immerhin »zu den besten Leistungen der Oratorienkomposition zwischen Haydn und Mendelssohn« ge- zählt.[4] Zur Aufführung des »David« in der Sing-Akademie schreibt »Iris im Ge- biete der Tonkunst« (1836, S. 16): »Das tief gedachte, im edelsten Geiste aufgefaßte und mit größerer technischer Kenntnis der Musik ausgeführte Werk als irgend ei- nes der neueren Zeit, machte einen großen Eindruck.« Der »David«, der in Chri- stian Friedrich Körner (dem Vater des Freiheitsdichters) einen guten Librettisten gefunden hat, welcher dramatische Episoden aus dem Leben des biblischen Königs gestaltet, enthält kunstvolle Doppel- und Tripelfugen von händelschem Zuschnitt, aber auch viel Lyrisches, geschmeidig Sangliches. Das seinerzeit beliebte und noch lange sehr verbreitete Werk könnte womöglich noch heute ansprechen.

Der Zelter-Schüler August Wilhelm Bach, der mit Klein als Orgel- und Theorie- lehrer am Institut für Kirchenmusik wirkte und nach Zelters Tod dessen Direktor wurde, findet 1837 mit seinem groß angelegten, aber akademischen »Bonifaz, der deutsche Apostel« weniger Anklang.

Der Vizedirektor Eduard Grell kommt 1839 mit seiner Kantate »Die Israeliten in der Wüste« zu Gehör. Sie muß zu den frühen Werken gezählt werden, in denen Grell noch etwas unentschlossen zwischen den Stilen der Zeit und der Vergangenheit pendelt. So schreibt die AMZ (1839, Sp. 146) von »vielen melodischen Schönheiten« und der »wahrhaft rührenden Wirkung des achtstimmigen Schlußchors«, aber: »Hie und da trifft den Tonsetzer die Rüge zu moderner (vielmehr galanter) Haltung des Musikstyls, wenn es auch keine Gelegenheit gab, in dieser Kantate (keinem Oratorium) eine kunstgerecht durchgeführte Fuge anzubringen.« Grell wird sich bald zu strengstem Kirchenstil bekennen und das Werk zurückziehen.

Bleiben wir noch einen Augenblick bei den Berliner Komponisten, so ist unbedingt des »Mose« von Adolf Bernhard Marx zu gedenken, der in der deutschen Öffentlichkeit eine bemerkenswerte Beachtung findet. Wir haben Marx vorgestellt als Redakteur der »Berliner allgemeinen musikalischen Zeitung« (BAMZ), als Vorkämpfer für Bachs Matthäuspassion. Auch er ist Schüler von Zelter, wird 1830 Professor der Musik an der Universität und kurz darauf auch Universitäts-Musikdirektor. Sein 1841 entstandenes Oratorium »Mose«, zu dem ihm Mendelssohn die Texte zusammenstellte, nimmt die NZ zum Anlaß für einen Aufsatz, der sich über sechs Nummern erstreckt: »Über die Idee dramatischen Fortgangs und Zusammenhangs im Oratorium«[5]. Dieser attestiert dem Werk die »Idee eines ungehemmt fortfluthenden Zusammenhangs lebensvoller Handlung und der daraus entspringenden Frische unmittelbarer Gegenwärtigkeit«, wie sie bisher noch »in keinem Werke der früheren oder gleichzeitigen Oratoriencomponisten« verwirklicht worden sei. Nach einem langen Exkurs über die Unzulänglichkeiten bisheriger Oratorien kehrt er zu »Mose« zurück, in dem ihm »ein neuer Stern aufgegangen zu sein« scheint.

1844 folgt dann in der gleichen Zeitschrift (Nr. 27 und 28) ein Aufsatz »A. B. Marx als Componist«, der in der Feststellung gipfelt, »daß sein letzter und höchster Beruf die Composition« sei. Um so verblüffter ist man, wenn man im gleichen Jahrgang der Zeitschrift (1844/S. 2) eine Besprechung des Klavierauszugs von »Mose« liest, die genau das Gegenteil behauptet: »Zum Componisten fehlt ihm unsrer Meinung nach fast alles ... Es hat uns lange nichts so abgestoßen wie diese Musik ... Es fehlt hier alle Gestaltungskraft, aller Schönheitssinn.«

Nach der Berliner Aufführung am 8. November 1845 aber ist in dem Blatt (1842, Nr. 23 und 24) wieder die Rede von einem »für die Gegenwart so bedeutungsvollen Werk«, von einem »gewaltigen Totaleindruck«. Marx wollte hier wohl etwas Ähnliches wie mit seiner Zeitschrift: in der Vielfalt der musikalischen Erscheinungen das Übergreifende im Hegelschen Sinn aufspüren. »Mose« ist ein Kompendium der musikalischen Phänomene seiner Zeit. Der Eingangschor ist offenkundig von der Matthäuspassion inspiriert. Ebenso aber ist die Sprache Beethovens, ja der zeitgenössischen Oper präsent.

Zusammen mit der Königlichen Kapelle war trotz nur einer einzigen Probe eine »lobenswerthe Aufführung« zustande gekommen. »Für das herrliche Institut der Sing-Akademie fand sich in dem Oratorium genugsam Gelegenheit, seine glänzenden Kräfte im Chorgesang zu entfalten. Es ist nur schade, daß die Akademie, durch die strenge Ruhe und langsam-breite Entfaltung vieler Kirchencompositionen verwöhnt, eine gewisse Schwerfälligkeit im Gesange angenommen hat und sich nur mit Mühe zu größerer Lebendigkeit und feurigerer Darstellung hinreißen läßt.«

Einer weiteren Berliner Lokalgröße wurde im April 1834 mit dem schon älteren Oratorium »Christi Geburt« (aus dem Jahr 1813) von Hofkapellmeister Georg Abraham Schneider gehuldigt. Sein Namenskollege Friedrich Schneider wirkte zwar nicht in Berlin, sondern in Leipzig (als Thomas-Organist und Leiter der dortigen Sing-Akademie) und in Dessau, war aber im Berliner Konzertleben vor allem mit seinem weitverbreiteten Oratorium »Das Weltgericht« präsent. Die Sing-Akademie gab im Januar 1837 »Das befreite Jerusalem«, ein »schönes, aber etwas eintöniges Oratorium«, wie »Iris im Gebiete der Tonkunst« (1837, S. 16) befindet. Immerhin: »Es war eine der besten Executionen, die wir seit längerer Zeit in der Sing-Akademie gehört haben.«

Als »etwas einförmig«, aber »recht gediegen« wird von der AMZ (1836, S. 44) auch »Das Gesetz des alten Bundes« von Sigismund Neukomm bezeichnet, das Rungenhagen schon während des »Interregnums« nach Zelters Tod im Herbst 1832 zweimal aufführt und 1835 wiederholt. Besser kommt das Werk bei »Iris« weg (1835, S. 209): »Das Werk hat viel Schönes und bekundet überall den tüchtigen Tonsetzer (z. B. eine Fuge mit drei Motiven). Allein es fehlt demselben der eigentlich kirchliche Stil.« Obwohl Neukomm, Schüler und enger Vertrauter Joseph Haydns in dessen letzten Lebensjahren, geprägt war vom Erlebnis altrömischer Kirchenmusik, die er 1826 in Italien gehört hatte. Mendelssohn, in dessen Familie Neukomm verkehrte und der das Stück mitprobte, äußert sich sarkastisch: »Ich finde das ganze Ding verflucht trocken; aber das tut nichts, denn mir gefällt jetzt gar nichts. Übrigens geht es ganz schön, wird in der Garnisonkirche zum Besten der Armen aufgeführt werden. Posaunen und Trompeten liefert Spontini und das Militär, alles dröhnt von dem: Du sollst nicht stehlen, und die Medaille für Kunst und Wissenschaft sowie irgendein Orden sind so sicher wie etwas.«[5]

Mendelssohn hat seine eigenen Oratorien nicht mit der Sing-Akademie aus der Taufe gehoben, aber sie werden rasch von ihr ins Repertoire aufgenommen. »Paulus«, der beim Düsseldorfer Musikfest von 1836 zur Uraufführung gekommen ist, erlebt seine Berliner Premiere am 18. Januar 1838. Mendelssohn läßt sich freilich nicht für deren Leitung gewinnen, dirigiert aber spätere Aufführungen des Werks, die einander rasch folgen, und das werden große Ereignisse. Die NZ (1842, S. 131) rühmt eine Aufführung vom 17. Februar 1842, »deren eigenthümliche Präcision und Lebendigkeit auch den Ausführenden das glückliche Gefühl des Gelingens einflößte, so daß diese Aufführung sich weit über die gewöhnlichen Leistungen der Sing-Akademie erhob«.

Der Kuriosität halber sei erwähnt, daß die Sing-Akademie im Jahr der Berliner Paulus-Premiere (1838) noch einen weiteren »Paulus« von einem gewissen Elkamp gibt, den die NZ (1838, S. 200) sogar eingehend bespricht, wenn auch reserviert: »Der Componist schließt sich in Form und Styl Händeln an, aber auch Größtentheils nur in Form und Styl.« Die Geschichte hat diesen »Paulus« samt seinem Autor verschlungen, während Mendelssohns »Paulus« zum Favoriten der Sing-Akademie (und aller Oratorienchöre) wird. Sie hat ihn bis 1887 fünfzehn Mal wiederholt.

Im heutigen Konzertleben ist er ganz zurückgetreten gegenüber dem »Elias«. Den sollte Mendelssohn 1847 bei der Sing-Akademie dirigieren, ist aber zuvor gestorben, und so wurde die Aufführung am 27. November, nun unter Hofkapellmeister Wilhelm Taubert, zum Gedenkkonzert. Der »Elias« blieb gleichfalls fest im Repertoire und ist das einzige Oratorium aus der Liste der Ära Rungenhagen, das bis heute überdauert hat.

Gegen Ende dieser Ära kommt bereits das Oratorium eines Leipziger Mendelssohn-Schülers, der aus Berlin stammt, zur Aufführung: »Christus, der Friedensbote« von Emil Naumann, ein ganz in den Spuren des Lehrers wandelndes Werk, das der zweiundzwanzigjährige Komponist selbst dirigiert. Es findet freundliche Aufnahme.

Das gilt verstärkt für Mendelssohns Freund Ferdinand Hiller und sein Oratorium »Die Zerstörung Jerusalems«, das die Sing-Akademie 1844, 1846 und 1849 bringt. Die AMZ (1846, S. 410) meldet, daß »seit Mendelssohns Paulus hier kein neues Oratorium mehr Erfolg gehabt« und daß das Hillers »bedeutendstes Werk« sei, »ein sehr glückliches und liebenswürdiges Werk, in dem sich Talent, Kenntnis, Fertigkeit und Grazie (im höheren Sinne) aufs Reizendste verschlungen finden«. Ein kleiner Einwand kommt nur von der NBMZ (1849, S. 133): »Wir sind der Ansicht, daß bei wesentlich lyrischer Grundlage die Form sich noch mehr dem Dramatischen nähern könnte.« Daß letzteres vermißt wurde, kann auch an der Aufführung gelegen haben. Die Partitur weist neben fließender Sanglichkeit durchaus dramatische Elemente auf; es ist dies fraglos eines der besten Oratorien aus dem Umkreis Mendelssohns.

Von der Sing-Akademie besonders bevorzugt als Oratorienkomponist wird Carl Loewe, den man heute nur noch als Balladen-Komponist kennt. Er leitet damals in Stettin einen Chor, mit dem er bereits 1831 die Matthäuspassion von Bach aufführt, und steht in engem Kontakt mit Rungenhagen, von dem er seinerseits in Stettin die »Caecilia« bringt. Rungenhagen führt nicht weniger als vier Oratorien von Loewe auf, ein fünftes, »Hiob«, folgt noch 1855 unter seinem Nachfolger Eduard Grell.

Es beginnt schon kurz nach Rungenhagens Amtsantritt im Dezember 1833 mit den damals brandneuen »Sieben Schläfern«, jener Legende aus frühchristlicher Zeit von den sieben Märtyrern, die, lebendig eingemauert in eine Höhle, 190 Jahre

Carl Loewe (1796–1869). Zeitgenössische Lithographie

schlafend überleben, um der Welt von der Macht des christlichen Glaubens zu kün-
den. Das Werk und seine Aufführungen stoßen in der Presse auf lebhaftestes Interesse. Ausführliche Inhaltsangaben und Analysen ziehen sich durch die AMZ (1834,
S. 33 ff. und 92 f., 1836, S. 161–169) und die NZ (1837, 117 f. und 122 ff.).

Es ist dies Werk ein weiteres interessantes Zeugnis der Rezeption von alter
A-cappella-Musik zur Zeit des Vormärz. Die erwachenden Schläfer intonieren ein-,
zwei- bis siebenstimmig einen Psalm im Palestrina-Stil, singen aber auch Choralbe-
arbeitungen à la Bach, der Chor hat reichlich Fugen, und dies alles inmitten von bie-
dermeierlich Ariosem, das manchmal an Mozart, manchmal an die zeitgenössische
Opernmelodik anklingt.

»Gutenberg«, nun schon eigentlich ein weltliches Oratorium, wird 1835 zur Einweihung eines Gutenberg-Denkmals komponiert und 1840 von der Sing-Akademie aufgenommen. »Iris im Gebiete der Tonkunst«, die das Werk über zwei Nummern hin ausführlich bespricht (1838, S. 109–111 und 113–115), würdigt die
Verwirklichung des Werks durch die Sing-Akademie als Gewinn.

Schon ein Jahr später greift die Sing-Akademie zu Loewes »Johannes Hus«, der
sich die Gelegenheit zu reichlichen Archaismen nicht entgehen läßt, eine ganze

Missa canonica im Stil des 16. Jahrhunderts einbaut, mit einer großen händelischen Fuge schließt, dazwischen aber viel Liedhaftes, Populäres einstreut, Naturidylle und Zigeunerchöre. Die NZ (1842, S. 16) findet an dem Werk freilich auch »Lächerliches«, und das ist nicht ganz falsch.

Das Oratorium »Palestrina«, das die Sing-Akademie 1845 gibt, zitiert gar Musik von Palestrina direkt, als früher Vorläufer von Pfitzners gleichnamigem Musikdrama.

Wirklich große Musik aber führt die Sing-Akademie in den Jahren 1843 und 1845 mit den beiden Oratorien von Spohr auf: »Des Heilands letzte Stunden« und »Der Fall Babylons«. Vor allen Dingen das erstere, das international bekannt wird, überragt die zeitgenössische Oratorienproduktion weit. Seine fugierte Ouvertüre atmet den Geist von Bachs Matthäuspassion, die Spohr 1833 in Kassel aufgeführt hatte. Großartige Meisterschaft im polyphonen Satz verbindet sich mit edel geschwungener, überaus sanglicher Melodik und großem Atem – ein Werk, das als Alternative zu den geläufigen Passionsmusiken eine Wiederbelebung verdiente. Die Sing-Akademie hat es 1852 und 1872 noch einmal gegeben.

Eine »Mittelgattung zwischen geistlicher Oper und dramatischem Oratorium« stellt nach Robert Schumanns eigenen Worten sein Vokalwerk »Das Paradies und die Peri« dar, das sich eine Episode aus Thomas Moores seinerzeit überaus populärem Epos »Lalla Rookh« zum Gegenstand nimmt: Ein gefallener Engel, die Peri, findet erst wieder Eingang ins Paradies, als er die Träne eines reuigen Sünders bringt.

Man hat Schumann selbst für die Leitung dieser überhaupt erst zweiten Aufführung seines Werks ausersehen. Sie steht unter einem ungünstigen Stern. Solisten erkranken, erweisen sich als überfordert, die Probenzeit ist knapp, Schumanns »Direktion unsicher«. Schumann bekennt: »Die größten Fehler konnten so nicht ausbleiben und sind nicht ausgeblieben; man sah überall den Kampf mit den Noten; an Aussprache, Ausdruck, Sicherheit war da nicht zu denken.« Und Rungenhagen resümiert: »Alle die Aufführung begleitenden Umstände machen diese Begebenheit zu keiner erfreulichen in der Geschichte der Sing-Akademie.«[6]

Man läßt darum auf lange Zeit die Finger von dem Werk, das man auch als nicht recht »singakademiegemäß« empfindet. Erst 1888 kommt es wieder zu Gehör und erfreut sich dann zu Beginn des 20. Jahrhunderts sogar einiger Bevorzugung.

Schumann hat in diesen Jahren, zwischen 1845 und 1853, sich mit seinen »Szenen aus Goethes Faust« befaßt, und es ist wertvolle Musik dabei herausgekommen. Doch die Sing-Akademie hatte schon »ihre« Faust-Musik, eben die des Fürsten Radziwill, die man zu seinen Lebzeiten schon privatim geprobt hatte (s. Kap. 13) und nach des Fürsten Tod nun an die Öffentlichkeit bringt. Die Sing-Akademie identifiziert sich derart mit dem Werk, daß sie sich das Königliche Privilegium zu dessen Herausgabe besorgt und diese mit einer großformatigen Prachtausgabe veranstaltet, die mit kostbaren Stichen prominenter bildender Künstler Berlins wie

Wilhelm Hensel oder Peter von Cornelius ausgestattet ist. Die Seitenumrahmungen gestaltet Adolph Menzel. Es bleibt dies die einzige eigene Edition der Sing-Akademie neben der Fasch-Ausgabe.

Radziwill hatte zu den musikträchtigen Stellen im ersten Teil des »Faust« (den zweiten konnte er nicht kennen) nicht weniger als fünfundzwanzig Nummern hinterlassen, darunter viele Geisterchöre und melodramatische Geisterbeschwörungen, den Osterchor »Christ ist erstanden«, ein Bettlerlied und einen Soldatenchor, den Tanz der Landleute und Lieder zur Szene in Auerbachs Keller. Die Gartenszene hatte er ganz durchkomponiert, Gretchens Lieder vertont, Gretchen-Faust-Duette geschrieben, die Hexenszene mit einer bizarr zersplitterten Musik versehen, in der Domszene ein langes Requiem ausgeführt, in dem der böse Geist zu Gretchen spricht, und die abschließende Kerkerszene wurde ein großes, bisherige Motive zusammenfassendes Melodram.

Der cellospielende Fürst bringt da viele Cello- und andere Instrumentalsoli, schafft rasche Situationswechsel und erzielt insgesamt ein farbiges Mosaik, dem selbst ein Schumann, der es ja wirklich besser konnte, seine Bewunderung nicht versagte. Er schreibt unter dem Pseudonym »Serpentin«:

»Ich gestehe Euch, daß mich diese Musik entzückt hat, wie lange keine. Sie tönt mir wie aus neu entdeckten glückseligen Inseln, wie Peri'sgesänge; lauter blauer

Anton Heinrich Prinz Radziwill:
Faust. Titelblatt des Klavierauszugs

Himmel, zuckende Lichtstrahlen, wogende Wärme, und wieder schwüler Sirocco und zitternde Gewitterluft – aber auch über Schmerz und Vernichtung weht ein frischer Hauch, wie von lockenden Mädchenlippen … Ich bin verliebt in diese Musik, es ist etwas von der Faustschen Weltseele darin, vom höchsten Menschlichen; ihr sinnlicher Rahmen bringt den Geist der Dichtung zur klarsten, innigsten Anschauung. Sie haucht der romantischen und dramatischen Fülle der Poesie erst den rechten Lebensodem ein, wie schöne Formen erst in leichter fliegender Umhüllung ihren höchsten Reiz entwickeln« (NZ 1836, S. 136).

Auch die Wiedergabe findet Serpentin-Schumanns Zustimmung: »Die Aufführung der Sing-Akademie verdient zu viel Dank und war im Ganzen zu trefflich, als daß man am Einzelnen mäkeln sollte.« Aber: »Wenn ich meinen Privatärger … auslassen soll – so ist's der , daß die hiesige Sing-Akademie so schrecklich viel geistlich pedantischen Pli besitzt, dieses Werk nur auszugsweise zu geben. Totalübersicht und Wirkung ist also an sich unmöglich. Man erzählt sogar einige lustige Debatten als Präliminarien zur ersten Aufführung: so soll eine Vorsteherein aus pietistischer Entrüstung über das freigeistige Werk mit ihrem ganzen weiblich-jugendlichen Anhange, gleich einer schützenden, kullernden Glucke, aus der Probe flüchtig geworden sein. Wozu dieser prüde Betstuhlton, und worauf basirt er vernünftigerweise? – Verträgt es sich mit einem hohen umfassenden Kunststreben und unsrer Zeit, die Leistungen einer Gesellschaft, die durch die Großartigkeit ihrer Anlage – wenn auch nicht durch pecuniären Fond – eine große Bedeutung für das musikalische Deutschland erlangen könnte, durch so engherzige Ansichten herunterzuziehen?«

Es ist freilich Radziwills Faust-Musik als Ganzes zu lang, als daß sie komplett zusammen mit dem vollständigen Drama gegeben werden könnte. Und es ist allerdings auch unvorstellbar, daß die würdigen Herren der Sing-Akademie im vierstimmigen Kanon gesungen hätten: »Uns ist ganz kannibalisch wohl als wie 500 Säuen.« Auerbachs Keller läßt man weg, ebenso die Kerkerszene, in der ohnehin kaum Chor dabei ist, und vieles andere mehr.

Obwohl die Aufführung immer Stückwerk, immer prekär bleibt – Faust und Gretchen sollen sowohl deklamieren als auch singen –, wird sie unverdrossen fast jedes Jahr zu wohltätigen Zwecken unternommen, fast so regelmäßig zunächst wie Grauns »Tod Jesu«, fünfundzwanzig Mal, wie gesagt, bis zum Jahre 1888.

1 Neue Zeitschrift für Musik 1838, S. 37.
2 Ebenda 1836, S. 135.
3 Allgemeine Musikalische Zeitung 1846, S. 410.
4 Musik in Geschichte und Gegenwart, hrsg. von Friedrich Blume, Bd. 7, Kassel u. a. 1958, Sp. 1202.
5 Brief vom 5. September 1832 an Klingemann, in: Felix Mendelssohn Bartholdys Briefwechsel mit Karl Klingemann in London, Essen 1909, S. 101.
6 Zitiert nach: Georg Schünemann: Die Sing-Akademie zu Berlin, Regensburg 1941, S. 110.

»Ebbe und Fluth«.
Probleme der Rungenhagen-Ära (1833–1851)

War neben diesen zahllosen Oratorien überhaupt noch Platz für weitere Aufführungen? Es war. Greifen wir nur die markantesten heraus:

1830 war der zwanzigjährige Otto Nicolai in die Sing-Akademie eingetreten, der heute insbesondere durch seine komische Oper »Die lustigen Weiber von Windsor« bekannt ist. Doch sein Ausgangspunkt lag anderswo. Er war Schüler Zelters und Bernhard Kleins am Institut für Kirchenmusik gewesen und trat nun mit seinen ersten Kompositionen hervor, geistlichen vor allem. Die Sing-Akademie unterstützte ihren trefflichen Solosänger bei einer Aufführung seines prächtigen, handfesten Te Deum in der Garnisonkirche im Mai 1833. Kurz danach ging er als Organist der Kapelle der deutschen Gesandtschaft nach Rom, studierte die Sixtinische Kapelle und Palestrina, »das Einzige, weshalb ein deutscher Musiker nach Italien reisen muß«. Er blieb in regem Briefwechsel mit Rungenhagen, kehrte 1848 nach Berlin zurück, wo er die Leitung des Domchors und die Kapellmeisterposition am Opernhaus übernahm. Doch schon im Jahr darauf war sein früher Tod zu beklagen.

Der König schenkte dem Chor die d-Moll-Messe von Cherubini. Sie wurde in Ehren gehalten, 1842 gleich zweimal aufgeführt und blieb bis über die Jahrhundertwende hinaus im Repertoire. Diese Vorliebe für einen scheinbaren Außenseiter erklärt sich vielleicht aus dem Wort des französischen Opernkomponisten Adolphe Adam, Cherubini sei »der Palestrina des 19. Jahrhunderts«. Cherubini war in der Tat – für einen Italiener seiner Zeit ganz ungewöhnlich – bei aller fließenden Sanglichkeit seiner Musik ein großer Kontrapunktiker. Die Messe ist voll von Fugen, von dichter motivischer Arbeit, wofür Cherubini von Beethoven hochgeschätzt wurde. Und diese Eigenschaften machten ihn zu einem Komponisten der Sing-Akademie. Sie nahm später unter Grell auch noch sein Requiem in c-Moll ins Repertoire, das harmonisch noch reicher, noch ausdrucksstärker ist als die Messe.

Seit 1838 feierte man regelmäßig den Geburtstag der Kronprinzessin (seit 1840 Königin) Elisabeth am 13. November mit einem Konzert zum Besten der Kleinkinder-Bewahranstalten. Hier kamen vornehmlich die »Hauskomponisten« der Sing-Akademie zum Zuge, Fasch, Rungenhagen mit einer eigens komponierten Festkantate, Grell mit seinem Te Deum. Oft waren es A-cappella-Konzerte.

Erst recht beging man den Geburtstag des Königs am 15. Oktober, vorzugsweise mit Händels Dettinger Te Deum, mit hauseigenen Kompositionen des »Domine, salvum fac regem« – und der Hymne »Heil dir im Siegerkranz«. Nach dem Attentat auf das Königspaar im Jahre 1844 (der frühere Storkower Bürgermeister

Otto Nicolai (1810–1949). Gemälde, um 1835

hatte den König mit einem Pistolenschuß verletzt) fühlte man sich zu einer Dankesfeier für die Errettung veranlaßt; ähnlich im Jahre 1850.

In den Sommermonaten, wo nicht für die öffentlichen Abonnements-Konzerte zu proben war, der Probenbesuch freilich auch reduziert war, pflegte man, der eigentlichen Bestimmung gemäß, ein schier unübersehbares A-cappella-Repertoire von Palestrina bis zur Gegenwart, wobei man bei letzterer nicht übermäßig wählerisch war.

Problematischer noch: Auch die ohnehin knappen Proben für die öffentlichen Aufführungen wurden noch mit allerlei anderen Dingen bestückt, so daß die Aufführungen oft nicht hinreichend vorbereitet waren. Kommt noch hinzu, daß der Chor nicht mehr wie früher erstklassige Solisten aus den eigenen Reihen rekrutieren konnte. Die von der Königlichen Oper aber hatten oft Terminprobleme; da wurde viel improvisiert. Auch das Orchesterproblem war selten befriedigend zu lösen. Die Königliche Kapelle stand selten zur Verfügung, die Philharmonische Gesellschaft, nach wie vor ein Liebhaberverein, den nun der Königliche Konzertmeister Hubert Ries leitete, hatte in der Qualität nachgelassen. 1849 gründete Wilhelm Wieprecht, der Dirigent der Musik-Chöre des Gardecorps, ein Orchester »Euterpe«, das vier, fünf Jahre bestand und der Sing-Akademie dienlich war.

Immer häufiger aber muß nun die Sing-Akademie selbst mit Kritik rechnen. 1838 wird in der NZ immerhin noch eine Beständigkeit auf hohem Niveau konstatiert: »Die Chöre sind immer vollzählig gebildet, brav, und das Orchester hält selten einen Vergleich mit ihnen aus; gegen Hrn. Rungenhagen läßt sich nie etwas Erhebliches einwenden, Hr. Grell sitzt immer höchst aufmerksam am Clavier und Hr. Hellwig ist immer überschwänglich thätig... Es sind immer dieselben Zustände und Ergebnisse. Es ist immer bei weitem mehr zu loben als zu tadeln« (NZ 1838, S. 37 f.).

Aber dann kommt doch harsche Kritik: »Man sieht aber bei der Aufnahme neuer Mitglieder gar zu wenig auf frische, schöne Stimmen. Es genügt, wenn der Aspirant aus anständiger Familie ist, den Beitrag zahlen und etwas Noten lesen kann; die Stimme ist ziemlich das Letzte, wonach man fragt. Dann nimmt man gar zu viel Rücksichten aller Art, namentlich auf alte stimmenlose Mitglieder, die wenigstens bei den öffentlichen Aufführungen nicht unnöthig den Raum beengen, sondern den Jüngeren Platz machen und zuhören sollten. Vielleicht wäre es Mendelssohn gelungen, diese Übelstände abzustellen, vielleicht wäre aber auch er in den stabilen Verhältnissen verknöchert.«

1841 gibt es in der gleichen Zeitung eine Grundsatz-Abhandlung über die Sing-Akademie, die Postitives und Negatives ausgewogen nebeneinanderstellt. Da heißt es: »Der Verein zählt an 500 Mitglieder, Sängerinnen und Sänger, unter denen ein Reichthum an vorzüglichen Stimmen alles Umfanges, wie ihn wenige Anstalten der Welt aufweisen können, in denen ein gesunder Sinn, ein gebildeter Geschmack für ernste und lautere Kunst rege, welcher nicht von heute, sondern in den meisten Gliedern dieser Gesellschaft von Jugend auf herangebildet.« Es heißt weiter von der Sing-Akademie, »daß ihre Aufführungen sich unter das Beste zählen dürfen, was irgendwo geleistet wird; nichts desto weniger läßt sich aber leugnen: daß das alte Feuer, der Geist, wie er unter Zelter, dem zweiten Vorsteher dieser Anstalt, die Masse beseelte, erloschen, unter Zelter, der allen einzelnen Gliedern als Freund dastand, oder Meister gewesen, unter Zelter, der einer der tüchtigsten Leiter war, die je gelebt haben. Rungenhagen, der jetzige Director, besitzt bei allem Fleiße und guten Willen nicht die erforderliche Kraft, mißgreift so vieles im Zeitmaß des Vortrages, daß manches, welches früher zu den besten Leistungen gehört hat, jetzt durch einen gewissen Schlendrian ungenießbar geworden...«.

Der Schluß aber ist tröstlich: »Es ist übrigens das Schicksal aller menschlichen Einrichtungen: daß sie sich nicht immer auf derselben Höhe halten können, daß sie wie Ebbe und Fluth sinken und steigen, fallen und wieder aufblühen, daß man nicht darüber sich wundern darf; dazu ist die Anstalt noch immer so reich, so fest begründet, daß es nur einer Kleinigkeit bedürfte, einen Aufschwung zu nehmen, welcher den früheren noch weit hinter sich ließe« (NZ 1841, S. 61).

Im Bewußtsein dieses Reichtums begeht die Sing-Akademie im gleichen Jahr ihr fünfzigjähriges Jubiläum. Jetzt erst bestimmt man den seither geltenden Gründungstag, den 24. Mai 1791. Am Morgen des Jubiläumstags singt man an Faschs Grab, am Abend um sechs Uhr versammeln sich Dienstags- und Mittwochs-Akademie gemeinsam zum A-cappella-Konzert im eigenen Haus; die Gesellschaft hat in diesem Jahr die Rekordhöhe von über 600 Mitgliedern erreicht, von denen mehr als 300 singen.

Man musiziert im ersten Teil ausschließlich Werke von Fasch, auch aus der sechzehnstimmigen Messe, im zweiten Teil Zelters Te Deum. Der Direktor des Gymnasiums zum Grauen Kloster, Dr. Friedrich Ribbeck, hält die Festrede.[1] Er ist »voll des sicheren Gefühls, daß die Sing-Akademie fort und fort dauern werde in den Tagen der Zukunft«. Er beschwört die kunstreligiöse Haltung, mit der die Gesellschaft einst angetreten ist: »Ein Tempel sollte sie sein, in welchem jeder Theilnehmende das Opfer seines treuen Fleißes darbrachte, damit die Werke der heiligen Musik auf ihre würdige Weise in ihrer wahren Schönheit zur Erscheinung kämen.« Dem Stifter Fasch wird ein Gedenkbuch als »theuere Reliquie« geweiht, in dem alle Mitglieder unterschreiben. Und Ribbeck schließt seine Rede: »Die Sing-Akademie wird gleich der deutschen Kunst unvergänglich sein.« Anschließend geht es zum Festmahl ins Englische Haus, das nach Liedertafel-Art mit eigens gedichteten und komponierten Gesängen, mit Trinksprüchen und Reden gestaltet wird.

Man feiert sich selbst, hat Grund dazu, läuft aber in gut ausgeprägtem Selbstbewußtsein Gefahr, sich auf den Lorbeeren auszuruhen, dadurch zu stagnieren, schließlich nachzulassen. 1847 erhebt die AMZ ihre mahnende Stimme: »Die Verhältnisse der Sing-Akademie haben einen sehr bedenklichen Charakter angenommen. Wer die Theilnahme an den Leistungen des Instituts vor 15–17 Jahren, ja selbst vor 10 Jahren noch gekannt, die Winterconcerte jener Zeit miterlebt hat, und in Vergleich zu dem Zustande stellt, in welchem die Concerte der letzten Winter sich zeigten – wird zu der Überzeugung gelangen müssen, dass der Sing-Akademie eine durchgreifende, radicale Reform Noth thut« (AMZ 1847, S. 30).

Die Sing-Akademie hat Konkurrenz bekommen. In eben diesem Jahre, 1847, hat Julius Stern, Schüler von Rungenhagen, 1834 bis 1843 Mitglied der Sing-Akademie, einen eigenen Gesangverein gegründet, und viele Mitglieder der Sing-Akademie laufen zu ihm über. Zwei Jahre zuvor schon, 1845, hat Otto Braun den Caecilienverein ins Leben gerufen, im gleichen Jahr Friedrich Jähns, gleichfalls früher in der Sing-Akademie, den Jähnsschen Gesangverein.

Einen weiteren Aderlaß bedeutet das Revolutionsjahr 1848. An die 150 Mitglieder verlassen die Gesellschaft. Über die Motive sind wir nicht unterrichtet. Revolution auch in der Sing-Akademie? Protest gegen die überaus königstreue Gesellschaft? Wir wissen es nicht. Die Sing-Akademie hätte damals vor dem finanziellen Ruin gestanden, hätte sie nicht nach langem Zögern ihre Räume für die Nationalversammlung zur Verfügung gestellt, was ihr 3200 Taler einbringt. Sie selbst weicht für viereinhalb Monate aus ins Königliche Opernhaus. Als sie am 16. Oktober in ihr Haus zurückkehrt, sind ganze sechzehn Personen da; blutige Unruhen

ALBUM
der
Sing-Academie
zu
BERLIN.

Dem Andenken ihres

Stifters, C. F. C. Fasch und

andern der Gesellschaft werthen Erinnerungen als

autographisches Gedenkbuch

gewidmet bei der Feier des funfzigjährigen Bestehens

der Singakademie

am 24. Mai 1841.

Album der Sing-Akademie zu Berlin zum fünfzigjährigen Bestehen (Titelblatt)

Aus dem Album der Sing-Akademie zu Berlin zum fünfzigjährigen Bestehen, gewidmet Carl Friedrich Christian Fasch (Seite 8, Mitglieder Sopran)

herrschen in der Stadt. Den Geburtstag der Königin, an dem die Nationalversammlung gewaltsam aufgelöst und der Belagerungszustand ausgerufen wird, feiert man am 6. Dezember in der Garnisonkirche nach.

In diesem Winter werden keine Abonnementskonzerte veranstaltet. Nach einer etwas verwackelten Aufführung des »Paulus« von Mendelssohn findet die NBMZ: »Unter den gegenwärtigen Verhältnissen dürfte vielleicht eine Reorganisation der ganzen Sing-Akademie wünschenswerth sein, wenn das Institut nicht Gefahr laufen will, seine bisherige Bedeutung in den Augen des Publikums zu verlieren« (NBMZ 1849, S. 69).

Am 18. Juli des Jahres wird eine Aufführung des »Alexanderfestes« von Händel veranstaltet, bei der Eduard Grell den Orchesterpart am Klavier spielt. Da fragt die gleiche Zeitung, »ob ein Kunst-Institut wie die Sing-Akademie ein Meisterwerk, wie das in Rede stehende, in einer so mangelhaften Gestalt, wie doch die am Klavier immerhin ist, vorzuführen eigentlich nicht unter seiner Würde halten müßte?« (NBMZ 1849, S. 237). Vielleicht fehlte es einfach am Geld oder einem brauchbaren Orchester. Es scheint seinerzeit auch ein Publikumsschwund eingetreten zu sein – was Wunder bei den unruhigen Verhältnissen. »Es gab eine Zeit, wo es Mühe kostete, zu den Aufführungen in der Sing-Akademie Zutritt zu erlangen. Die Zeiten sind vorüber.«

Aber es gibt dann auch wieder sehr positive Berichte, die darauf schließen lassen, daß die Krise zum Teil wenigstens auch durch die politische Lage bedingt war: Zu Haydns »Jahreszeiten« vom 30. Januar 1850 heißt es: »Verjüngt erschienen uns Direction und Ausführung. Die Chöre waren lebendig, frisch und präcis« (NBMZ 1850, S. 43). Im gleichen Jahr, am 30. Juli 1850, feiert die Sing-Akademie zugleich den 100. Todestag Johann Sebastian Bachs und den 50. Todestag ihres Gründers Fasch. Man musiziert drei Stücke aus Faschs »Mendelssohniana«, zehn Stücke aus der h-Moll-Messe von Bach – damals noch immer eine Rarität – und den Actus Tragicus. Der Direktor des Gymnasiums zum Grauen Kloster, Johann Friedrich Bellermann, hält eine Rede, in der er die beiden Jubilare gegen die »Kunstrichtungen neuester Zeit« abhebt.

Indes, Rungenhagens Zeit neigt sich dem Ende zu. Mehr und mehr muß sein Vize Grell Proben und Aufführungen übernehmen. Am 7. Oktober 1851 darf er sich noch als fünfzigjähriges Mitglied feiern lassen; die Faust-Musik am 22. Oktober kann er wegen seiner schlechten Augen nicht mehr leiten. Zum letzten Male steht er am 4. Dezember 1851 in Händels »Judas Makkabäus« vor dem Chor und der Öffentlichkeit. »Noch am Abend des 4ten Dezember war nach der Anstrengung bei der Direction des Judas Makkabäus eine große Schwäche an dem theuren Meister Rungenhagen wahrzunehmen. Die Schwäche nahm an den folgenden Tagen sichtbar zu.« Dies notiert Grell ins Tagebuch der Sing-Akademie. Rungenhagen erholt sich nicht wieder, eine Gelbsucht befällt ihn. Am 21. Dezember stirbt er.

»Seine ganze Führung der Sing-Akademie ist mit einem großen Gottesdienst zu vergleichen«, notiert Grell. Am Heiligen Abend morgens trägt man Rungenhagen vom Gebäude der Sing-Akademie aus, wo man Choräle singt, zu Grabe. Auf dem alten Dorotheenstädtischen Kirchhof ruht er an der Seite seines Freundes Gottfried Schadow, nicht weit von Schinkel, Fichte und Hegel.

Sicherlich eine gute Charakterisierung Rungenhagens gibt Beethovens Adlatus Anton Schindler, der ihn bei seinem Berlin-Besuch 1843 traf: »Rungenhagens Persönlichkeit zeigt offenbar den Priester der Kunst, vielleicht einer zurückgedrängten Kunst-Epoche, darum einförmig. Jedenfalls spricht sich in dem ganzen Wesen des Mannes ein edler Charakter aus, der, je mehr man mit ihm verkehrt, desto anziehender und ehrenhafter wird. Ich halte Rungenhagen für keinen Förderer, doch für einen Erhalter der Sing-Akademie in dem von Fasch und Zelter angeregten Sinne und Geist der Musik.«[3]

---

1 Vollständig abgedruckt in: Martin Blumner: Geschichte der Sing-Akademie zu Berlin, Berlin 1891, S. 197 ff.
2 In der Staatsbibliothek Preußischer Kulturbesitz unter der Signatur N. mus. SA 291.
3 Zitiert nach: Musik in Geschichte und Gegenwart, Bd. 11, Kassel u. a. 1963, Sp. 1120.

»Zu neuer, frischer Lebensthätigkeit«.
Grell ergreift das Ruder (1853–1874)

Die Sing-Akademie ist sich klar darüber, daß die Wahl eines neuen Dirigenten sehr ernst zu nehmen sei, zumal sich die Presse alsbald lautstark in die Diskussion einschaltet. In der Ausgabe der NBMZ vom 18. Feburar 1852 findet man gleich auf der Titelseite die Schlagzeile: »Die Besetzung des Directorats der Singakademie«. Und darunter heißt es gnadenlos: »Schon seit Jahren befindet sich die Singacademie im Rückschreiten begriffen; die Leistungen derselben in den öffentlichen Konzerten entsprechen nicht den Forderungen des Publicums, das gerade für die hier gepflegte Kunst ein lebhaftes Interesse empfindet; die nicht öffentliche Thätigkeit trägt ein noch entschiedeneres Gepräge des allmählichen Absterbens der inneren Kraft, so dass die Mitglieder mehr und mehr ausgeschieden sind und dadurch sogar dem äusseren Bestehen des Instituts einen gefährlichen Stoss versetzt haben... Es handelt sich darum, die Sing-Academie aus ihrem Scheintode zu einer neuen, frischen Lebensthätigkeit emporzurichten...«.

Am Ende macht die Zeitung einen Vorschlag, der freilich nicht beherzigt wird: »Die Wahl ist unter allen Umständen so schwierig, dass wir zunächst nur einen provisorischen Director, einen Dirigenten auf *ein* Jahr zu wählen für gut halten und die definitive Besetzung des Amtes von den Resultaten abhängig machen würden, welche das Institut im Laufe dieses Zeitraums erzielt« (NBMZ 1852, S. 57f.).

Man zieht den Hofkapellmeister Wilhelm Taubert in Betracht, unter dem die Sing-Akademie schon oft gesungen und der soeben sein »Vater-unser« dirigiert hat, kommt aber von ihm ab: Er würde das Amt nur nebenher ausüben können. Von den zahlreichen Bewerbern seien vornehmlich die damals in Berlin bekannten Namen genannt: Emil Naumann, Hof-Kirchenmusikdirektor, der mit der Sing-Akademie im ersten Konzert nach Rungenhagens Tod am 28. Januar 1852 seine Missa solemnis musiziert hatte, Julius Schneider, der das Hansmannsche Gesangsinstitut wiederbelebt und eine vielbeachtete, reiche Konzerttätigkeit in der Garnisonkirche entfaltet hatte, und schließlich Julius Stern, Gründer und Leiter eines aufstrebenden Gesangvereins, der sich sehr für Mendelssohn einsetzte. Als aussichtsreicher Bewerber konnte ferner Mendelssohns Freund Ferdinand Hiller gelten, der Dirigent der Kölner Gürzenich-Konzerte. Grells Biograph Heinrich Bellermann berichtet indes: »Gegen Stern und Hiller sprach zunächst ihre Religion.«[1] Wiederum also antijüdische Ressentiments? Das nimmt wunder angesichts der Tatsache, daß in der Wahlkommission Meyerbeer saß.

August Eduard Grell (1800–1886).
Porträtaufnahme um 1860

Aber auch Schneider und Naumann scheiden aus dem Kreis der Kandidaten aus. Bleibt als Favorit der Vizedirektor Eduard Grell, dem man satzungsgemäß zwei weitere Kandidaten zuordnet, auswärtige, in Berlin gänzlich unbekannte namens Hering und Otten. Viele Mitglieder empfinden dies als Scheinwahl; noch einmal gibt es Austritte. Kaum mehr zu erwähnen, daß Grell am 1. März 1853 die Wahl mit überwältigender Mehrheit gewinnt.

Er hatte sich in dem langen Interregnum profilieren können in den gewohnten Passionsaufführungen, mit dem »Messias«, dem »Paulus«, den »Jahreszeiten«.

In der Biographie Grells scheinen die Ausstrahlungen der Sing-Akademie, ihre fruchtbare Verflechtung mit anderen musikalischen, musikpädagogischen Institutionen sehr schön auf.

Wenige Wochen nach Faschs Tod, am 6. November 1800, ist August Eduard Grell in Berlin als Sohn eines Forstbeamten geboren, der ein gewandter Orgelspieler war. Sehr starke erste musikalische Prägung erfährt er durch seinen Onkel Otto Grell, den Ludwig Hellwig schon 1793 in die Sing-Akademie gebracht hatte, wo er sich als Tenorsolist große Wertschätzung erwarb. Bei Johann Georg Gottlieb Lehmann, dem Musikdirektor an St. Nikolai, lernt Grell früh das Orgelspiel und wird nach dessen Tod als Sechzehnjähriger sein Nachfolger. Er besucht das Gymnasium zum Grauen Kloster, wo der Theologe Benjamin Ritschl, ein herausragender Bassist der Sing-Akademie, als Musikpädagoge wirkt, gefördert vom Direktor Johann Joachim Bellermann, der die Wiedereinführung des Gesangsunterrichts an preußischen Schulen durchgesetzt hatte. Die Dynastie Bellermann – auch der Sohn Johann Friedrich und der Enkel Heinrich werden später Direktoren an diesem Gymnasium – hält engsten Kontakt zur Sing-Akademie, der sich für beide Seiten fruchtbar auswirkt.[2]

Grell gelangt so wie selbstverständlich nach seinem Schulabgang 1817 zur Sing-Akademie, obwohl er, wie sein Schüler und Biograph Heinrich Bellermann weiß, »niemals eine gesangsfähige Stimme hatte« und offenbar meist nur zugehört hat. Vielleicht rührt von diesem Defizit, gleichsam im Zeichen von Überkompensation, Grells schließlich nahezu fanatischer und exklusiver Einsatz für die Gesangsmusik. Wahrscheinlich hat er im Lauf der Jahre aber seine Stimme doch etwas ausgebildet. Kompetente Lehrer hatte er ja in Zelter und Rungenhagen, die nicht nur seine Kompositionsstudien gefördert haben werden.

1818 bereits singt die Sing-Akademie eine Fuge von Grell: »Et incarnatus est«. 1822 kommt er an das von Zelter initiierte Institut für Kirchenmusik als Lehrer, gibt später dort auch Kontrapunkt- und Gesangsunterricht; 1825 übernimmt er zusammen mit Emil Fischer und Johann Friedrich Bellermann (beide Zelter-Schüler und Sing-Akademie-Mitglieder) den aufblühenden Gesangsunterricht am Gymnasium zum Grauen Kloster.

Als der König, beraten von Zelter, 1829 am Dom für die Ausgestaltung des Gottesdienstes einen »Normalchor« (im Sinne von normgebend, beispielgebend) einrichtet, einen Knaben- und Männerchor von zunächst zwölf bis sechzehn Stimmen, ist Grell als Gesangslehrer mit dabei und bleibt es auch, als daraus 1843 der größere Domchor wird. Zum 1. Januar 1845 legt er allerdings sein Amt nieder, weil es sich mit dem Vize-Direktorat bei der Sing-Akademie nicht vereinbaren läßt. Als er Direktor der Sing-Akademie wird, gibt er auch den Unterricht am Gymnasium auf.

Grell tritt wahrlich ein schweres Erbe an. Vorsteher Carl Hellwig, der gegen Grells Wahl gewesen war, macht ihm das danach noch einmal eindringlich klar. Es gehe darum, »das Institut auf die Höhe zu bringen, welche dessen große Mittel und Kräfte gestatten, und wohin das Bestreben jetzt umso mehr zu richten ist, als demselben mehr und mehr Concurrenzen entgegentreten, dasselbe aufgehört hat, ein Unicum zu sein«.[3]

Welche Untugenden Grell im einzelnen auszuräumen hat, berichtet Heinrich Bellermann:[4] »Unreinheit in der Intonation hatte sich eingebürgert. Der Chor hatte es ganz verlernt, beim Einsatz den Ton gleichsam auf den Kopf zu treffen. Sie fingen zu singen an, ehe sie die zu nehmende Tonhöhe sicher in der Kehle hatten und zogen dann hin. Ein solches Überziehen machten sie auch bei größeren Intervallen.«

Der Reinheitsfanatiker Grell mit seinem feinen Gehör macht sich an die Arbeit. Aber er stößt da auf Hindernisse. Vor allem das Singen mit Instrumentalbegleitung erlebt er als verderblich, und darin hat er, zumal bei der damaligen Beschaffenheit des Instrumentalspiels, beim Fehlen einer einheitlichen Stimmung, nicht ganz unrecht. Er besitzt eine Stimmgabel, die Graun bei der Uraufführung seines »Tod Jesu« im Jahre 1755 in Gebrauch hatte. Und die ist einen Ganzton tiefer als die gegenwärtige Stimmung. Alle alte Musik, erkennt er daraus, werde in seiner Zeit also viel zu hoch gesungen, daher die Mühe mit ihr. Und er ist nicht bereit, den Chor dahingehend zu schulen, daß er diese Höhen erreicht. Einen Chor dem Instrumentarium anpassen – undenkbar für ihn. Das hatte schon umgekehrt zu geschehen. So läßt er die Streicher in seinen Oratorien-Aufführungen einen halben Ton tiefer einstimmen, was freilich den Glanz des Tons trübt. Aber das ist Grell nur recht. Die Instrumente sollen ohnehin zurücktreten, die Singstimmen keinesfalls »bedecken«, sie nur grundieren. Die Bläser müssen einen Halbton heruntertransponieren, oder er schreibt ihnen die Stimme entsprechend um. Dadurch kommen sie in komplizierte Tonarten, was die Intonation auch nicht eben fördert. Grell geht so weit, daß er eigens für die Sing-Akademie einige Instrumente in tieferer Stimmung anfertigen läßt. Aber ganz herauszukommen ist aus der Crux nicht.

Am liebsten hätte Grell nur ganz ohne Instrumente musiziert, und das, je länger, desto mehr. Daß er die Oratorienaufführungen weiter betrieb, geschah nur aus Tradition, weil es die Öffentlichkeit verlangte – und weil die Kasse der Sing-Akademie stimmen mußte.

Es ist sicher nicht von ungefähr, daß er das Oratorien-Repertoire, das unter Rungenhagen schier ausuferte, kaum weiter ausbaut, schon gar nicht durch Zeitgenössisches. In den ersten Jahren zollt er noch einigen der Sing-Akademie eng verbundenen Komponisten Tribut, läßt sie aber selbst ihre Sachen dirigieren. Am 1. November 1855 leitet Carl Loewe in gewohnter phlegmatischer Manier mit breiten Tempi seinen »Hiob«, am 16. April 1856 Emil Naumann sein Oratorium »Die Zerstörung Jerusalems«, am 1. März 1860 stellt Vizedirektor Martin Blumner seinen nach-mendelssohnischen »Abraham« vor, dem Grell, schwerlich zu Recht, bescheinigt, es sei »das vielleicht gesanglichste Oratorium dieses Jahrhunderts«[5]. Carl Reinthaler, früher Mitglied der Sing-Akademie, nun Leiter des Bremer Domchors und der dortigen Sing-Akademie, bringt am 13. Dezember 1862 sein Oratorium »Jephtha und seine Tochter«. Und das ist dann auch schon ziemlich alles in dreiundzwanzig Jahren.

Das bisherige Repertoire pflegt Grell weiter, die unabdingbare Faust-Musik von Radziwill, die beiden Haydn-Oratorien, die beiden Mendelssohn-Oratorien. Die Händel-Oratorien kommen nicht mehr in der Dichte wie unter Rungenhagen, dafür aber greift Grell mehr und mehr auf die Originalfassungen zurück. Das »Alexanderfest« wird schon 1853 von »einzelnen Mozartschen Zusätzen befreit« und erklingt 1863 ganz nach der Originalpartitur. 1858 bringt man »Josua« ohne die

Rungenhagensche Uminstrumentierung, 1861 erklingt »Joseph« buchstäblich nach Händelscher Partitur, ebenso 1863 »Israel in Ägypten« mit Blumners neuer Übersetzung. 1864 nimmt man Abschied von Mozarts Messias-Bearbeitung, und 1867 schließlich kommt »Samson« im Original. Endlich verschwindet 1866 auch die eigentümliche doppelchörige Zeltersche Bearbeitung des Utrechter Te Deum mitsamt ihrer lateinischen Übersetzung zugunsten des Originals mit Blumners deutscher Übersetzung. Auch die Mendelssohnsche Fassung des Dettinger Te Deum, die seit 1831 in Gebrauch ist, legt man beiseite.

Einzige Ungereimtheit: Der Generalbaß wird auf dem Klavier gespielt. Man hat im Haus der Sing-Akademie freilich keine Orgel, aber selbst bei Aufführungen in der Garnisonkirche will Grell die Orgel nicht gern haben, ersetzt sie 1859 durch ein Harmonium, was auch nicht befriedigt; im nächsten Jahr nimmt man noch einmal die Orgel, schließlich aber zieht Grell dieser sogar einen »harten« Bechstein-Flügel vor.

Die Wiederbelebung des Bachschen Oratorien-Schaffens treibt Grell zunächst weiter: Am 17. Dezember 1857 erklingt endlich, zum erstenmal seit Bachs Tod, das Weihnachts-Oratorium, freilich alles andere als vollständig (Mosewius in Breslau hatte zuvor schon einzelne Kantaten daraus gegeben). Grell ist nicht darauf aus, jeweils den ersten oder zweiten Teil an einem Abend möglichst vollständig zu geben, wie das heute der Brauch ist, sondern will einen Gesamtüberblick vermitteln; viele Arien hält er ohnehin für verzichtbar. So fallen von vierundsechzig Stücken siebzehn weg, darunter das herrliche Duett »Herr, dein Mitleid« und die Arie »Schließe mein Herze«. (Für Interessenten die Nummern im einzelnen: 14/15, 17, 27–29, 31/32, 34, 40/41, 47, 51, 53, 57, 61/62).

Und beim Weihnachts-Oratorium scheut Grell auch nicht vor bedenklichen instrumentalen Zusätzen zurück, fügt Klarinetten und Hörner hinzu, bringt auch Striche innerhalb der Stücke an.

Ebensowenig wird die Matthäuspassion auch nur annähernd vollständig gegeben, nicht einmal die h-Moll-Messe. Diese wird z. B. am 10. Februar 1859 folgendermaßen verstümmelt: Vom ersten »Kyrie« wird die zweite Hälfe gestrichen, »Christe« und zweites »Kyrie« fallen ganz weg. Im »Gloria« bleiben das Duett »Domine«, der Chor »Qui tollis«, die Baßarie »Quoniam« samt dem Schluß »Cum Sancto Spiritu« beiseite. Im »Credo« sind immerhin nur zwei Striche innerhalb des Duetts »Et in unum Dominum« angebracht, dafür wird das ganze erste Osanna gekappt sowie das »Agnus Dei« mit »Dona nobis pacem« und das Osanna an den Schluß gestellt. Alle liturgische Ordnung ist damit über den Haufen geworfen.

Bach dauert Grell ohnehin immer zu lang; Grell mag Bach im Grunde gar nicht sonderlich, und je länger, desto weniger. 1868 notiert er nach einer Aufführung der Matthäuspassion, die er krankheitshalber Blumner hat dirigieren lassen müssen, ins Tagebuch der Sing-Akademie: »Die freien Dissonanzen sind zu peinigende Dinge für das Ohr eines Nicht-Gesunden. Heilkraft auf Kranke üben sie gewiß nicht aus.

Zelter sagte in seinen letzten Lebensjahren: Der Mann, welcher den Sebastian Bach zu beurtheilen vermöge, sei noch nicht geboren. Das möchte auch heute noch wahr sein.« Im 20. Jahrhundert werde man unterscheiden zwischen Bach als Gesangs- und als Instrumentalkomponisten. Als letzterer sei er »am größten, als ersterer aber — — doch wer kann sich erdreisten, jetzt auszusprechen...« In Bachs geistlicher Musik seien »viele so unkirchliche und nicht rituale Sachen«.

Nach der üblichen Folge von Matthäuspassion und »Tod Jesu« spiel Grell 1869 in den Notizen die beiden Werke gegeneinander aus: »Die Bachschen Stimmen, deren selten Eine wirklich sangbar, schmelzen schwerer zu einem Ganzen, einer wahrhaften Sympathie im wörtlichen Sinne, zusammen. Im Gegentheil, sie scheiden sich voneinander, sich oft gegenseitig hindernd und unverständlich machend.« Grauns Melodien aber »vereinigen sich in einem potenzierten Wohlklange... Bach singt selten«.

Nach der h-Moll-Messe vom 15. Dezember 1871 klagt Grell: »Es ist eine Pein, über die Duette und eine Arie wie das Quoniam hinwegzukommen...«, was freilich an der damaligen Unfähigkeit, sie technisch zu bewältigen, mit gelegen haben mag. Immer unleidlicher wird Grell gegen Bach. Nach der h-Moll-Messe vom 30. Dezember 1872: »Grausam geht er (Bach) mit den Stimmen um.« Die Soli würden »schwerlich jemand bezaubern oder erbauen«. Nach einer Messias-Aufführung am 18. Januar 1873: »Was ein Labsal nach den Bachschen (meisterhaften – man möchte fast sagen: leider meisterhaften) Grausamkeiten, den Händelschen Gesang zu hören.«

Bachs Gesang war Grell zu instrumental, und gegen alles Instrumentale hat er am Ende etwas. Im Grunde interessiert ihn nur noch die reine, »nackte« Vokalmusik, nichts sonst.

So kann er im Jahre 1854 auch leichten Herzens dem Verkauf der kostbaren Bach-Handschriften aus dem Besitz der Sing-Akademie an die Königliche Bibliothek zustimmen, der 1400 Taler einbringt. Und uns sind sie dadurch erhalten geblieben.

1 Heinrich Bellermann: August Eduard Grell, Berlin 1899, S. 122.
2 Dieser Verflechtung wird ausführlich nachgegangen von Karl Rehberg in seinem Aufsatz »Ausstrahlungen der Sing-Akademie auf die Musikerziehung«, in: Die Sing-Akademie zu Berlin, Festschrift zum 175jährigen Bestehen, Berlin 1966, S. 106ff.
3 Bellermann, a.a.O. S. 125.
4 Ebenda.
5 Tagebuch der Sing-Akademie, aufbewahrt in der Staatsbibliothek Preußischer Kulturbesitz Berlin unter der Signatur N. mus. SA 293.

»Nackte Vokalmusik«.
Grells musikalische Ideale

Grell kann seinem A-cappella-Ideal insofern rasch näher treten, als es ihm in kürzester Zeit gelingt, das verlorene Niveau des Chors wiederherzustellen.

Schon der ersten Aufführung der Bachschen Matthäuspassion nach Rungenhagens Tod, die er noch als Vizedirektor leitet, vermag die NBMZ (1852, S. 116) zu bescheinigen, »dass das Institut in einem langsamen Fortschritte begriffen ist«. An den Volkschören wird noch »Präcision und Charakter« vermißt, doch schon einige Nummern später heißt es anläßlich einer »Paulus«-Aufführung: »Die Chormassen waren vortrefflich eingeübt und blieb an der Präcision, an der feinen Abwägung der Kraft und Festigkeit nichts zu wünschen. Namentlich aber ist hervorzuheben, dass in der Besetzung des männlichen und weiblichen Theils in den Chören jenes Ebenmaass zu erkennen war, auf dem alleine eine glückliche Chorwirkung beruht« (NBMZ 1852, S. 380).

Und allmählich werden die Pressestimmen sogar enthusiastisch. Nach einer »Judas-Makkabäus«-Aufführung im Jahre 1856: »Seit langer Zeit haben wir eine solche Frische und Lebendigkeit der Chöre in der Sing-Akademie nicht gehört« (NBMZ 1856, S. 27).

Derart gestählt, braucht die Sing-Akademie auch nicht mehr die Konkurrenz jüngerer aufstrebender Chöre zu fürchten. Neben dem Sternschen war seit 1845 der Jähnssche Gesangverein rühmlich hervorgetreten (auch Friedrich Jähns hatte übrigens früher ein knappes Jahrzehnt in der Sing-Akademie mitgesungen). Zur Feier des 100. Geburtstags von Mozart am 21. Januar 1856 finden sich Mitglieder aller drei Chöre einträchtig zur Aufführung des Requiems unter Grell zusammen. Der notiert genau die Chorzusammensetzung: 100 Sänger von der Sing-Akademie, 100 vom Sternschen Gesangverein und 50 vom Jähnsschen. In anderer Proportion wirken die drei Chöre bei einem Benefizkonzert für die Armen in Haydns »Schöpfung« am 15. März 1860 im Dom zusammen. Den Hauptanteil stellt diesmal der Jähnssche Gesangverein, aus den beiden anderen Chören wirken nur einzelne Mitglieder mit. Doch Grell dirigiert wiederum den 130 Personen starken Chor, und das findet er ganz selbstverständlich. Bei einer Aufführung von Händels »Israel in Ägypten«, die 1864 auf Anregung der Kronprinzessin veranstaltet wird, ist außerdem noch der Domchor mit dabei, der unter August Neithardt rasch aufgeblüht ist.

Die Sing-Akademie kann sich nun auch an öffentliche A-cappella-Auftritte wagen (bislang hatte ja immer noch, auch intern, das Klavier den Gesang gestützt). Das A-cappella-Singen hatte in Berlin auch von anderer Seite Auftrieb erhalten.

Das Königshaus war daran interessiert, die im Zuge der Aufklärung verfallene Kirchenmusik wiederzubeleben, die Liturgie durch guten Chorgesang zu heben. Zu diesem Zweck war der Domchor 1843 reorganisiert worden, und Grell hatte dabei mitgewirkt. Er sucht nun auch die Sing-Akademie der gottesdienstlichen Musik näherzubringen. Sie ist zwar stets der »heiligen Musik« verpflichtet gewesen, war aber nie ein Kirchenchor. Unter Grell nun gestaltet sie erstmals die Liturgie mit. Anlaß ist die Einweihung der restaurierten St. Petri-Kirche. Grell selbst hat die liturgischen Gesänge komponiert, und im Tagebuch der Sing-Akademie[1] würdigt er das Ereignis als historisches. Wohl habe der Chor schon oft in Kirchenräumen gesungen. »Heute aber ist's ein ganz anderes gewesen, was die Sing-Akademie zu vollbringen hatte; sie hat die gottesdienstlichen Ritualgesänge aufgeführt, an der Abhaltung der Liturgie am Einweihungstage eines Gotteshauses theilgehabt. Sie hat also zum erstenmale eigentliche *heilige Musik, Kirchenmusik* gesungen...«.

Und Grell knüpft daran sein Credo: »Der Gesang ohne Begleitung ist der wahre Gesang überhaupt, der kirchliche Gesang ohne Begleitung kann und muß der vollendetste und schönste sein, wenn er würdig sein soll des Gegenstandes, dessen Anbetung er verherrlichen soll. Möchte die Sing-Akademie den heute betretenen Weg verfolgen können.« Sie hat ihn verfolgt, wenn auch nur sporadisch.

Einige Seiten später steht im Tagebuch, ergänzend hierzu, der schon berühmt gewordene Seitenhieb auf die Instrumentalmusik: »Jedes Singen mit Instrumentalbegleitung ist für die Cultur des Gesangs nachtheilig... Wir sind keine Streichoder Blas-Akademie, sondern eine Sing-Akademie.« Und nichts als das ist sie in dem Ereignis, das Grell für den Höhepunkt seiner Ära ansieht: seiner sechzehnstimmigen Messe. Ohne Frage stand da die sechzehnstimmige Messe des Gründers der Sing-Akademie Pate, war aber nicht eigentlich Vorbild. Denn wie Fasch sich seinerzeit von der ihn anregenden Benevoli-Messe wegentwickelte, so bewegt sich nun umgekehrt Grell gerade auf den reinen Stil altitalienischer Kirchenmusik zu. Es wird wirklich ein Werk im Neo-Palestrina-Stil, eine der typischsten Äußerungen des Caecilianismus. Der ganze Meßtext wird abendfüllend vertont. Außer dem achtstimmigen »Benedictus« gibt es keine Sätze in reduzierter Besetzung, geschweige denn reine Solostücke. Die Solopartien sind eingebettet in Sätze, die permanent den kompletten sechzehnstimmigen Chor beschäftigen, in dichter polyphoner Verzahnung der vier Teilchöre.

Ein überaus ambitioniertes Werk, das allein durch seine Klangfülle seine Wirkung nicht verfehlen kann. Am 20. Februar 1861 stellt es Grell der Öffentlichkeit vor, und der Rezensent der NBMZ zeigt sich enthusiasmiert: »Die Kritik steht begeistert und voller Bewunderung vor diesem grossartigen Werke hoher Kunst und Inspiration. Hingerissen, wie selten, von dem entzückenden Eindrucke dieser wunderbaren Arbeit erlasse man uns eine Analyse, die unsere Begeisterung in kalte Formen kleiden würde« (NBMZ 1861, S. 65). Auch die Aufführung muß glänzend

KYRIE.

Eduard Grell, Missa Solemnis, Anfang

gewesen sein: »Die Sing-Akademie trug das Werk ihres Directors mit einer seltenen Vollendung vor und die Aufnahme war eine enthusiastische.«

Reservierter äußert sich die »Nationalzeitung«. Der Komponist suche ein »Ideal religiöser Kunst. Über das Ideal ist aber das Leben längst hinausgewachsen.« Die Messe überschreite »nirgends die Schranken, die einer weitentlegenen Vergangenheit als die ewigen Grenzen der Kunst gelten.« Und die Vossische Zeitung bemerkt, Grell lasse »Ausdruck und Empfindung zurücktreten«[2].

Es scheint in der Tat, als habe Grell sich hier fast allen persönlichen, subjektiven Ausdrucks entschlagen wollen zugunsten einer überpersönlichen Tonsprache. Kein flehentliches Bitten um göttliches Erbarmen im »Kyrie« also, sondern ein ruhiges Übereinanderschichten von Stimmen, die gleichsam ohne Eigenschaften ihre Bahn ziehen. Im »Christe«, in As-Dur gehalten, wird der Tonfall etwas wärmer, liedhafter, tritt Innigkeit zutage. Doch alle Textausdeutung bleibt moderat. Wo man vom Gehalt her ein Maestoso erwartet, ertönt das sanfte, pietistisch in sich gekehrte Schwingen des nach-mendelssohnischen singakademischen Stils. Die Klangmassen wagen nicht zu triumphieren. Kaum riskiert Grell (allenfalls im »Crucifixus«) chromatische Sinnlichkeit, und das just in einer Zeit, da Richard Wagner seinen durchchromatisierten Tristan-Stil entwickelt. Diese Messe ist ein Phänomen in ihrem Querstand zu den Zeitläuften und ist doch auch wieder konsequentes Produkt einer spezifisch berlinischen Tradition. Sie wird bis zum Jahrhundertende von der Sing-Akademie viel aufgeführt.

Von der 1868 gegründeten Königlichen Hochschule für Musik kommt 1871 der Gedanke, ihr die Sing-Akademie als Abteilung für Vokalmusik anzuschließen. Grell läuft dagegen Sturm. Der Gesang als Anhängsel einer Anstalt für Instrumentalausbildung? Das ist für ihn geradezu ein Affront, eine Umkehrung aller rechten Verhältnisse: »Der Gesang hat obenan zu stehen, weil alle musikalischen Regeln und Gesetze nur von ihm diktiert werden.«[3] Er geht so weit, in Sachen Hochschule zu fordern, »alles bisher in das Leben Gerufene wieder aufzuheben und eingehen zu lassen«[4]. Staatsminister von Mühler bekommt eine klare Auskunft: »Was eine Vereinigung der hiesigen Sing-Akademie mit der Hochschule betrifft, so muß ich gestehen, daß ich seit meiner Amtsführung als Direktor derselben je länger je mehr dahin gearbeitet habe, und noch arbeite, das Institut von aller Instrumentalvereinigung frei zu halten.«[5]

Grells Haltung wird so radikal, daß er schließlich sogar die Orgel ablehnt, das Instrument, von dem er herkommt und das er noch um 1860 auch der Sing-Akademie dringend verschaffen will. Womit er sogar einen heftigen Streit mit dem Geheimen Justizrat Hellwig riskiert, der dagegen Bedenken hat wegen der kostbaren Akustik des Saals und protestierend sein Amt als Vorsteher niedergelegt.

Bald aber will auch Grell nichts mehr von einer Orgel wissen. Am 3. Februar 1873, also noch während seiner Amtszeit, verfaßt er einen »Offenen Brief an die Sing-Akademie«, den diese aber damals offenbar nicht zu Gesicht bekommt, sondern erst nach seinem Tod im Jahr 1886 von seinem Schüler Heinrich Bellermann ausgehändigt bekommt. Er beginnt: »Dir, liebe Sing-Akademie, drängt es mich, an das Herz zu legen, den wohlerwogenen Rat zu geben, Dich anzuflehen, niemals durch Bau und Benutzung einer Orgel Deinen heiligen Gesang zu entweihen … Es leiden durch sie sowohl der Kultus als die Kunst.«[6]

Grell führt allerlei Argumente an: Die Orgel sei ohne »Gedankenmitteilung«, ihr fehle die Reinheit der Stimmung, der Rhythmus, sie sei zu laut, zu mechanisch usf. Deutlich wird ein starker Affekt gegen die »übercivilisierte Welt« und die Vision von einer weltentrückten »nackten« Vokalmusik. Grell schließt sein Schreiben: »Mögen stets nur Wohllautströme aus dem Tempel der Sing-Akademie fließen, rein wie Gold und Silber.«[7]

Als die Sing-Akademie dieses Schreiben 1887 erhält, hat sie seit einem Jahrzehnt eine kleine Orgel und ist im Begriff, sie durch eine größere zu ersetzen.

1 Tagebuch der Sing-Akademie, Bd. IV (1850–1857) in der Staatsbibliothek Preußischer Kulturbesitz Berlin unter der Signatur N.mus.SA 291.
2 Beide Zitate nach Heinrich Bellermann: August Eduard Grell, Berlin 1899, S. 150f.
3 August Eduard Grell: Aufsätze und Gutachten über Musik, hrsg. von Heinrich Bellermann, Berlin 1887, S. 40.
4 Ebenda, S. 34.
5 Ebenda, S. 43.
6 Ebenda, S. 79.
7 Ebenda, S. 115.

»Würdiger Nachfolger«.
Martin Blumner und seine Ära (1875–1899)

Wie seine Vorgänger ist Martin Blumner organisch und folgerichtig in das Amt des Sing-Akademie-Direktors hineingewachsen. 1827 zu Fürstenberg in Mecklenburg geboren, kommt er nach Absolvierung des Gymnasiums in Neustrelitz 1845 nach Berlin, bezieht die Universität und tritt in die Sing-Akademie ein. Das gibt den Ausschlag für seine ausschließliche Hinwendung zur Musik. Er studiert bei dem gefragten Siegfried Dehn, dem Kustos der Königlichen Bibliothek, Kontrapunkt und bildet sich im Gesang aus. 1852 schreibt er eine Kantate »Columbus«, die er im April 1853, kurz nach Grells Amtsantritt, mit der Sing-Akademie einstudieren und aufführen darf. Das gibt den Ausschlag für seine Wahl zum Vizedirektor. Er tut sich weiter hervor mit hinfort ausschließlich geistlichen Werken für die Sing-Akademie. Von Anfang der 1870er Jahre an übernimmt er mehr und mehr die Aufgaben Grells, der an einem Augenleiden laboriert. Dessen letztes Dirigat ist Grauns »Tod Jesu« am 3. April 1874. Als Grell am 13. Juni 1876 sein Amt endgültig niederlegt, hat Blumner bereits über vierzig Aufführungen der Sing-Akademie dirigiert. So glaubt man, ihm die Nachfolge Grells nicht verwehren zu dürfen. Ohne Wahl, unter Änderung der Satzung, rückt er in die Position des Direktors auf.

Zum dritten Male wird ein Vizedirektor Direktor – das bedeutet für ein ganzes Jahrhundert Kontinuität, behindert aber grundlegenden Wandel. Eduard Grell wird zum Ehrendirektor ernannt bei vollen Bezügen und Belassung seiner Dienstwohnung im Haus der Sing-Akademie. Ein Vizedirektor wird diesmal nicht berufen. Blumner braucht keinen Assistenten am Klavier, auch kaum je Vertretung, und die Sing-Akademie hat ohnehin schon zwei Direktorengehälter zu bezahlen.

Grell lebt noch ein Jahrzehnt, und als er am 10. August 1886 stirbt, eilt Blumner von einer Ferienreise zurück nach Berlin, versammelt rasch einige Mitglieder der Sing-Akademie und geleitet ihn mit Gesängen zum Friedhof der Friedrich-Werderschen Gemeinde an der Bergmannstraße. Am 19. September hält Blumner in der Sing-Akademie eine große Gedächtnisrede auf Grell. Er würdigt ihn als Lehrer, der »zur Bildung und Veredelung der Menschen« habe beitragen wollen, dem es »Endzweck« gewesen sei, »den Sinn und die Geschicklichkeit für Reinheit, Schönheit und Innerlichkeit des Gesangs zu wecken und dadurch erziehend auf die Singenden einzuwirken«. Er sei »der Retter und zweite Begründer der Sing-Akademie« geworden. Interessant ist Blumners Charakterisierung »der Grell'schen Muse, welche ebenso wenig die Herbheit Sebastian Bachs, wie die gedrängt verschlungene Weise eines Palestrina oder Lassus kennt, die Dissonanzen nur als leichte

Martin Traugott Wilhelm Blumner (1827–1901).
Porträtfoto Johannes Hülsen, Berlin 1891

Schatten in den Sonnenglanz der Consonanzen einführt und mit italienisch harmonischem Wohllaut die ungekünstelt freundliche, innige Melodieführung der modernen deutschen Lyrik verbindet«[1].

Was hat nun Blumner zuächst unternommen? Noch unter der offiziellen Ägide Grells bringt er am 5. Februar 1875 ein weiteres Oratorium aus seiner Feder, »Der Fall Jerusalems«, zu Gehör. Am bisherigen Repertoire hält er fest, weitet aber die Bach-Pflege aus; er schätzt Bach im Gegensatz zu Grell. Nach fünfzig Jahren Pause führt er endlich einmal wieder – es ist erst das zweite Mal überhaupt – Bachs Johannespassion auf. Das Magnificat und die A-Dur-Messe kommen hinzu, ferner viele Kantaten.

Mit denen allerdings stellt Blumner Eigenartiges an. Er findet, »daß gar viele der Cantaten mit ihrer Ueberfülle von Sologesängen und deren häufig geschmacklosem Text ein größeres Publikum nicht anzuziehen und zu befriedigen vermögen. Da nun ohnehin größere, einheitlich oratorische oder kirchliche Aufführungen gegen eine Folge kleinerer Werke von unseren Zuhörern bevorzugt werden, so habe ich zweimal den Versuch gemacht, aus mehreren Cantaten, unter Weglassung oder

Hinzunahme einzelner Stücke, inhaltlich zusammenhängende Aufführungen her-zustellen, ohne daß dabei die Bachschen Musikstücke irgendwie verändert wer-den.«² Bei aller Liebe zu Bach traut also auch Blumner gleich Zelter dessen Musik noch nicht zu, daß sie in ihrer Originalgestalt das Publikum erreicht.

So entsteht ein Zyklus »Oster-, Himmelfahrts- und Pfingst-Cantaten«, den Blumner am 15. Januar 1886 vorstellt und des öfteren wiederholt. Er enthält die vollständige Osterkantate »Christ lag in Todesbanden«, einen Extrakt aus drei Himmelfahrts-Kantaten, die Pfingst-Kantate »O ewiges Feuer« und als Abschluß den Doppelchor »Nun ist das Heil und die Kraft«.

Am 13. Januar 1888 wartet Blumner mit einem weiteren »Cantaten-Zyklus« auf, der unter dem Motto steht »Die Liebe Jesu.« Er meint, daß sich »die ausgewählten Stücke in musikalischer Beziehung ganz zwanglos aneinanderschließen«³.

Daß jede Kantate Bachs eine genau auf einen bestimmten Sonntag und seine li-turgischen Texte bezogene Einheit ist, ignoriert Blumner. Obgleich soeben die er-ste wissenschaftliche Bach-Biographie erschienen ist, aus der das zu ersehen ist. Sie stammt zudem gleichsam von einem Kollegen, Philipp Spitta, dem ständigen Se-kretär der Akademie der Künste.

Die Öffentlichkeit scheint mit Blumners Bach-Aufführungen zufrieden gewesen zu sein: »Nirgends hört man Sebastian Bach so stil- und weihevoll singen als in den Concerten unserer Sing-Akademie. Der jetzige Direktor, Professor Blumner, er-wies sich als würdiger Nachfolger seiner ruhmreichen Vorfahren« (NZ 1882, S. 566). Ob freilich der »weihevolle« Vortrag Bachscher Musik mit über 300 Sän-gern »stilvoll« ist, ist sehr die Frage.

Seit 1851 veröffentlicht die Bach-Gesellschaft die erste kritische Bach-Gesamt-ausgabe, seit 1859 bringt Friedrich Chrysander seine monumentale Händel-Aus-gabe heraus. Daneben erscheinen zahlreiche Sammlungen noch älterer Musik. Die umfassendste ist wohl die achtundzwanzigbändige »Musica sacra« von Franz Com-mer, einem treuen Sing-Akademie-Mitglied. Karl Riedel gibt in praktischen Aus-gaben Werke von Michael Praetorius, Heinrich Schütz und Johann Eccard heraus, welch letzterer um 1600 kurz Hofkapellmeister in Berlin war und nun von Carl von Winterfeld zum »preußischen Palestrina« hochstilisiert wird. All das geht in die Ar-beit der Sing-Akademie ein. Am 21. November 1886 erscheinen bei einem Konzert zum Totensonntag die »Sieben Worte Christi am Kreuz« von Heinrich Schütz auf dem Programm, allerdings noch als singuläres Ereignis.

Doch Blumner will sich auch der zeitgenössischen Musik nicht ganz verschlie-ßen, steckt ihren Rahmen allerdings sehr eng ab. Er beschränkt sich im wesent-lichen auf die Berliner Akademiker, auf Kollegen also. Seit Zelter die Musiksektion der Akademie der Künste ins Werk gesetzt hat, ist ja jeder Sing-Akademie-Direktor fast automatisch Mitglied derselben.

Blumner beginnt die Serie der Novitäten am 2. November 1877 mit der Kantate »Zion« von dem Dänen Niels Gade. Das ist zwar einmal ein Blick über die deutschen Grenzen hinaus. Doch ist Gade ganz der Leipziger Schule Mendelssohns verhaftet, bleibt also ganz im Rahmen des singakademischen Stils. Am 8. März 1878 folgt das Oratorium »Christus« von Friedrich Kiel, dem damals angesehensten Komponisten Berlins. Er ragt in der Tat heraus aus dem Kreis der Berliner Akademiker nicht nur durch seine Meisterschaft im »gebundenen Stil«, im Kontrapunkt, sondern durch die bei ihm daraus resultierende Ausdruckdichte, die edel geschwungene Melodik, die kräftigen Baßfortschreitungen. Das alles weist ihm einen gewichtigen Platz zu zwischen Mendelssohn und Brahms.

Sein »Christus«, eigentlich eine erweiterte Passion, ist dann auch, durchaus bezeichnend, das letzte Werk, das Blumner dirigiert – am 20. Januar 1899. Es bleibt noch bis hinein ins 20. Jahrhundert in Berlin populär.

Von Kiel kommt dann auch noch, am 16. Januar 1880, das Te Deum aufs Programm, durchaus sinnvoll umklammert von Bachs A-Dur-Messe und Mendelssohns Lobgesang, 1881 schließlich auch sein soeben komponiertes Requiem in As-Dur. Fast selbstverständlich, daß die Sing-Akademie ihm auch bei seinem Tod ein Gedenkkonzert veranstaltet.

Ein weiteres, aus der Berliner Szene herausragendes Werk erscheint am 11. Februar 1881 mit der b-Moll-Messe von Albert Becker. Der war wie Kiel Schüler von Siegfried Dehn und wurde später Direktor des Berliner Domchors. Seine großangelegte, ambitionierte achtstimmige Messe wird von Franz Liszt gerühmt. Sie beginnt hochchromatisch im Geist der h-Moll-Messe von Bach, verwebt originell einen Choral ins Credo, ist ausdrucksstärker, sinnlicher, farbiger als alles, was seinerzeit auf Berliner Boden wächst. Sie wird zur gelinden Sensation und macht ihren Komponisten schlagartig bekannt. Die »Musik-Welt« schreibt (1881, S. 210ff.): »Einer der tüchtigsten Musiker lebt unbekannt und ungenannt in Berlin, findet bei schlichter, ach! so müheseliger musikunterrichtlicher Tätigkeit scheinbar seine Lebensaufgabe, präparirt ganz in der Stille ein großes Werk, gewinnt den Lorbeer und tritt mit einem Schlage, er, der Siebenundvierziger, wie ein Neuer, ein Junger vor uns hin. Klingt das nicht wie eine Mähr aus zeitungsloser Zeit?«

Ein Jahr darauf, am 20. Januar 1882, bringt Blumner ein »fast außerhalb der singakademischen Grenzen« liegendes Oratorium seines Akademie-Kollegen Georg Vierling, »weil ich von dem Wunsche, wo irgend möglich, den Neueren gerecht zu werden, beseelt war«, wie er notiert.[4] Es hat Alarich, den Westgotenkönig des 4. Jahrhunderts, zum Titelhelden und gehört somit zu den nach der Reichsgründung nicht seltenen patriotisch-nationalistischen Oratorien. Positiv vermerkt Blumner daran, daß es in den Chören »theilweise sogar fugierte Sätze« gebe, was in der Sing-Akademie nun einmal ein Kriterium ist. Das Werk hat wohl zu Recht nicht überdauert.

Das Jahr 1882 wird durch einen anderen Umstand bedeutsam in der Geschichte der Sing-Akademie. Hat man seit Grells Zeiten mit der Liebigschen Kapelle recht gut zusammen musiziert, die zuletzt freilich auch nicht mehr auf ihrer alten Höhe stand, so kann man von nun an auf das neu gegründete Berliner Philharmonische Orchester zurückgreifen. Es sucht noch nach Aufgaben, und die Sing-Akademie bietet ihm eine ständige, dauerhafte Liaison an, die dem Ensemble in seinen Anfängen sehr hilft. Man muß heute nachdrücklich daran erinnern in einer Zeit, da sich das Berliner Philharmonische Orchester zu schade ist, mit der Sing-Akademie zusammenzuarbeiten. Für viele Jahrzehnte war diese Zusammenarbeit eine Selbstverständlichkeit.

Chor und Orchester haben also nun das gleiche Niveau, und so kann Blumner am 12. März 1886 endlich auch eines der bedeutendsten geistlichen Werke seiner Zeit wagen, das Deutsche Requiem von Brahms, das durch Caecilienverein und Sternschen Gesangverein in Berlin längst eingeführt ist. Blumner hat nicht von ungefähr so lange gezaudert. Er empfindet zwar »Hochachtung« vor dem Werk, aber: »im Ganzen stehe ich ihm nicht sympathisch gegenüber. Die Unsangbarkeit, Härte und manche durch Übertreibung abstoßende Stellen des Werks, im Ganzen mehr Reflexion und Kombination als Innerlichkeit«[5] – das ist es, was ihn daran stört. Ein heute schwer nachvollziehbares Urteil. Immerhin wiederholt Blumner noch dreimal das Werk, gibt 1894 auch das Triumph-Lied von Brahms, das »viel Zeit« kostet.

Ansonsten ist Zeitgenössisches kaum noch zu nennen, allenfalls der Vollständigkeit halber ein Requiem des Sing-Akademie-Mitglieds und Grell-Schülers Hermann Putsch und ein Requiem des Brahms-Freundes Heinrich von Herzogenberg, auch er ein Berliner Akademiker.

Requiem – Totenfeier – solches ereignet sich viel, sehr viel in der Sing-Akademie am Ausgang des Jahrhunderts. Der Totensonntag ist zum ständigen Konzerttermin geworden mit relativ festem Programm: Bachs »Actus Tragicus« und Mozarts Requiem, alternierend mit dem Cherubini-Requiem, später dem As-Dur-Requiem von Kiel oder dem Deutschen Requiem von Brahms.

Selbstverständlich begeht man das Ableben von Mitgliedern des Königshauses mit einer Feier. Bei der Beisetzung Wilhelms I. im Dom singt man den Choral »Wie herrlich ist die neue Welt« aus Grauns »Tod Jesu«, den man auf Wunsch des Kaisers noch bis 1884 alljährlich am Karfreitag gegeben hatte.

In der Regel finden mehrere Totenfeiern im Jahr für verdiente Mitglieder statt (erst später faßt man sie zu einer einzigen pro Jahr zusammen). Es entwickelt sich dafür schon seit Zelters Zeiten eine feste Form und ein Standardrepertoire, zu dem jeder Sing-Akademie-Direktor beisteuert.

Eine Gesellschaft, deren Leben zu einem gewichtigen Teil in Totenfeiern besteht – das wirkt etwas beklemmend und verdiente vielleicht einmal eine sozialpsychologische Untersuchung, die außerhalb unserer Kompetenzen liegt. Die Neigung läßt sich schwer abweisen, dies als Ausdruck einer sterbenden Epoche, einer erstarrenden Kultur zu begreifen. Daran ändert auch die Tatsache nicht viel, daß man andererseits viele Jubiläen feiert, fünfzig- und sechzigjährige Mitgliedschaften. Ja, man gedenkt sogar nach fünfzig Jahren des Tages, da Königin Luise das erste Mal mit

Festprogramm und Speisekarte
zum hundertjährigen Bestehen der Sing-Akademie

ihren Söhnen, den nachmaligen Königen Friedrich Wilhelm IV. und Wilhelm I., die Sing-Akademie betrat.

Und man feiert selbstverständlich opulent drei Tage lang das hundertjährige Bestehen der Sing-Akademie im Jahre 1891. Am ersten Tag morgens wird ein Fasch-Denkmal enthüllt, abends ein Konzert gegeben, in dem alle Direktoren der Sing-Akademie nacheinander Revue passieren, von Fasch bis Blumner. Am zweiten Tag wird die h-Moll-Messe von Bach aufgeführt, und der dritte Festtag gehört einer »Tafelrunde im Wintergarten des Centralhotels«, die kulinarisch bestückt und von einer Fülle von Reden und eigens hergestellten Gesängen durchwoben ist.

Doch das alles sind ja wesentlich rückwärtsschauende, nicht vorausweisende Veranstaltungen. Darin aber ist die Sing-Akademie ein Teil des kulturellen Berlin in der zweiten Hälfte des 19. Jahrhunderts, die kaum Nennenswertes hervorbringt. Die Oper etwa hat im Zeitraum von fünfzig Jahren ganze drei Uraufführungen, darunter als noch bekanntestes Werk – für das pietistische Berlin sehr bezeichnend – das Rührstück »Der Evangelimann« von Wilhelm Kienzl (der übrigens gern der nächste Sing-Akademie-Direktor geworden wäre).

In einem solchen Milieu erscheint selbst noch Beethovens »Missa solemnis«, inzwischen fünfundsiebzig Jahre alt, als revolutionär. Und Blumner muß sich erst zu ihr durchringen, ehe er sie am 1. April 1895 erstmals aufs Programm setzt. Er hat erst durch einen »langjährigen Kampf pro und contra... die Größe und die vielen Schönheiten desselben schätzen und über die Schroffheiten und Mängel sich mehr und mehr hinwegsetzen gelernt«. Eine »colossal schwierige und anstrengende Aufgabe« ist es ihm gleichwohl noch.[6]

Es ist dies sein letztes Wagnis. 1901, im Jahr seines Todes, gibt Hugo Riemann seine »Geschichte der Musik seit Beethoven« heraus, in der er dem »Kreis der Berliner Akademiker« attestiert, er habe Berlin zu einem »Bollwerk der musikalischen Reaktion« gemacht. Berlin muß und wird im 20. Jahrhundert eine Wandlung vollziehen. Und die Sing-Akademie vollzieht sie mit, zu ihrem Glück, genau im Jahr der Jahrhundertwende.

1 Die gesamte Rede ist abgedruckt in Martin Blumner: Geschichte der Sing-Akademie zu Berlin, Berlin 1891, S. 207–212.
2 Martin Blumner, a.a.O., S. 173 f.
3 Ebenda.
4 Tagebuch der Sing-Akademie, Bd. VI (1880–1893) in der Staatsbibliothek Preußischer Kulturbesitz Berlin unter der Signatur N.mus.Sa 291.
5 Ebenda.
6 Ebenda.

»Auf einen Hieb fällt kein Baum«.
Schumann reißt das Steuer herum (seit 1901)

Es hat zwar seit 1891 wieder einen Vizedirektor gegeben, den Organisten Hermann Kawerau, doch nun ist es Blumner selbst, der, als er am 18. Februar 1900 sein Amt niederlegt, seinen Vize bittet, auf eine Kanditur zu verzichten, was dieser akzeptiert. So wird es möglich, auszubrechen aus einer in sich kreisenden, allmählich erstarrenden Tradition und sich zu öffnen nach außen hin.

Nicht weniger als zweiunddreißig Bewerbungen gehen ein, darunter damals sehr prominente Namen. Unter den drei Kandidaten, welche der erweiterte Vorstand auswählt und zu Probedirigaten einlädt, vereinigt am 2. Oktober 1900 Georg Schumann bei weitem die meisten Stimmen auf sich.

Da tritt nun ein Musiker moderner Prägung in das von Epigonentum geprägte Berliner Musikleben. Schumann, 1866 geboren, aus einer alten sächsischen Musikerfamilie stammend, ist 1882 ans Leipziger Konservatorium gegangen. Das ist zwar wie die meisten dieser Institute konservativ, doch am Stadttheater herrscht seit Angelo Neumann Wagner; Gustav Mahler und Arthur Nikisch dirigieren hier. Der Liszt-Verein fördert die neueste Musik. So wächst Schumann heran inmitten der lebhaften Auseinandersetzung zwischen der Fortschritts-Partei der Neudeutschen und den Leipziger Konservativen. Er tritt bald als glänzender Pianist und erfolgreicher Komponist an die Öffentlichkeit, dirigiert bereits als zwanzigjähriger in einer Privataufführung sein Chorwerk »Amor und Psyche«, das kurz danach seine Uraufführung im Gewandhaus erlebt.

Bei einem Kompositionswettbewerb des Berliner Konzerthauses gewinnt er mit seiner h-Moll-Sinfonie den Ersten Preis, dirigiert sie mehrmals in Berlin und ist mit einem Schlag überregional bekannt. Er ist also in der Stadt längst kein Fremder mehr, als er sein Direktorenamt bei der Sing-Akademie antritt.

Zunächst aber hat man dem vierundzwanzigjährigen die Leitung des Danziger Konzertvereins anvertraut; in kurzer Zeit revolutioniert er das Musikleben der Stadt mit Novitäten. 1896 beruft man ihn zum Direktor des Philharmonischen Chors und Orchesters in Bremen. Der Vielseitige hat gerade in einem Zyklus von acht Abenden sämtliche zweiunddreißig Klaviersonaten von Beethoven gespielt, als ihn der Ruf aus Berlin erreilt.

Er nimmt am 6. November 1900 die Probenarbeit auf (nachdem Kawerau während des Interregnums 1899/1900 Bewährtes dirigiert hat). Am 25. November schon steht das traditionelle Konzert zum Totensonntag an mit der Bach-Kantate »Ich hatte viel Bekümmernis« und dem Mozart-Requiem.

Georg Schumann (1866–1952)

Nach dieser seiner Premiere schreibt Schumann ins Tagebuch der Sing-Akademie von einer »tiefgreifenden Wirkung« des Konzerts: »Es wird jedoch immerhin mancherlei zu tun geben, um die Leistungen auf die der Akademie gebührende höchste Stufe zu führen... Der Chor ist außerordentlich musikalisch und faßt ohne Zweifel leicht auf. Auf eine feinere und größere dynamische Ausarbeitung, nun auch namentlich freiere Bewegtheit und dramatische Belebtheit muß das Augenmerk wohl zunächst gerichtet werden.« Alt und Baß klingen ihm besonders schön, Tenor und Sopran verfügen über »Kraft und Fülle«; nur im Pianissimo seien im Sopran »manche alten Stimmen sehr hinderlich«. Schumann schließt seinen Bericht mit dem Resümee, der Chor werde konkurrenzlos sein, »sobald sich die Akademie in ihrem musikalischen Ausdruck freier und moderner bewegt und die Werke aus der Gegenwart und jüngsten Vergangenheit in ihr Programm einverleibt«[1].

Am 22. Februar 1901 erweist Schumann seinem Vorgänger gegenüber die »schuldige Pietät«, indem er dessen »Abraham« aufführt, dem er ganz offen »schwache Erfindung« attestiert.

Mit dem I. Deutschen Bachfest vom 21.–23. März 1901, das die »drei besten Chorvereinigungen Berlins« bestreiten – neben der Sing-Akademie der Philharmonische Chor und der Chor der Musikhochschule – eröffnen sich neue Dimensionen der Bach-Pflege. Die Bach-Gesamtausgabe liegt nun geschlossen vor, Schumann hat Stücke gewählt, die zum größten Teil neu sind für die Sing-Akademie: die A-Dur-Messe, das Gloria der F-Dur-Messe und die weltliche Kantate »Der zufriedengestellte Äolus«, die »einen Sturm der Begeisterung« entfacht: »Ein elementarer Beifall brach aus, wie er in der Sing-Akademie wohl noch kaum gehört wurde.« Den Äolus singt Johannes Messchaert, der am Anfang einer großen Laufbahn als Bach-Interpret steht und hernach das Berliner Publikum als Jesus in den Bach-Passionen begeistern wird. Schumann wählt seine Solisten sorgfältig aus, rekrutiert sie keinesfalls mehr aus dem Chor, engagiert sie auch von außerhalb, selbst wenn das teurer wird. Der Zuspruch zu den Konzerten rechtfertigt es.

Schumann führt die Bach-Tradition der Sing-Akademie weiter, indem er sie von Grund auf reformiert auf der Basis von Werktreue – soweit seiner Zeit dieser Begriff und die dafür erforderlichen Kenntnisse zugänglich sind. In der Aufführung der Matthäuspassion von 1902 läßt er zum ersten Mal den Choral-cantus-firmus des Eingangschors von fünfundzwanzig Knaben des Domchors singen, was »einen kleinen Kampf« kostet.

Schon am 25. Oktober 1901 aber, kaum ein Jahr nach seinem Amtsantritt, stößt er in absolutes Neuland vor. Er bringt »Les Beatitudes – Die Seligpreisungen« von César Franck (ein grandioses Werk, das 1990, zu Francks 100. Todestag, endlich einmal wieder in Berlin zu hören war). Ein Franzose, von Wagner geprägt, an der Schwelle zum Impressionismus stehend – das hat es in der Sing-Akademie bislang wahrlich nicht gegeben. »Nur zu lange ist dies versäumt worden!« bemerkt Schumann. Wenn der Berlin-Korrespondent der AMZ schon 1863 (S. 289) konstatiert hat, »daß wir hier noch unendlich weit zurück sind in der Erkenntnis der Verdienste der neudeutschen Schule«, so war dieser Ruf verhallt wie in einer Wüstenei, und es mußte noch fast vierzig Jahre dauern, bis er in der Sing-Akademie gehört wurde.

Schumann bereitet es »wahre Wonne«, das Werk einzuführen; er spürt bei den Sängern nach anfänglichen Reserven bald »erhebliche Freude«. Blumner freilich verläßt kopfschüttelnd das Konzert. »Auf einen Hieb fällt kein Baum«, tröstet sich Schumann. Er weiß jedenfalls genau: »So lange ich die Gesellschaft zu leiten habe, werde ich auch den neueren Schöpfungen, sofern sie *musikalischen Ursprungs* sind, die Sing-Akademie offenhalten. Es wird dazu Zeit gehören, und mit Liebe und Verständnis wird dies zu erreichen sein.«

Schumann ergreift freilich auch rigorosere Maßnahmen, sorgt für »Ausschaltung der verbrauchten Stimmen«, für »Zuwachs frischer jüngerer Elemente«, er streicht »rücksichtslos blinde Passagiere«, die kaum zu den Proben kommen, aus der Mitgliederliste. Ihm ist es um Qualität zu tun, nicht um Quantität (unter Blumner standen allemal drei Hundertschaften auf dem Podium; bei der Grell-Messe konnten es auch schon einmal vier sein). Schumann findet, die Sing-Akademie müsse »der erste Verein in jeder Beziehung sein«, sie dürfe nicht länger hinter der

Entwicklung hinterherhinken; zeitgenössische Musik fördere die Gesangstechnik, bringe »größere Lebendigkeit«, »feinere dynamische Schattierung«.

Und so präsentiert Schumann fast jedes Jahr eine Novität, meist sogar je eine auf dem Sektor der zeitgenössischen und der älteren Musik. Als das Totensonntags-Konzert von 1901 zugleich zur Trauerfeier für Blumner wird, läßt Schumann seinem Vorgänger, dem Mann mit dem eigentümlichen Bach-Verständnis, Bachs »Trauer-Ode« singen, die zuvor nie erklungen war, und das Brahms-Requiem, mit dem sich Blumner so schwer getan hatte. Schumann stürzt sich mit Elan auf Brahms, gestaltet ganze Brahms-Programme mit »Nänie«, dem »Gesang der Parzen«, dem »Schicksalslied«. Von Händel führt er zwei neue Oratorien ein, 1902 »Acis und Galathea«, das schon Zelter einst im Sinn hatte, und 1912 »Deborah«. 1905 erscheint zum ersten Mal – man kann es kaum glauben – Schubert auf dem Programm mit seiner Es-Dur-Messe.

Es ist ja eigentlich noch fast das ganze 19. Jahrhundert nachzuholen. 1903 zum Totensonntag wird das Verdi-Requiem eingeführt; nicht im Traum wäre es einem Blumner eingefallen, diese »Toten-Oper« auch nur in Erwägung zu ziehen.

Nachdem der Radziwillsche Faust ausgedient hat, kommen endlich, 1907, die »Szenen aus Goethes Faust« von Robert Schumann zum Zuge, von dem man 1917 auch die ganze Manfred-Musik, mit dem großen Ludwig Wüllner als Sprecher, bringt. 1922 erscheint gar »Fausts Verdammnis« von Berlioz, dieses faszinierende Werk eines Zwischengenres, sowohl als Oper wie als Oratorium darstellbar.

Und dazu das Zeitgenössische! Wo beginnen, wo enden? Unmöglich, auf all die Novitäten in einem halben Jahrhundert Schumann-Ägide einzugehen, es würde jeden Rahmen sprengen. Obwohl es im Grunde nötig wäre, denn die meisten dieser Werke sind heute nicht mehr bekannt. Fast unmöglich ebenso, aus dem Spektrum einzelnes herauszugreifen; es wäre dem Vernachlässigten gegenüber ungerecht; denn ist die gnadenlose Auslese, welche die Geschichte trifft, die aus einer Epoche vier, fünf ganz große Namen übrigläßt, gerecht? Schumanns Programm – und das ist das Bedeutende an ihm – spiegelt die ganze Fülle der Epoche, wie sie uns heute gar nicht mehr gegenwärtig ist. Denn nicht Schönberg oder Hindemith, die überdauerten, bestimmten das Musikleben in der ersten Hälfte unsres Jahrhunderts.

Setzen wir erst einmal als pure Liste her, was Schumann an Zeitgenössischem erarbeitete, und wagen hernach einige wenige Notizen dazu.

1901 César Franck: Die Seligpreisungen
1903 Georg Schumann: Totenklage/Sehnsucht
      Giuseppe Verdi: Requiem
1906 Edward Elgar: Die Apostel
1909 Georg Schumann: Ruth
1910 Giovanni Sgambati: Messa da Requiem
1911 Max Reger: 100. Psalm
      Franz Liszt: Graner Festmesse

1912 Friedrich Ernst Koch: Von den Tageszeiten
1913 Ernst Eduard Taubert: Hymnus an Amor
     Hugo Kaun: 125. Psalm
     Walter Braunfels: Offenbarung Johannis, 6. Kap.
     Richard Strauss: Wanderers Sturmlied
     Anton Bruckner: 100. Psalm
     Georg Schumann: Das Tränenkrüglein
1914 Enrico Bossi: Giovanna d'Arco
1915 Hermann Goetz: Nänie
     Friedrich Gernsheim: Der Nornen Wiegenlied
1916 Friedrich Gernsheim: Te Deum
     Franz Liszt: Legende von der heiligen Elisabeth
     Max Reger: Der Einsiedler op. 144a
     Requiem op. 144b
1917 Otto Taubmann: Kampf und Friede
     Max Bruch: Gustav Adolf
1918 Max Bruch: Trauerfeier für Mignon
     Karl Prohaska: Frühlingsfeier
1919 Friedrich Klose: Der Sonne Geist
     Ernst Nikolaus von Reznicek: Vater unser
1920 Otto Taubmann: Eine deutsche Messe
1922 Hugo Kaun: Mutter Erde
1924 Waldemar von Baußnern: Das hohe Lied vom Leben und Sterben
1925 Gerhard von Keußler: Jesus aus Nazareth
1927 Franz Liszt: Christus
1928 Richard Wetz: Requiem
1930 Max von Schillings: Dem Verklärten
1931 Otto Besch: Adventskantate
     Heinrich Kaminki: 69. Psalm
1932 Heinz Schubert: Hymnus/Verkündigung
1933 Otto Jochum: Der jüngste Tag
     Paul Graener: Marienkantate
1934 Georg Schumann: Choralmotetten op. 75
     Hermann Reutter: Der große Kalender
     Ernst Nikolaus von Rezniczek: In memoriam
1935 Gottfried Müller: Heldenrequiem
1936 Ernst Nikolaus von Rezniczek: Totenmesse
     Georg Schumann: Vita somnium
1938 Georg Schumann: Elegie
1940 Ernst Nikolaus von Rezniczek: Der steinerne Psalm
     Franz Schmidt: Das Buch mit sieben Siegeln

Textzettel zu Georg Schumanns Komposition »Totenklage«
aus Schillers Braut von Messina

Es ist ein breites, farbiges Spektrum zeitgenössischen Komponierens, das Schumann da innerhalb von vier Jahrzehnten ausbreitet. Er selbst mischt sich als gewichtige Stimme in den Chor, meldet sich früh als Komponist zu Wort. Und sein eigenes Schaffen ist überaus charakteristisch für den Stand des Komponierens um die Wende zum 20. Jahrhundert. Die Alternative »hier Brahms und die Konservativen – dort Liszt/Wagner/Strauss und die Neudeutschen«, sie stellt sich nicht mehr. Schumann wächst zwischen den Parteien auf, nimmt von beiden etwas an. Kommt er in der Strenge, der Kontrapunktik seines Satzes aus der Tradition eines Robert Schumann und Johannes Brahms – man hat ihn Schumann II. genannt –, so ist seine Musik doch auch durchtränkt vom Elan, von der glühenden Farbigkeit eines Franz Liszt und Richard Strauss. Und in diesem Spannungsfeld bewegt sich nicht nur seine eigene Musik, sondern auch ein großer Teil der Musik, die er aufführt mit der Sing-Akademie.

Er stellt sich als Komponist mit zwei Schiller-Vertonungen vor. Am Totensonntag des Jahres 1903 schickt er dem Verdi-Requiem seine »Totenklage« voraus, ein

Bruchstück des Chors aus der »Braut von Messina«, der bei ihm geradezu antike Würde gewinnt in seinem gefaßten Schmerz. Beim nächsten Totenfest kombiniert er mit der »Totenklage« die lichtere, zu ätherischem Klang aufblühende »Sehnsucht«. Beides verbindet er zur Schillerfeier des Jahres 1905 mit der gut dazustimmenden »Nänie« von Brahms.

Schon 1909 stellt er in Berlin sein Hauptwerk, das Oratorium »Ruth«, vor (die Uraufführung verlegt er, nach seinen Erfahrungen mit der Berliner Kritik, nach außerhalb). Er hat sich selbst den Text zusammengestellt, hat die alttestamentliche Idylle, die seinem lyrischen Faible entgegenkommt, mit Dramatik, mit orientalischer Sinnlichkeit angereichert, hat dem Chor eine gewichtige Funktion zugewiesen. Die Presse hebt immer wieder dessen »wahrhaft berauschende Klangschönheit« hervor; das sind neue Töne über die Sing-Akademie. »Ruth« verbreitet sich durch die Konzertsäle, gelangt bis nach England und Amerika.

1913 offeriert Schumann seine Legende »Das Tränenkrüglein« für drei Soli, Chor, Klavier, Orgel und Harfe, die rührende Geschichte um eine Mutter und ihr totes Kind am Weihnachtsabend. Ein kleiner »Wahlchor« der Sing-Akademie ist mit diesem Stück im Ersten Weltkrieg durch die Kirchen Berlins und der Umgebung zu Wohltätigkeitskonzerten für die Kriegsopfer unterwegs.

Was Richard Strauss für die Orchester-Instrumentation ist, so hat man gesagt, sei Georg Schumann als Chor-»Instrumentator.« Als solcher bewährt er sich noch einmal in seinen hochgeschätzten Choralmotetten op. 75, die er 1934 der Sing-Akademie schenkt. Mit einer Elegie nach Hölderlin rundet sich Ende der dreißiger Jahre sein Chorschaffen ab.

Nun schreitet die musikalische Entwicklung im 20. Jahrhundert stürmisch voran. Was sich am Anfang des Jahrhunderts zur »Moderne« zählen darf, muß der ernüchterten jungen Generation nach dem Ersten Weltkrieg als gänzlich dem 19. Jahrhundert verhaftet, als »spätromantisch« erscheinen. So erlebt Georg Schumann einen Wandel in der Bewertung seines Werks und mit ihm der Komponistenkreis, den er vorstellt. Namen, die zu ihrer Zeit geachtet, ja gefeiert waren, sind heute vielfach der Vergessenheit anheimgefallen.

Viele von ihnen gehören zum Kreis der Preußischen Akademie der Künste oder sind Hochschullehrer in Berlin, stehen also darum Schumann mehr oder weniger nahe. Er ist ja 1907 Mitglied der Akademie geworden, hat dort 1913 eine Meisterklasse für Komposition übernommen, ist 1918 zu ihrem Vizepräsidenten, 1934 zum Präsidenten gewählt worden.

Man muß sich klar darüber sein, daß in Berlin noch einige Exponenten der Generation von Brahms ins 20. Jahrhundert hineinragen. Da ist als Nestor Max Bruch (dessen Meisterklasse an der Akademie Schumann dann übernimmt), stilistisch zwischen Mendelssohn und Brahms stehend. Sein Oratorium über »Gustav Adolf«, den protestantischen Schwedenkönig des Dreißigjährigen Kriegs, ist im Zeichen von Bismarcks »Kulturkampf« gegen den Katholizismus entstanden und wird auch im Ersten Weltkrieg noch (wo Schumann es aufführt) als politisch-patriotisches Werk verstanden.

Der gleichen Generation wie Bruch gehört der Brahmsianer Friedrich Gernsheim an, der in Berlin zunächst Lehrer am Sternschen Konservatorium ist, 1901 dann eine Meisterklasse für Komposition an der Akademie der Künste übernimmt, und der Kiel-Schüler Ernst Eduard Taubert, der ebenfalls am Sternschen Konservatorium unterrichtet.

Gleichfalls Kiel-Schüler und Mitglied der Akademie sind Hugo Kaun und Waldemar von Baußnern, gehören aber schon zur nächsten, zu Schumanns eigener Generation der in den 1860er Jahren Geborenen. Ihnen von der Richtung her zuzuordnen sind Friedrich Ernst Koch und Otto Taubmann, beide sowohl Akademiker als Lehrer an der Musikhochschule.

Sehr gewichtige, prominente Gestalten im Berliner Musikleben sind Ernst Nikolaus von Reznicek, der seit 1902 in Berlin wirkt, auch als Hochschullehrer, und Max von Schillings, der als Theaterintendant eine einflußreiche Rolle spielt und 1932, kurz vor seinem Tod, noch Präsident der Akademie wird. Beide sind ihrer farbigen, sinnlichen Musik wegen hochgeschätzt. Der vielseitige Gerhard von Keußler leitet seit 1934 eine Meisterklasse an der Akademie, während Paul Graener, einer der wenigen deutschen Komponisten, die dem Impressionismus nahestehen, seit 1930 Direktor des Sternschen Konservatoriums ist und nach Hitlers Machtergreifung Vizepräsident der Reichsmusikkammer wird.

Soweit die Komponisten aus Georg Schumanns Berliner Umfeld. Dem Wiener Umkreis gehören der Bruckner-Schüler Friedrich Klose an und Karl Prohaska, der stilistisch eher von Brahms herkommt, schließlich der geniale, wiederum eher die Brucknersche Richtung weiterführende Franz Schmidt, dessen grandioses »Buch mit sieben Siegeln« man heute wieder entdeckt.

Aus dem süddeutschen Raum stammt der herbe, grüblerische Heinrich Kaminski; er hat aber in Berlin studiert und 1930 bis 1933 eine Meisterklasse an der Preußischen Akademie der Künste geleitet. Später werden seine Werke von den Nationalsozialisten verboten. Mit seinem 69. Psalm (den Schumann aufführt) ist er bekannt geworden.

Er schlägt die Brücke zur jüngsten Generation, der sich Schumann annimmt. Aus der Münchner Schule von Joseph Haas kommen Otto Jochum (der Bruder des Dirigenten Eugen) und Heinz Schubert. In München studiert hat auch der Stuttgarter Hermann Reutter, er der einzige in unserer Liste, der der Neuen Musik zugerechnet werden darf.

Zuletzt ist da der damals blutjunge, einundzwanzigjährige, steil aufstrebende Gottfried Müller, der zum Favoriten des »Dritten Reichs« wird. Noch 1941 schreibt er eine Kantate »Führerworte«.

Für eine gewisse Neigung Schumanns zum Italienischen stehen der Liszt-Schüler Giovanni Sgambati, der deutsche Musik des 19. Jahrhunderts in Italien einge-

Die Vorsteherschaft der Sing-Akademie zum 125jährigen Jubiläum 1916
(vorn in der Mitte Georg Schumann)

führt hat, mit seinem Requiem und der Orgelvirtuose Enrico Bossi mit seiner
»Jungfrau von Orleans«.

Es mag sich die Frage erheben, warum Schumann nicht mehr die Neue Musik
berücksichtigte, die sich seit den zwanziger Jahren in Berlin kräftig entfaltete: die
Busoni- und Schrekerschule, die Hindemith- und Schönberg-Schule (mit Hindemith war er gut bekannt, Schönberg lehrte seit 1925 an der Akademie). Zum einen
dürfte Schumann – musikalisch noch ganz geprägt durch das 19. Jahrhundert –
Schwierigkeiten gehabt haben, da mitzugehen; entscheidender aber wohl: Neue
Musik überschreitet nicht selten die Möglichkeiten eines Laienchors. Schließlich
und nicht zuletzt: Die Aufführung Neuer Musik ist für einen Chor, der sich selbst
zu tragen hat, eine Frage der Ökonomie. Neue Musik muß mit geringerem Publi-
kumszuspruch, also mit geringeren Einnahmen rechnen. Schumann nimmt das in
Kauf, er sucht das mit den Publikums-»Rennern« zu kompensieren. Problematisch
wird es für ihn freilich, wenn ihm auf diesem publikumssicheren Sektor das Wasser
abgegraben wird. Aus einem Kuraufenthalt in Bad Reichenhall richtet er am 2. Juli
1927 ein Schreiben an Leo Kestenberg, den Musikreferenten im Preußischen Ministerium für Wissenschaft, Kunst und Volksbildung, in dem er vom »schwindenden

Kunstinteresse«, vom Rückgang der Saalvermietungen und infolgedessen sinkenden Einnahmen spricht. Und er fragt darob: »Ist es da nötig, daß der Sing-Akademie, die ohne städtische Hilfe ist, von dem staatlichen Chor der Hochschule [identisch mit dem Philharmonischen Chor] mit den Werken Konkurrenz gemacht wird, die die Sing-Akademie seit Jahrzehnten, ich denke sagen zu dürfen, in durchaus mustergültigen Aufführungen bringt und die der Sing-Akademie den einzigen Überschuß bringen, mit welchem sie Fehlbeträge der anderen Konzerte, insbesondere von neuen Werken, decken kann?«[2]

Schumann will natürlich keine Ausschaltung der Konkurrenz per höheren Befehl – das hat er nicht nötig –, er will nur – und das scheint vernünftig – sinnvolle Koordination.

1 Tagebücher der Sing-Akademie Bd. VIII (1893–1908), daraus auch alle folgenden Schumann-Zitate.
2 Archiv der Sing-Akademie.

»Triumphale Erfolge«.
Auf Reisen (1904–1939)

Das Haus in Eisenach, in dem Johann Sebastian Bach geboren ist, befindet sich zu
Anfang des 20. Jahrhunderts noch in ursprünglichem Zustand in Privatbesitz. Als
Schumann 1904 von dem Eigentümer erfährt, daß es zum Verkauf steht, kommt
ihm eine grandiose Idee: Die Neue Bach-Gesellschaft solle es erwerben und als
Bach-Museum einrichten. Und Schumann will sich als Förderer der Angelegenheit
betätigen. Damit sie publik wird und Geld hereinkommt, beschließt er, mit der
Sing-Akademie nach Eisenach zu fahren und dort am 26./27. Mai 1905 in der Geor-
genkirche die beiden Bachschen Passionen aufzuführen. Es wird dies die erste Kon-
zertreise der Sing-Akademie – eine neue Dimension in ihrer Geschichte.

   Für ein Kammerkonzert zwischen den Passionen nimmt Schumann allerlei Prominenz aus Berlin mit. Im Doppelkonzert d-Moll von Bach spielen sein Trio-Part-
ner Carl Halir und kein Geringerer als Josef Joachim, der Brahms-Freund und

Johann Sebastian Bachs Geburtshaus in Eisenach

Gründer der Berliner Hochschule für Musik, der übrigens stets gern Konzertmeister ist in den Schumannschen Aufführungen.

Im nächsten Jahr, 1906, wird das Eisenacher Bach-Haus bereits eingeweiht, bald auch das Bach-Museum eröffnet. Schumann wendet sich direkt und erfolgreich an den Kaiser um finanzielle Unterstützung für das von ihm initiierte Projekt. Die Sing-Akademie wird des öfteren bei den Eisenacher Bach-Festen mitwirken.

Allmählich erreicht die Sing-Akademie ein Niveau, das sie international vorzeigbar macht. So kann dem Gedanken nähergetreten werden, sie als Botschafter ihrer spezifischen Tradition ins Ausland reisen zu lassen. Am 28. April 1913 tritt der Chor seine erste Italien-Reise an. Die Musikgesellschaften in Mailand, Turin und Bologna haben zu Konzerten in ihren Städten eingeladen. Im Repertoire der Tournee sind Bachs Matthäuspassion (je zweimal für Turin und Bologna) sowie die Johannespassion und das Brahms-Requiem (für Mailand). Italien hat damals erst die Bachschen Passionen kennengelernt und enthusiastisch aufgenommen.

Eine kleinere Reise, wenige Monate vor Ausbruch des Ersten Weltkriegs, bringt das Frühjahr 1913. Am 7. und 8. Mai singt man in der Dresdener Frauenkirche die Johannespassion und die h-Moll-Messe von Bach.

Der Krieg setzt allen Reisen zunächst ein Ende. Auch die Nachkriegsjahre mit ihrer Inflation gestatten derlei Unternehmungen nicht. Doch am 20. Oktober 1926 kann man wieder aufbrechen, zu einer Osteuropa-Reise durch die Tschechoslowakei, Österreich und Ungarn, die Prag, Brünn, Wien und Budapest berührt. Im Repertoire sind Beethovens Missa solemnis, Händels chorreiches Oratorium »Israel in Ägypten« und Johann Sebastian Bachs h-Moll-Messe. Aus Berlin nimmt man erste Solisten mit: die Altistin Emmi Leisner, den Tenor Alfred Wilde und den Baß Albert Fischer, aus Wien kommen Gertrude Förstel und Oskar Jölli hinzu. Die Orchester werden von den Gastgebern gestellt.

Der über 4000 Plätze fassende Lucerna-Saal am Wenzels-Platz in Prag ist überfüllt. Der Zwischenbeifall steigert sich bis zu Ovationen am Ende. Lorbeerkränze werden überreicht.

In Brünn kommt eine fast familiäre Herzlichkeit zwischen Publikum und Chor zustande. Hunderte winken mit Taschentüchern. In Wien feiert man Schumanns sechzigsten Geburtstag, überreicht ihm die silberne Schubert-Medaille. In dieser Stadt ist man glänzend unterrichtet über Geschichte und Tradition des Chors und würdigt die Aufführungen sachkundig. Am prägnantesten charakterisiert die »Wiener Zeitung« den Chor: »Wenn man den Chor hört, glaubt man oft nur eine Stimme zu hören. Ein Wunder an Chortechnik, an Chordisziplin. Welche Ausgeglichenheit bei einer Harmonie, die sich vom Baß bis zum Sopran aufbaut, die vier Stimmlagen in ein Ganzes verwebend. Welche Egalität selbst in der Atemführung! Welche Musikalität!... Man bewundert die Präzision, das einheitliche Legato, die Leichtigkeit, das Stilgefühl in ›Israel in Ägypten‹ von Händel, in Bachs h-Moll-Messe, die Ruhe, die Sicherheit, Klarheit in der kompliziertesten Polyphonie.«

Der Chor der Sing-Akademie vor ihrem Haus mit Georg Schumann

In einem Resümee der Reise unterstreicht der »Berliner Lokalanzeiger« vom
4. November 1926 deren politische Funktion: »Die Sendung der Sing-Akademie
war eine doppelte: es galt, dem bedrängten Auslandsdeutschtum ein Zeichen der
Treue und der Zusammengehörigkeit im deutschen Geist zu geben und zugleich
die fremden Nationen von Wert und Bedeutung deutscher Musikkultur zu überzeugen.«

Schon im Mai 1928 folgt eine zweite Italien-Reise, die über Baden-Baden nach
Mailand führt, wo die berühmte Scala Bachs h-Moll-Messe und Händels »Israel in
Ägypten« erlebt. Das Orchester der Scala begleitet.

Nach dem Norden geht eine Reise vom 1. bis 15. Oktober 1930 mit dem gleichen
Repertoire, deren Stationen Stockholm, Oslo, Göteborg und Kopenhagen sind.
1930/31 ist eine Schweiz-Frankreich-Tournee in Planung, die sich zerschlägt.

Durch den ganzen Sommer 1931 ziehen sich die Verhandlungen mit einer Prager
Konzertdirektion über ein ehrgeiziges Projekt: Schumann hat offenbar seinerzeit
die Absicht, in Berlin die Achte Sinfonie von Gustav Mahler, die sogenannte Sinfonie der Tausend, zu dirigieren. An diesem Punkt fängt der Agent Feuer, will das als
große Sensation in Prag mit der Sing-Akademie und dem Berliner Philharmonischen Orchester herausbringen, ist zu enormen finanziellen Konzessionen bereit.
Aber das Projekt scheitert daran, daß die Berliner Aufführung, aus welchen Gründen immer, nicht zustande kommt und die Kosten sich doch – in einer Zeit der
Wirtschaftskrise – als immens erweisen.

Doch 1932 geht es wieder nach Italien zu einer dritten Reise vom 6. bis 24. April,
die diesmal München, Modena und Rom berührt. In der überfüllten Tonhalle von
München bringt man eine begeistert aufgenommene Missa solemnis von Beethoven. Im Teatro Municipale von Modena, wo deutscher Chorgesang noch völlig un-

TEATRO
ALLA SCALA

MESSA IN SI MINORE
DI G. S. BACH

SING-AKADEMIE DI BERLINO · Fondata nel 1791

STAGIONE CONCERTI
1927 / 1928

Programmheft zum Konzert der Sing-Akademie in der Mailänder Scala 1928

bekannt ist, findet man mit »Israel in Ägypten« ein starkes Echo. Selbst in Rom bedeuten das Händel-Oratorium und Bachs Matthäuspassion Erstaufführungen, und die römische Presse feiert das als einen Höhepunkt im Musikleben der Stadt.

Die nächste Skandinavien-Reise (29./30. April 1935) hat nur Kopenhagen zum Ziel, wo in der Dom-Kirche Bachs Johannespassion und Händels »Israel in Ägypten« gegeben werden.

Eine vierte Italienreise im März 1939, die ausgedehnteste überhaupt, bleibt, wenige Monate vor Ausbruch des Zweiten Weltkriegs, für lange Zeit die letzte. Ein gewaltiges Pensum von sechs Konzerten innerhalb von zwölf Tagen ist zu bewältigen. Da man mit ortsansässigen Orchestern musiziert, kommen viele Proben vor Ort dazu. Rom hört im Teatro Adriano Bachs h-Moll-Messe und Haydns »Jahreszeiten«, Neapel im Teatro Carlo die Matthäuspassion, bei der »30 italienische Knaben in deutscher Sprache tadellos und mit großer Freude« den »cantus firmus« im Eingangschor singen; im Teatro Fenice zu Venedig, im Palazzo Veccio zu Florenz und im Teatro Communale zu Bologna gibt es jeweils die h-Moll-Messe.

Die Sing-Akademie steht in diesem Augenblick auf dem Höhepunkt ihrer künstlerischen Ausstrahlung. Aus Faschs privatem Zirkel ist in 150 Jahren ein gewaltiger Chor von internationalem Renommee geworden; ein Troß von 350 Sängern zieht da jeweils auf Tournee. Auch wirtschaftlich steht der Chor glänzend da, trotz der gigantischen Veruntreuung ihres Kassenwarts im Jahre 1932, die einen schweren Rückschlag bedeutet hatte. Der Zweite Weltkrieg aber schlägt Wunden, die bis heute nicht verheilt sind.

»Ich kann keine Aufführungen vorbereiten«.
Kriegszeiten

Die Machtergreifung der Nationalsozialisten bringt selbst für das scheinbar so un-
politische Chorwesen einschneidende Eingriffe in ihre Arbeit mit sich. Noch einer
der harmlosesten ist, daß die bestehende Grund-Verfassung der Sing-Akademie
von 1918 den neuen Gegebenheiten angepaßt werden muß.

Es war dort zwar schon nicht mehr die Beschränkung auf »heilige Musik« gegeben, es hieß: »Der Zweck der Gesellschaft ist die Erhaltung echten Kunstsinns
durch Pflege der kirchlichen und der im Stil mit ihr verwandten weltlichen Chormusik.« Nun aber ist der Zweck nicht nur »die Pflege der gesamten Chormusik
durch Übungen und Aufführungen«, es ist zugleich eine nationale Ausrichtung und
eine volksbildnerische Aufgabe festgeschrieben: »Sie (die Sing-Akademie) will
durch ihre Aufführungen mithelfen, unser Volk zum *Verständnis* für die großen
Werke der Chormusik, in erster Linie unserer großen deutschen Meister, zu führen,
will möglichst weite Schichten unsres Volkes nahe an das *Erlebnis* dieser Musik her-
anführen und dadurch *volksbildend* und *volkserziehend* wirken.«

Eine »Betonung des Führertums durch den Direktor des Instituts«, wie sie
Georg Schünemann in dieser Satzung erkennt[1], ist nicht auszumachen, es sei denn,
man sähe sie darin, daß die Vorsteherschaft nicht mehr von den Mitgliedern gewählt, sondern vom Direktor berufen wird.

Einschneidender wirkt die Doktrin des Antisemitismus. Der Philharmonische
Chor Berlin hat dadurch seinen Dirigenten Otto Klemperer und seine zahlreichen
jüdischen Mitglieder verloren, die ausgeschlossen werden mußten, wollte der Chor
weiter bestehen. Und das ging an die Substanz.

Wie war das bei der Sing-Akademie? Von ähnlichen Verordnungen ist hier nichts
bekannt. Aufschlußreich aber ist eine Aktennotiz, die Georg Schumann nach einem
Gespräch mit einem Beauftragten des Propagandaministeriums am 9. September
1942 niederlegt. Er habe diesem gesagt: »Bei den Juden war die Sing-Akademie
von jeher als antijüdisch verschrieen. Infolgedessen hielten Juden sich von uns zurück. Sie fanden in dem Philharmonischen Chor ihre Stätte. Die Sing-Akademie hat
aber stets unter dem jüdischen Einfluß der Presse gelitten.«[2]

Diese Sätze sind nur richtig zu bewerten, wenn man in Rechnung stellt, daß sie
eine Verteidigung gegen Zugriffe des Propagandaministeriums darstellen. Ein solcher etwa besteht darin, daß Goebbels wünscht, »daß alle jüngeren Volksgenossen
der Sing-Akademie angehören«, und er weist dabei auf die Hitler-Jugend hin, »für
welche die Sing-Akademie bisher noch kein rechter Begriff sei oder sie sich wenig-

stens noch nicht zu ihr hingezogen fühle«. Derlei Vorstellungen, die für Schumann schaurig gewesen sein müssen, kontert er diplomatisch mit dem Hinweis, er sei durchaus für die Jugend offen: Für die anstehende Aufführung der »Jahreszeiten« sei der Mozart-Chor verpflichtet.

Dem Antisemitismus der Nationalsozialisten entgeht auch die Sing-Akademie nicht gänzlich. Zielscheibe desselben wird Schumanns Oratorium »Ruth« wegen seines Sujets aus der jüdischen Geschichte. Schumann, der sein Haupt- und Lieblingswerk für die Aufführung retten will, ist bereit, den Text zu ändern, ja sogar den Titel (in »Lied der Treue«). Er tut sich mit einigen Leuten (u. a. Georg Schünemann) zur Überarbeitung zusammen, legt den Text diversen offiziellen Stellen vor – und erhält am 2. April 1942, einen knappen Monat vor dem angesetzten Aufführungstermin (30. April), vom Propagandaministerium die Aufforderung, das Werk abzusetzen. Er leistet dem Folge, schreibt aber einen Protestbrief an Dr. Drewes, den Abteilungsleiter Musik im Propagandaministerium, in dem es zuletzt sarkastisch heißt:[3] »Befremden tut mich auch die Tatsache, daß man dann noch Werke

Die Sing-Akademie am Kastanienwäldchen, 1939

wie das Brahmssche Requiem, alttestamentliche Werke von Bruckner, Psalmen von Liszt, den 100. Psalm von Reger, Ernste Gesänge von Brahms, um nur weniges zu nennen, zuläßt. Ebenso hatte ich gehofft, daß die Aufführung der Salome im Opernhaus, deren Text noch dazu von einem Engländer ist, sich auf meine Ruth günstig auswirken würde, die doch gegenüber der Salome ein keusches Weib ist.«

Für den 12. Februar 1943 wird »Ruth« als »weltliches Oratorium mit neuem Text (G. Schünemann)« angekündigt; der Verlag stellt einen neuen Klavierauszug her, der die Handlung nach China verlegt. In dieser Form ist das Werk 1944 noch einmal erklungen. 1946, zu Schumanns achtzigstem Geburtstag, wird es im Haus des Rundfunks jedenfalls wieder in der Originalfassung aufgeführt.

Die Beziehungen zum Propagandaministerium entwickeln sich zum Dauerstreit. Dem schmeckt die ganze Richtung der Sing-Akademie mit ihrer geistlichen Musik nicht. Goebbels wird zum 150jährigen Jubiläum im Jahre 1941 eingeladen, man will ihm sogar, ebenso wie zuvor dem Finanz- und Kultusminister, die Ehrenmitgliedschaft verleihen, weil aus seinem Ministerium Zuwendungen gekommen sind, doch er erscheint nicht. Die Liste der Grußworte beim Festakt am 30. Mai führt der Reichsminister für Wissenschaft, Erziehung und Volksbildung, Dr. Rust, an. Die Festrede hält Georg Schünemann. Umrahmt wird die Feier vom Gloria aus der Fasch-Messe (noch immer ist sie in der Sing-Akademie lebendig!), dem Zelter-Goethe-Lied »In allen guten Stunden« und einem »Preis- und Dank-Lied« von Georg Schumann. Am Ende verzeichnet der Programmzettel »Führerehrung«. Das Festkonzert tags darauf läßt die Politik draußen. Man singt die F-Dur-Messe und Kantaten von Johann Sebastian Bach.

Ins gleiche Jahr, auf den 25. Oktober, fällt Schumanns fünfundsiebzigster Geburtstag. Der Reichsminister für Volksaufklärung und Propaganda läßt seine »herzlichsten Glückwünsche« übermitteln und »aufrichtigen Dank für die unermüdliche künstlerische Arbeit«. Schumann habe sich »bleibende Verdienste um das deutsche Musikleben erworben«; »noch viele Jahre bester Gesundheit und erfolgreichen Schaffens« werden ihm gewünscht.[4]

Doch Schumann ist begreiflicherweise amtsmüde, begibt sich auf die Suche nach einem Nachfolger. Er wendet sich an Otto Jochum, den Direktor der Städtischen Musikbildungsstätten in Augsburg; doch der möchte, so verlockend das Angebot ist, seinem Tätigkeitsfeld treu bleiben.

Der Komponist Karl Höller in Frankfurt will seine schöpferische Arbeit nicht preisgeben zugunsten einer Tätigkeit, in der er keine Erfahrung hat.

Kurt Thomas, damals Leiter des Musischen Gymnasiums in Frankfurt/Main (nach dem Krieg wird er Thomas-Kantor in Leipzig), zeigt sich noch am ehesten geneigt. Schumann wirft ihm später mangelnde Diskretion in der Behandlung der Angelegenheit vor und nimmt offenbar deshalb von ihm Abstand.

Auch Robert Volkmann, Generalmusikdirektor in Duisburg, kommt in Schumanns Überlegungen vor. Nicht aber Günter Ramin, damals Thomas-Kantor in

Leipzig und Dirigent des Philharmonischen Chors Berlin – entgegen anderslauten-
den Gerüchten, die bis nach Leipzig dringen und von Schumann entschieden de-
mentiert werden. Er lehnt Ramin aus menschlichen Gründen ab.

Schumann muß bei seiner Sing-Akademie noch fast ein Jahrzehnt ausharren; die
schwierigen Zeitläufte fordern es. Den Chor, den er über vierzig Jahre lang geführt
und aufgebaut hat, unter den gegebenen Umständen im Stich zu lassen, gestattet
sein Verantwortungsbewußtsein nicht.

Der Druck auf die Sing-Akademie läßt keineswegs nach. Charakteristisch für
das nationalsozialistische Regime ist ja die Kompetenzrangelei zwischen verschiedenen Behörden; jede möchte möglichst viel unter ihre Fittiche ziehen. Die Sing-
Akademie gerät zwischen das Reichsministerium für Wissenschaft, Erziehung und
Volksbildung, dem sie an sich zugehört, und das Reichsministerium für Volksaufklärung und Propaganda, das Anspruch auf sie erhebt gemäß einem Führerwort,
das ihm gestattet, einzelnes aus den anderen Ministerien an sich zu ziehen. Am 10.
September 1942 wird dem Reichsministerium für Wissenschaft, Erziehung und
Volksbildung vom Goebbels-Ministerium bündig mitgeteilt: »Auf Grund von § 1
der Ersten Verordnung über den Neuaufbau des Reichs vom 2. Februar 1934
(RGBl. I, S. 81) nehme ich alle Genehmigungs- und Überwachungsrechte in Bezug
auf die Sing-Akademie zu Berlin in Anspruch.« Merkwürdigerweise wird erst Monate später, am 24. Februar 1943, der Sing-Akademie dieses Schreiben mitgeteilt
mit der Bitte, »die Satzungen der Sing-Akademie gemäß den beigefügten Vorschlä-
gen abzuändern«[5].

Die Sing-Akademie hat indes mit Datum vom 5. Januar 1943 ihre Satzung bereits geändert, aber in Richtung auf einen ganz anderen Status.

Durch die Jahre 1941/42 ziehen sich lebhafte Bestrebungen, die Sing-Akademie
in einen größeren Kontext einzubinden, ihr eine stabilere Grundlage zu schaffen.
Zunächst wird eine preußische Stiftung »Berliner Sing-Akademie« erwogen, ein
Plan, der von Otto Benecke, Beigeordneter des Deutschen Gemeindetags und Leiter von dessen Kunstabteilung, zu stammen scheint. Aus einem Schreiben, das er
am 28. März 1942 an das Finanzministerium richtet, geht hervor, daß Staatsrat
Tietjen, der Generalintendant der Preußischen Staatstheater, als Direktor der Sing-
Akademie Herbert von Karajan vorgeschlagen hatte, der schon an der Staatsoper
als Staatskapellmeister für Gastdirigate verpflichtet war und im Begriff stand, die
Position des Generalmusikdirektors in Aachen aufzugeben, auch bereit gewesen
wäre, das Direktorenamt bei der Sing-Akademie zu übernehmen. Tietjen habe sich
aber nach dem Brand der Staatsoper nicht mehr um das Projekt kümmern können,
es dem Reichsministerium für Wissenschaft, Erziehung und Volksbildung zur Wei-
terbearbeitung überlassen, wo der Plan seit neun Monaten liege. Und er ist da offensichtlich nicht weiter verfolgt worden.[6]

Bald taucht dort jedoch eine neue Idee auf: die Sing-Akademie an die Hochschule für Musik anzubinden, wie das schon siebzig Jahre zuvor vorgeschlagen und

abgelehnt worden war. Die Sing-Akademie scheut auch jetzt wieder vor der Beschneidung ihrer Selbständigkeit zurück, fürchtet auch, damit des Kontakts zum Philharmonischen Orchester verlustig zu gehen, und lehnt schließlich ab.

Ein dritter Plan aber, der der Tradition der Sing-Akademie sehr gemäß ist, kommt zustande: Im Blick auf die alten Bindungen zur Preußischen Akademie der Künste beantragt die Vorsteherschaft, dieser die Sing-Akademie anzugliedern. Dem wird vom Reichsminister für Wissenschaft, Erziehung und Volksbildung entsprochen. Schumann kann am 11. November 1942 dem Propagandaministerium klipp und klar mitteilen: »Die Sing-Akademie untersteht satzungsgemäß dem Herrn Reichs- und Preußischen Minister für Wissenschaft, Erziehung und Volksbildung.«[7]

Mit dieser Anbindung an die Akademie der Künste hat Schumann die Sing-Akademie sicherlich gerettet. Denn als Organ des Propagandaministeriums wäre die Sing-Akademie nach dem Krieg von den Alliierten bestimmt aufgelöst worden.

Die Rache des Propagandaministeriums folgt jedoch auf dem Fuß. Am 14. November 1942 schreibt das Berliner Philharmonische Orchester an Schumann:[8] »Sehr geehrter Herr Professor, zu unserem Bedauern müssen wir Ihnen mitteilen, daß Ihnen unser Orchester für die vorgesehenen Konzerte am 17. und 18. d. Mts. nicht zur Verfügung stehen kann. Die Gründe hierfür können Sie gegebenenfalls in der Musikabteilung unseres Ministeriums in Erfahrung bringen.«

Schumann fragt im Propagandaministerium, dem das Orchester untersteht, nach und wird dort ebenso geheimnisvoll abgefertigt: »Die Gründe müßten mir doch ganz erklärlich sein. Eine andere Antwort erhielt ich nicht«, schreibt Schumann in einer Aktennotiz vom 15. November 1942. Schließlich läßt man im Ministerium die Katze aus dem Sack: »Auf Befragen, ob die Sing-Akademie bereit sei, ihre Grundverfassung zu ändern, erklärte ich: die Sing-Akademie ist bereits dabei, ihre Grundverfassung zu ändern. Daraufhin zog Herr Dr. Drewes das Verbot an die Philharmoniker zurück.«

Die »Schikanen gegen die Sing-Akademie« – so nennt Schumann das in einem Brief an Furtwängler vom 15.März 1943 – gehen indes weiter. Am 19. März 1943 schreibt das Berliner Philharmonische Orchester der Sing-Akademie: »Wenn wir uns gezwungen sehen, von unseren Vereinbarungen Ihnen gegenüber zurückzutreten, so doch nur im Hinblick auf den unbedingt als kriegswichtig anzusehenden Einsatz des Orchesters in der kulturellen Auslandspropaganda. Das Reichsministerium für Volksaufklärung und Propaganda erteilte uns den Auftrag, noch in diesem Frühjahr eine Reise nach Spanien und Portugal durchzuführen.«

Es geht um die Aufführung der beiden Bachschen Passionen, zu deren Unterstützung das Orchester vertraglich verpflichtet ist. Schumann wendet sich unverzüglich an den ihm gewogenen und stets hilfsbereiten Tietjen, der ihm Musiker der Staatskapelle zusagt. Schumann schreibt aber auch direkt an Goebbels, dem von den Vereinbarungen zwischen Sing-Akademie und Philharmonischem Orchester gar nichts bekannt ist. Der entscheidet nun, das Philharmonische Orchester müsse für Ersatz sorgen, falls es nicht in Berlin sei.

Es bleibt dann doch im April in Berlin und spielt am 21. und 22. April bei der Sing-Akademie. Nun aber heißt es plötzlich, am 18. April, an dem die Matthäuspassion von Bach vorgesehen ist, sei womöglich eine Aufführung von Beethovens Neunter zu Führers Geburtstag. Schumann bemüht sich, dieses Konzert auf den 19. oder 20. April schieben zu lassen (der Geburtstag ist ohnehin am 20.). Ob er damit Erfolg gehabt hat, geht aus den Unterlagen nicht hervor, ist aber anzunehmen.

Am 22. November 1943 wird das Haus der Sing-Akademie am Kastanienwäldchen durch Brandbomben völlig zerstört; nur einiges an Noten und Inventar aus dem Erdgeschoß (wo sich Schumanns Wohnung befand) kann gerettet werden. Man beschließt gleichwohl, das Weihnachts-Oratorium im Dezember aufzuführen. Für die Proben stehen zunächst das Stadtschloß und das Kronprinzenpalais, später die Akademie der Künste zur Verfügung.

Doch der Probenbesuch ist begreiflicherweise schlecht. Schumann läßt am 10. Januar 1944 an die Mitglieder eine gedruckte Karte abgehen: »In der ersten Probe im neuen Jahre am 9. 1. fehlten 33 Soprane, 30 Alte, fast sämtliche eigenen Tenöre und gegen 20 Bässe, die an der Aufführung des Weihnachtsoratoriums teilgenommen haben. *Bei einer so großen Anzahl fehlender Damen und Herren kann ich keine Aufführungen vorbereiten.* Ich bitte dringend, an den künftigen Proben Sonntags 10.30 im Schloß pünktlich teilzunehmen.«

Schumann läßt nicht ab von Aufführungen trotz erschwerter Umstände. Am 25. Februar macht er im Dom die »Schöpfung« von Haydn mit dem Städtischen Orchester, das kurz danach aufgelöst wird.

Nach der Sommerpause 1944 wird die Konzerttätigkeit nicht mehr nur behindert, sondern drastisch eingeschränkt. Neben den Konzerten der großen Renommierorchester sollen nur noch Konzerte für »Rüstungsschaffende« stattfinden. Schumann macht diesbezüglich am 2. Oktober dem Propagandaministerium Vorschläge: »Die Schöpfung« und »Die Jahreszeiten« von Haydn, »Acis und Galathea« von Händel, »Weihnachts-Oratorium« von Bach.[9] Am 23. Dezember hat ein solches »Rüstungskonzert« in der Oper mit dem Weihnachts-Oratorium stattgefunden.

Im Oktober ergeht das Verbot der drei öffentlichen Bach-Aufführungen der Sing-Akademie, die für den Winter 44/45 vorgesehen sind. Auch die Bitte um Genehmigung interner Aufführungen wird abschlägig beschieden, jedoch »wäre eine festliche Ausgestaltung einer internen Probe nur mit Klavierbegleitung zwecks Betreuung der zuhörenden und singenden Mitglieder nicht zu beanstanden«[10].

Ein Konzert am 29. Oktober in der Marienkirche wird noch genehmigt. Die Kohlen muß die Sing-Akademie selbst stellen.

Die Sing-Akademie bietet nun am 5. Januar auf gedruckter Karte ihren Mitgliedern drei Feierstunden in der Akademie der Künste an:

am 19. November mit Stücken aus Bachs h-Moll-Messe,
am 17. Dezember mit Stücken aus Bachs Weihnachts-Oratorium,
am 21. Januar 1945 mit Schumanns »Tränenkrüglein«.

Die erste Feierstunde hat noch stattgefunden, bei den anderen ist es nicht sicher.

1945, so scheint es, ist an Aufführungen nicht mehr zu denken. Um so verblüffender ist es, daß die Sing-Akademie noch am 14. April, wenige Tage vor dem Einmarsch der Roten Armee, mit den Philharmonikern im Beethoven-Saal neben der zerstörten Philharmonie das Requiem von Brahms musiziert – ohne Orchester-Probe.[11]

Am 31. Mai bereits meldet der unerschütterliche Schumann die Sing-Akademie neben der Preußischen Akademie der Künste bei der Militärkommandantur »zur Fortführung ihrer künstlerischen Aufgaben« an.[12]

Und am 15. Juli versammelt er zum ersten Male nach Kriegsende seine verstreute Herde im Gemeindesaal der Nathanael-Gemeinde in Friedenau. Kaum mehr als dreißig Leute sind in dieser Probe, aber bald werden es mehr, und am 21. und 24. November führt man bereits wieder die traditionelle h-Moll-Messe auf, im Admiralspalast, dem Ausweichquartier der Staatsoper, und ebendort auch am 23. Dezember das Weihnachts-Oratorium.

Wenn am 1. Juni 1946 schon der neueinstudierte »Elias« von Mendelssohn gegeben wird, so ist das mehr als irgendeine Oratorien-Aufführung. Es ist eine kulturpolitische Geste: Mendelssohn, dem die Sing-Akademie so viel verdankt, war im NS-Staat verfemt, und man hat jetzt das Bedürfnis, ihn so schnell wie möglich zu rehabilitieren. Am 19. November 1947 folgt eine Gedenkfeier zum 100. Todestag Mendelssohns. Auch die Wiederherstellung der originalen »Ruth«, die der Rundfunk Schumann zum achtzigsten Geburtstag schenkt, bezeichnet eine Demonstration gegen den Rassenwahn des untergegangenen Regimes.

Längst hat Schumann den Taktstock niederlegen wollen. Doch er hat keine Gelegenheit gefunden; erst mußte die Sing-Akademie für ihn wieder konsolidiert sein. Er sieht sich wieder nach Vertretern, nach potentiellen Nachfolgern um – und tut sich gar nicht leicht damit. Er spricht mit allen möglichen Koryphäen, mit Staatskapellmeister Johannes Schüler, mit Sergiu Celibidache, Hermann Abendroth, Hans Knappertsbusch, Wilhelm Furtwängler, bekommt viele Absagen und muß immer wieder noch einmal selbst ans Pult, obgleich er mehrfach sein letztes Konzert ankündigt.

Der ehemalige Direktor der Hochschule für Musik, Fritz Stein, hält ab August 1947, als Schumann sich einer Augenoperation unterziehen muß, für eine Zeit die Proben ab – inoffiziell, da er noch nicht »entnazifiziert« ist. Für öffentliche Auftritte kommt er ohnehin nicht in Frage. Generalmusikdirektor Volkmann übernimmt 1948 die Matthäuspassion, Robert Heger die »Schöpfung« am 18. September, im Winter 1948/49 dirigiert Karl Ristenpart, der damalige Leiter von RIAS-Kammerchor und -Kammerorchester. Doch am 10. April 1949 muß Schumann noch einmal die anstrengende Matthäuspassion leiten.

Am 20. November endlich steht im Deutschen Requiem von Brahms in der Zwölf-Apostel-Kirche Mathieu Lange am Pult, der Schumanns Nachfolger wird.

Am 1. Oktober 1950 kann Schumann, der noch eine Weile amtierender Direktor bleibt, sein fünfzigjähriges Dienstjubiläum bei der Sing-Akademie begehen; der Festredner Otto Curio stellt die Verbindung her zum 200. Todestag Bachs, dessen Erbe die Sing-Akademie verwalte.

Zu seinem 85. Geburtstag am 25. Oktober 1951 wird Schumann das Große Verdienstkreuz des Verdienstordens der Bundesrepublik verliehen. Am 23. Mai 1952 ist er in seinem Heim in Lichterfelde gestorben.

Paul Hindemith, Komponisten-Kollege der nächsten Generation, hat nach Schumanns Tod geschrieben: »Unter allen Kollegen war mir Herr Schumann immer einer der liebsten gewesen, seine grundmusikalische Natur und sein nie rastendes Eintreten für den Wert und die Würde der Kunst waren von jeher erstaunlich und vorbildlich gewesen. Nach den langen Jahren meiner Abwesenheit von Deutschland war es mir eine große Freude, ihn in Berlin noch einige Male getroffen zu haben, dem trotz aller bösen Ereignisse unentwegten und begeisterten Musiker, wie ich ihn von früher kannte, gegenüberzustehen. Er hat ein biblisches Alter erreicht und konnte sich bis zuletzt sagen, daß er sein Leben für das Wohl der Musik gelebt habe.«[13]

1 Georg Schünemann: Die Sing-Akademie zu Berlin, Regensburg 1941, S. 191.
2 Dokument in Privatbesitz.
3 Siehe den Brief vom 10. Februar 1942 an Dr. Drewes im Nachlaß Georg Schumann.
4 Brief vom 24. 10. 1941 im Nachlaß Georg Schumann.
5 Archiv der Sing-Akademie.
6 Akte »Staatsarchiv« bei der Sing-Akademie.
7 Brief im Nachlaß Georg Schumann.
8 Der ganze folgende Vorgang im Nachlaß Georg Schumann.
9 Archiv der Sing-Akademie.
10 Brief des Reichsministeriums für Volksaufklärung und Propaganda vom 2. 11. 1944 im Archiv der Sing-Akademie.
11 Werner Gentsch, heute Senior der Sing-Akademie, hat einen bewegenden Bericht von dieser Aufführung gegeben in seinem Büchlein: Sing-Akademie zu Berlin. Über 50 Jahre dabei. Selbstverlag Berlin 1990.
12 Akten der Sing-Akademie.
13 Nachlaß Georg Schumann.

»Musikalische Ausgrabungen«.
Mathieu Lange und seine Funde (1950–1973)

Daß er sein Amt just im Bach-Jahr 1950 antrat, exakt 200 Jahre nach dem Tod des großen Thomas-Kantors, mag Mathieu Lange als Zeichen, als Wink verstanden haben: Johann Sebastian Bach, der bislang im Zentrum des Repertoires der Sing-Akademie gestanden hatte, auch fernerhin dort zu belassen. »Der Grundstock unserer Arbeit sind und bleiben die großen Werke von Bach, die Struktur, das Gerüst der Sing-Akademie, das Haus, in dem sie wohnt. Und da wir unser wirkliches Haus nicht mehr besitzen, müssen wir um so mehr daran festhalten, unser Haus geistig, symbolisch festzuhalten.«

So äußert sich Mathieu Lange 1969 auf einer Pressekonferenz.[1] Und das ist um so bemerkenswerter, als seine bisherige Laufbahn keineswegs darauf zielte, daß er einst als Chor-Direktor die Werke von Bach aufführen werde. Er kommt vom Theater her, stammt aus einer Familie von Theaterleuten und Musikern. 1905 in Düren geboren, studiert er an der Kölner Hochschule für Musik und sammelt an der Kölner Oper seine ersten Erfahrungen als Theaterkapellmeister. Über Münster und Göttingen führt der Weg nach Hannover, wo Lange noch während des Kriegs Operndirektor und Generalmusikdirektor wird, kurz bevor das Theater den Bomben zum Opfer fällt.

1945 fängt er in der Darmstädter Orangerie neu an. Neben der Theaterarbeit interessiert ihn dort brennend der Aufbau der Internationalen Ferienkurse für Neue Musik, die bald zum Mittelpunkt der internationalen musikalischen Avantgarde werden. Im September 1948 holt ihn Walter Felsenstein an die Komische Oper nach Ost-Berlin. Dort zeigt er, daß er mit Sängern umgehen kann, beste Voraussetzung für sein Amt bei der Sing-Akademie, dem er, nach all den kürzeren Stationen seines bisherigen Lebens, nicht weniger als vierundzwanzig Jahre lang treu bleibt – in bester singakademischer Tradition.

Für die Bach-Aufführungen der Sing-Akademie haben sich im Lauf der Zeit feste Termine herauskristallisiert, an denen Mathieu Lange unverrückt festhält: zunächst der Karfreitag für die Matthäuspassion, dann die letzten Adventstage für das Weihnachts-Oratorium, schließlich der Bußtag für die h-Moll-Messe. Diese wird nun natürlich komplett gegeben, was von der Aufführungsdauer her keinerlei Probleme mit sich bringt. Schwieriger ist das mit der Matthäuspassion. Georg Schumann hatte die erste komplette Aufführung gewagt – womit die Dimensionen eines Wagnerschen Musikdramas erreicht wurden. Mathieu Lange hält sich im Prinzip an die Vollständigkeit, kappt allerdings, um die Aufführungsdauer human zu halten,

Mathieu Lange (geb. 1905)

die Dacapos der Arien. Oberflächlich gesehen streicht er damit nur scheinbar über-
flüssige Wiederholungen; doch im Barock waren das keine mechanischen Reprisen;
sie wurden angereichert mit Verzierungen. Solche Erkenntnisse jedoch sind im Bewußtsein der Interpreten in den fünfziger Jahren noch nicht fest verankert.

Was das Weihnachts-Oratorium betrifft, so will Lange ebenso wie seine Vorgänger sich nicht auf den ersten Teil beschränken oder beide Teile an zwei Abenden geben, sondern an einem Abend einen breiten Querschnitt – mehr kann es nicht sein –
durchs Ganze geben.

Lange geht aber schon bald über diese Bach-Trias hinaus. Am 17. September
1950 führt er im Titania-Palast, der 1950 bis 1955 das Konzert-Domizil der Sing-
Akademie ist, die Kantaten Nr. 39, 103 und 68 auf. (»Brich dem Hungrigen dein
Brot«, »Ihr werdet weinen und heulen«, »Also hat Gott die Welt geliebt«.) Ein Unternehmen, das damals noch keineswegs geläufig ist. Das »Berliner Stadtblatt« vom
20. September registriert nur »höfliches Interesse«, der »Tagesspiegel« vom gleichen Datum sieht Probleme grundsätzlicher Art: »Es scheint, als mache Langes
erneuernde Bemühung die innere Fragwürdigkeit des alten Instituts erst recht offenbar.« Gerade das Bach-Jahr 1950 hat kritische Überlegungen zur Aufführungs-

praxis angestoßen. Werner Oehlmann vom »Tagesspiegel« findet den Chor einfach zu groß für Kantaten, rühmt aber Langes »straffe, energische Zeitmaße,« die »einfache, von romantischen Nuancen freie Dynamik«, die »musikalische Wortausdeutung«.

Er schreibt dies in der nüchternen Nachkriegszeit, die eher ein puristisches, asketisches Bach-Bild pflegt. Ein Jahrzehnt später sieht es schon anders aus. Am 22. April 1962 lobt der »Tagesspiegel« Langes »herbe, objektivierende Bach-Auffassung, die heute – leider – durch ein weicheres, subjektiveres Bachbild abgelöst wird«. Andererseits wird auch Lange gelegentlich, so im »Tagesspiegel« vom 2. April 1961, »romantische« Bach-Auffassung vorgeworfen«, »nazarenische Temperierung« in den Chorälen. Solche Äußerungen sagen oft mehr über den Kritiker, die Generation, der er angehört, die Modetrends, als über die Qualität der Interpretation.

Mathieu Lange hat im Laufe der Zeit zu einer glücklichen Balance zwischen den extremen Bach-Auffassungen gefunden. Laut »Tagesspiegel« vom 20. November 1964 bringt er die h-Moll-Messe »in einer stilistischen Form, die zwischen barocker Objektivität und moderner, ausdruckshafter Interpretation mit Glück vermittelt«.

Auf dem Fleck bleibt Langes Bach-Interpretation jedenfalls nie stehen. Am 26. November 1967 findet das »Spandauer Volksblatt« die Tempi in der h-Moll-Messe »breit, mächtig, zugleich bezwingend schön und prächtig pompös«, ein Jahr später (23. November 1968) »flüssiger, gestraffter, zupackender«. Am 21. November 1970 schließlich befindet der »Tagesspiegel«, Lange habe ein »natürliches Verhältnis zu barocken Tempi« gewonnen, und sein letztes Weihnachts-Oratorium wird als »bewegt, schwerelos... flüssig, kammermusikalisch schlank« beschrieben (Tagesspiegel vom 17. Dezember 1972).

Der große Senior der Musikkritik Hans Heinz Stuckenschmidt hat Langes Bach-Stil dergestalt zusammengefaßt: »Lange geht von einer klaren polyphonen Anschauung aus; seine minutiöse vorbereitende Arbeit zielt auf Bloßlegung des Stimmengewebes und auf rhythmische Deutlichkeit.«[2]

Seine Bach-Arbeit ist es vor allen Dingen, die Lange schon 1952 den Musikpreis des Verbandes der Deutschen Kritiker einbringt. Er wird folgendermaßen begründet: »Der Musikpreis wurde Mathieu Lange verliehen, weil er als neuer Leiter der Berliner Sing-Akademie unter schwierigen Bedingungen den Chor der Sing-Akademie wieder zu dem vollwertigen Instrument gemacht hat, das er in Berlin war. Seine Bach-Darstellung ist gleich weit von romantischer Gefühlsweichheit wie von einer aus falsch verstandener Objektivität geborenen Härte entfernt. Lange ist auch den Bestrebungen der Gegenwart aufgeschlossen. Er hat in der ›Tribüne‹ der ›Geschichte vom Soldaten‹ von Strawinsky zu einer Serie von 60 Aufführungen verholfen.«

Hier ist zuletzt von einem Theaterprojekt des Jahres 1949 die Rede. Der Theatermann Lange läßt nicht ab von Theater-Ideen, träumt von neuer, erweiterter Arbeit im Haus der Sing-Akademie am Kastanienwäldchen: »Neben der Hauptarbeit wollte ich die in Berlin fehlende Kammeroper aufbauen, z. B. neben der Messe vom Pergolesi auch eine Kammeroper von Pergolesi aufführen… Leider ließ es sich nicht verwirklichen, denn unser Haus blieb uns verschlossen.«³

Dort ist schon um die Wende 1946/47 das »Haus der Kulturen der Sowjetunion« eingerichtet worden, das ein Theater inbegriff; es wird später die Heimstätte des Maxim-Gorki-Theaters, das dort bis heute residiert. Eine Kammeroper wird in Berlin erst viel später gegründet.

Theatralischer Barock – Lange interessiert sich weniger für die statuarischen Oratorien von Bachs Altersgenossen Händel, den Zelter und Rungenhagen so favorisiert hatten – Mathieu Lange bringt in seiner ganzen Ära nur »Israel in Ägypten« und »Josua«. Ihn fesselt mehr das barocke Italien, die Wiege der Oper, und da zunächst der erste große Opernmeister, Claudio Monteverdi. 1952/53 realisiert er ein geistlich-weltliches Doppel-Projekt: Im Hebbel-Theater leitet er 1953 die Oper »Die Krönung der Poppäa«, doch zuvor schon macht er am 12. September 1952 während der Festwochen Berlin mit »Vespero della Beata Virgini« von 1610 bekannt, inzwischen als »Marienvesper« ein Repertoire-Stück, damals absolute Novität. Die Resonanz ist eine internationale. Die »Basler Nachrichten« melden: »Eine Sensation im besten Sinn bedeutet die deutsche Erstaufführung der Vesper von 1610 von Claudio Monteverdi durch die Sing-Akademie unter der Leitung ihres sehr aktiven, alter und neuer Musik gleichmäßig aufgeschlossenen Direktors Mathieu Lange.«

Was die frühere Sing-Akademie an Kirchenmusik strikt ablehnte, das Theatralische, Lange rückt es ins Licht, als wolle er ein altes Defizit der Chorvereinigung kompensieren. Er gräbt gerade die geistliche Musik der altitalienischen Opernkomponisten aus, kommt am 6. Oktober 1957 mit einer deutschen Erstaufführung der »Messa di Santa Caecilia« von Alessandro Scarlatti: »Heller, heiterer, inniger und zarter ist der Schutzheiligen der Musik selten gehuldigt worden als in Alessandro Scarlattis Messa die Santa Caecilia, die Mathieu Lange aus ihrer unbegreiflichen wie unverzeihlichen Haft in den Regalen der römischen Bibliothek zu klingender Wiedergeburt befreite.« So der »Tagesspiegel« vom 6. Oktober 1957. Lange wiederholt das herrliche Stück, das so lebhaft zwischen Chor und Soli wechselt, schickt aber noch weitere Musik von Scarlatti nach. Beim Festkonzert zum 175jährigen Jubiläum am 8. Oktober 1966 erklingt der Psalm »Dixit Dominus« aus der eben erst aufgefundenen Caecilienvesper, die eng zusammengehört mit der Caecilienmesse, und am 24./25. März 1967 gelangt die komplette Vesper erstmals für Deutschland zur Aufführung.

Mit Antonio Caldara kommt ein italienischer Meister des Spätbarock zu Wort und Klang, ein venetianischer Musiker, der »gebundene« Schreibweise mit südlich beschwingter Melodiosität verbindet. Am 30. September 1962 stellt Lange eine Messe von ihm vor und am 17. März 1968 ein Stabat Mater.

Mit dem genialen, allzu früh verstorbenen Giovanni Pergolesi stößt Lange schon über die Grenzen des Barock hinaus, musiziert von ihm nicht das relativ bekannte Stabat Mater, sondern eine Messe in D-Dur. Auch das wird mit Interesse aufgenommen. Die »Welt« am 27. November 1960: »Mathieu Langes Konzerte, in denen er seine musikalischen Ausgrabungen vorführt, gehören zu den interessantesten und wertvollsten des Berliner Musiklebens. Die Sing-Akademie sang einwandfrei, der Direktor ließ den Chor über sich hinauswachsen. Alle diese Werke sind so bedeutend, musikalisch und geschichtlich, daß man ihnen öfter begegnen möchte.«

Auf den französischen Hochbarock, der bislang in der Arbeit der Sing-Akademie völlig ausgespart war, weist Lange mit zwei gewichtigen Beispielen hin: 1961 gibt er während der Festwochen den Psalm »Dixit Dominus« von Michel-Richard Delalande, einem Musiker am Hofe des Sonnenkönigs (dem Werk schickt er übrigens noch eine Solo-Kantate »Endimione e Cintio« von Alessandro Scarlatti voraus), und 1971 erklingt ein Te Deum von Marc-Antoine Charpentier.

Nicht so weit in die Ferne zu schweifen braucht Lange bei dem Oratorium »Die Israeliten in der Wüste« von Carl Philipp Emanuel Bach; er findet es im Archiv der Sing-Akademie; Philipp Emanuel war ja mit Fasch zusammen Cembalist am Hof Friedrichs des Großen. Ein Werk der Empfindsamkeit, ganz ohne die Fugen, die Vater Bach geschrieben hätte, mit subtil ornamentierter Melodik vielmehr, ein Werk, das der Tradition der Sing-Akademie sehr gemäß ist; sie ist aus solcher Welt hervorgewachsen. Sie hat dieses Oratorium, eine echte Rarität, auch auf Schallplatte eingespielt.

Die Messen von Haydn, die im 19. Jahrhundert für die Sing-Akademie offenkundig tabu waren wegen ihrer »Weltlichkeit«, sie schätzt Lange besonders und präsentiert sie im Verlauf seiner Ägide fast systematisch. Noch in sein Abschiedskonzert am 23. Juni 1973 nimmt er eine der letzten Messen Haydns, die Schöpfungsmesse. Vorausgegangen sind in all den Jahren die Caecilien-Messe, die Mariazeller Messe, die Missa St. Nicolai, die Paukenmesse, die Heilig-Messe und die Harmoniemesse.

Mit der Mariazeller Messe koppelt Lange am 26. Mai 1963 die »Vesperae Solennes de Dominica« von Mozart. Mozart pflegt er im übrigen nicht in dem Umfange« wie Haydn. Neben dem Requiem gibt er Frühwerke; im Februar 1971 die Messe KV 139, im Januar 1970 die Litanei KV 125.

Mit letzterer verbindet Lange ein weiteres Jugendwerk, das Te Deum des zweiundzwanzigjährigen Otto Nicolai, das die Sing-Akademie ja einst, im Jahre 1832, aus der Taufe gehoben hatte. Nun, nach fast 140 Jahren, in denen es wohl kaum mehr erklungen ist, schlägt dieses prächtige, abwechslungsreiche Werk ein mit seinem Reichtum an Formen und Besetzungen, seinen blockhaften und fugierten Chören, dem Solo-Oktett, dem farbigen Instrumentarium. Auch dieses Werk wird auf Schallplatte produziert.

Mathieu Lange, der Mann des Musiktheaters, versagt es sich nicht, eines Tages doch auch mit der Sing-Akademie eine Oper, wenn auch nur konzertant, zu machen: Glucks »Orpheus und Eurydike« wird am 3. November 1968 im Rahmen der Veranstaltungen des Senators für Familie, Jugend und Sport gegeben.

Bleiben wir weiter im deutschen Bereich, so fällt auf, daß Lange gänzlich auf Beethovens Missa solemnis verzichtet, die nie charakteristisch war für die Sing-Akademie. Dafür aber nimmt er sich am 26. März 1966 der vernachlässigten C-Dur-Messe an, präsentiert sich in der Ersten Symphonie zuvor als Orchesterdirigent. Eine noch weniger bekannte Messe ist wohl Schumanns späte, eigentümlich archaisierende in c-Moll, die Lange am 18. Februar 1967 durchaus sinnvoll mit der Psalmen-Symphonie von Strawinsky koppelt.

Ansonsten interessiert Lange im 19. Jahrhundert das Jugendwerk. Mendelssohn zum Beispiel: Lange musiziert zwar nie die für die Geschichte der Sing-Akademie so typischen Oratorien »Paulus« und »Elias«, dafür darf er als der Entdecker der zwölf jugendlichen Streicher-Sinfonien gelten, die noch vor der offiziell gezählten Ersten Sinfonie entstanden; in Berlin liegen sie ja alle bereit. Lange ging von der Überlegung aus, daß die geniale Sommernachtstraum-Ouvertüre nicht ohne Voraussetzungen sein, nicht wie der Blitz aus heiterem Himmel gekommen sein konnte. Und er behielt mit der Vermutung recht, daß davor schon zahlreiche vollgültige Werke Mendelssohns liegen. Eine dieser frühen Mendelssohn-Sinfonien koppelt Lange während der Berliner Festwochen 1959 mit einem weiteren Fund, der »vielleicht nicht sehr frommen, aber hinreißend musikantischen und melodiösen Messe di Gloria des 18jährigen Puccini« (Züricher Tagesanzeiger).

Mathieu Lange hat einmal in einem Pressegespräch sein Faible für solche Jugendwerke begründet:[4] »Was mich bei diesen Jugendarbeiten interessiert, was mich fesselt, ist dieses Werden einer genialen Anlage in ganz bestimmter Zeit in einer ganz bestimmten Umwelt. Mich interessieren die *Grundsteine* einer musikalischen Veranlagung.«

Jugendwerke von Opernkomponisten – ein letztes bringt Lange am 16. Mai 1971 mit dem Te Deum von Georges Bizet, das nie zuvor erklungen war. Es wurde von dem zwanzigjährigen Rom-Preisträger des Pariser Konservatoriums während seines Stipendien-Aufenthalts im Süden geschrieben. Das frische Werk, das prunkvolle Tradition des römischen Kirchenstils mit französischer Anmut verbindet, im Mittelteil bereits auf die Melodiosität des Opernkomponisten vorausweist, aber auch großangelegte Fugen kennt, hat Lange noch einmal in sein Abschiedskonzert genommen zum Zeichen dessen, was eines der obersten Anliegen seiner Sing-Akademie-Arbeit war: die Entdeckung genialer Werke auch der jüngeren Zeit, die unser Bild vom Komponisten, ja von Epochen der Musikgeschichte revidieren oder ergänzen.

Demgegenüber tritt die Musik des 20. Jahrhunderts in den Programmen mit der Sing-Akademie etwas zurück – obwohl Lange ihre Entwicklung mit Interesse verfolgt. Doch sieht er da wohl Grenzen für einen Laienchor. Während der Festwochen 1952 wirkt die Sing-Akademie bei Hermann Reutters »Großem Welttheater« mit, von Strawinskys Psalmen-Symphonie war die Rede. Ansonsten bringt Lange lediglich noch die Deutsche Vesper des Berliner Komponisten Max Baumann und als Auftragswerk zum 175 jährigen Jubiläum die »Musen Siziliens« von Hans Werner Henze. Dieses Werk aus südlich-antikem Geist fügt sich glücklich ein ins Gesamtrepertoire. Henze schreibt im Programmheft am Ende seiner Ausführungen zum Werk: »Daß es der Sing-Akademie gelingen möge, in Zukunft die Pflege der Chorliteratur weiterzuentwickeln und ihr Repertoire auch öfter als bisher auf neue Werke auszudehnen, wie es ihre Tradition verlangt, ist mein größter Wunsch und Glückwunsch für diese dem Berliner Kulturleben zur Ehre gereichende, aus seinem Kulturleben nicht mehr wegzudenkende Institution.«

Henzes Wunsch geht dann erst eigentlich in der Ära nach Lange, der jüngsten in der Geschichte der Sing-Akademie, in Erfüllung. Ehe wir zu ihr übergehen, ist noch der Reisen des Chors unter Lange zu gedenken. Mit der Matthäuspassion von Bach ist man im November 1968 nach Stockholm gefahren, im Dezember 1969 mit dem Weihnachts-Oratorium nach Frankreich, hat es in Lyon, Montpellier, St. Etienne in der »Salle Pleyel« in Paris zusammen mit dem Symphonischen Orchester Berlin musiziert. Anfang September 1972 reist der Chor zum Breslauer Festival »Wratislavia cantans« und singt in der wiederaufgebauten geschichtsträchtigen gotischen Magdalenenkirche vor 5000 Zuhörern ein Programm mit Werken von Bach, Haydn und Bizet. Im Gegenzug kommen aus Breslau die »Cantores minores Wratislavienses« nach Berlin – ein frühes Beispiel für deutsch-polnischen Kulturaustausch.

Im Jahr zuvor wird Mathieu Lange noch eine Ehrung zuteil: »Dem Direktor der Berliner Sing-Akademie, Mathieu Lange, ist auf Beschluß des Deutschen Musikrats und des Verbands der Deutschen Oratorien- und Kammerchöre in Würdigung seiner Verdienste um die Pflege und Wiederentdeckung unbekannter Werke aus der Vergangenheit in Neuss am Rhein der Georg-Friedrich-Händel-Ring verliehen worden. Diese Auszeichnung wird alle vier Jahre vergeben.« Die Sing-Akademie hatte beim Chortreffen in Neuss glänzend abgeschnitten.

Doch Lange wird in dieser Zeit allmählich amtsmüde. Er hat den Chor nach dem Krieg gegen alle Mühsal wiederaufgebaut. Er hat ihn über die empfindliche Dezimierung durch den Mauerbau hinweggetragen, hatte, bei höchst bescheidenem Gehalt, zur musikalischen Direktion auch noch die Verwaltungsarbeit zu leisten, kämpft um die chronisch zu niedrigen Subventionen. Er will aufhören, im normalen Pensionsalter, nicht erst, wenn die Kräfte nachlassen und das Niveau sinkt.

Um die Mittel zu konzentrieren, schlägt Lange zuletzt eine Fusion von Sing-Akademie und Berliner Konzertchor vor, ein Gedanke, der von der Senatsverwaltung für Wissenschaft und Kunst interessiert aufgegriffen wird, »weil hier ein Weg sichtbar werde, die Leistungsfähigkeit der Sing-Akademie zu stärken« (»Die Welt«

Poniedziałek, 4. IX. 1972
godz. 20.00   Kościół Garnizonowy

Koncert Symfoniczny

Chór Sing-Akademie — Berlin Zachodni
Orkiestra Symfoniczna Filharmonii Wrocławskiej
Dyrygent — Mathieu Lange

Soliści:

Ruth Margret Pütz — sopran
Hildegard Rütgers — alt
Josef Schmalhofer — tenor
Dieter Ellenbeck — tenor
Ivo Ingram — bas

Program:

Joseph **Haydn**   — Harmonie — Messe

Kyrie
Gloria
Credo
Sanctus
Benedictus
Agnus Dei

Georges **Bizet**   — Te Deum

Maestoso
Moderato
Andante
Allegro molto
Maestoso

Druk. Swidnica z. 1750 300 8 72 F-12-663-72   *Cena 1,—* zł

Konzert der Sing-Akademie zu Berlin beim Festival »Wratislavia cantans« 1972 in der Garnisonkirche zu Breslau/Wrocław vom 24. Juni 1972). Aber die Fusion scheitert nicht zuletzt am Widerstand der Sing-Akademie selbst.

Am 23. Juni 1973 gibt Lange sein Abschiedskonzert. Gerda König spricht im Programmheft für die Mitglieder der Sing-Akademie den Dank aus, erinnert daran, daß Mathieu Lange in der ersten Probe schlicht gesagt habe: »Wir wollen arbeiten, sonst nichts.« Sie weist hin auf »seine pädagogische Fähigkeit, seine Geduld, seinen unerschöpflichen Optimismus« und schließt: »Trotz aller Schwierigkeiten Ihrer Amtszeit gelang es Ihnen, das nahezu völlig zerstörte Fundament unseres Instituts wiederaufzubauen. Nun ist dieses Fundament breit genug, um darauf weiterzuarbeiten, so daß in Zukunft unsere Sing-Akademie ihre speziellen Aufgaben wird erfüllen können. Durch die besondere Art Ihres künstlerischen Wirkens haben Sie unserem Institut Ihr ganz persönliches Gepräge gegeben.«

1 Manuskript in Mathieu Langes Akten.
2 Im Programmheft von Langes Abschiedskonzert am 23. Juni 1973.
3 Siehe Anm. 1.
4 Archiv Mathieu Lange.

»Im Sinne des Bitterfelder Wegs«.
Eine zweite Sing-Akademie in Berlin (seit 1963)

Im April 1963 gibt die Deutsche Staatsoper Unter den Linden auf Weisung des Zentralkommitees eine Anzeige heraus unter dem Titel »Neugründung der Berliner Singakademie«, in der es heißt: »Vor etwa 170 Jahren ist die unter Zelter und Mendelssohn-Bartholdy berühmt gewordene Berliner Singakademie, die sich aus musikliebenden Laien zusammensetzte, gegründet worden. Im April 1963 wird diese traditionsreiche Chorvereinigung, an deren Tätigkeit einst auch Goethe regen Anteil genommen hatte, wieder ins Leben gerufen.«

Zweierlei muß daran befremden: Eine »Berliner Singakademie« hat es nie gegeben; was da vor 172 Jahren gegründet worden ist, heißt korrekt »Sing-Akademie zu Berlin«. Und es mußte nicht »wieder ins Leben gerufen werden«, weil es nie gestorben war. Die Sing-Akademie hat ja nie aufgehört zu existieren. Die Zäsur, die der Zusammenbruch am Ende des Zweiten Weltkriegs verursacht hatte, war kaum größer als eine Sommerpause, und es wurde die Arbeit mit dem gleichen Direktor und dem gleichen Mitgliederstamm kontinuierlich fortgesetzt.

Wie also nun das? Zweifellos war diese »Neugründung« erst nach dem Mauerbau möglich geworden, der am 13. August 1961 die Ost-Berliner Mitglieder der Sing-Akademie abtrennte und die Tätigkeit des Chors vollends auf West-Berlin eingrenzte. Kurz nach dem Mauerbau taucht dann schon die Idee einer eigenen Sing-Akademie im Ost-Berlin auf. Die dortige »National-Zeitung« berichtet am 23. Oktober 1962 von einem Gespräch im Rathaus, bei dem der Rektor der Deutschen Hochschule für Musik, Prof. Dr. Eberhard Rebling, vorgeschlagen habe, eine »Volkssingakademie« zu gründen. Seine Idee findet rasch Resonanz. Schon im April 1963 erscheint die besagte Annonce der Staatsoper, die im weiteren verheißt: »Neben a-cappella-Konzerten wird die Singakademie vor allem Oratorien-Aufführungen veranstalten. Sämtliche Mitglieder der Singakademie haben außerdem die Möglichkeit, in den Opernaufführungen an der Deutschen Staatsoper mitzuwirken. Die Mitglieder der Singakademie erhalten eine kostenlose Ausbildung bzw. Weiterentwicklung auf gesanglichem, musiktheoretischem und musikhistorischem Gebiet.« Ein attraktives Angebot. Zum Direktor ausersehen ist der vielleicht renommierteste Chorleiter der Republik, Helmut Koch. Am 25. Juli des Jahres berichtet er in der »Berliner Zeitung« (Ost): »Es haben sich bereits fast 300 sangesfreudige Berliner aus – ich möchte sagen – wohl allen Schichten der Bevölkerung zur Teilnahme angemeldet. Etwa die Hälfte wurde nach sorgfältigen Prüfungen der stimmlichen und musikalischen Qualitäten für die Singakademie angenommen.

Das Durchschnittsalter der Mitglieder liegt zwischen 20 und 30 Jahren. Das ist sehr erfreulich für unsere Arbeit. Auch zahlreiche Berufssänger, nicht nur von der Deutschen Staatsoper, sondern auch vom großen Chor und der Solistenvereinigung des Berliner Rundfunks, werden Mitglieder der Singakademie. Unter diesen Voraussetzungen wird die Singakademie nicht nur eine große deutsche Chortradition weiterführen, sondern gleichzeitig ein Beispiel für die echte Verbindung zwischen der Berufs- und Volkskunst im Sinne des Bitterfelder Wegs geben.«

Also ein junger Chor (in den, was nicht erwähnt wird, auch Musikstudenten abgeordnet werden). Und mit Berufssängern bestückt – so wie in Faschs und Zelters Sing-Akademie. Das verbürgt natürlich Niveau. Und immer wieder wird im Zusammenhang mit dieser neuen Singakademie der »Bitterfelder Weg« beschworen, das kulturpolitische Programm der DDR, das auf den Bitterfelder Konferenzen entwickelt wurde. Diese Singakademie ist also von vornherein Teil eines wohldurchdachten politischen Konzepts.

Am 22. September 1963 wird die »Berliner Singakademie« im Apollo-Saal der Staatsoper gegründet. Kulturminister Bentzien behauptet rundweg und wider besseres Wissen, die Sing-Akademie sei mit Ende des Zweiten Weltkriegs aufgelöst worden (obwohl der Chor noch danach in der Ost-Berliner Marienkirche sang, von der Ost-Berliner Presse durchaus beachtet). Er macht deutlich, daß der Chor Impulsgeber für weitere Singakademie-Gründungen in der Republik sein soll. »Modell für die ganze Republik« heißt denn auch eine Schlagzeile im »Neuen Deutschland« vom 20. August 1963.

Dem ersten offiziellen und repräsentativen Konzert in der Staatsoper werden drei nichtöffentliche Konzerte an bescheidenerem Ort, zur Probe sozusagen, vorausgeschickt. Das erste ist im Dezember im Festsaal des Klinikums Buch – ein A-cappella-Programm, das vom alten Madrigal über einen komplizierten Brahms-Chor bis zum Volkslied reicht.

Das zweite findet im April 1964 im Funkwerk Köpenick statt, und die »Berliner Zeitung« wertet die Veranstaltung als »Schulbeispiel für den Bitterfelder Weg« aus drei Gründen: 1. Laien und Profis musizierten hier zusammen. 2. Ein Chor mit Sängern aus allen Schichten sei der Oper angebunden, »erhält deren großzügigste Unterstützung und Fürsorge«. 3. Dieser Chor singe in Betrieben vor Werktätigen.

Und er wird hier schon, vor seinem ersten öffentlichen Auftritt, als der »repräsentative Laienchor der Republik« bezeichnet. Als solcher ist er also von vornherein angelegt.

Konsequent wird dann auch das III. Nichtöffentliche Konzert des Chors im Apollo-Saal am 24. Mai 1964 mit der Eröffnung der 2. Bitterfelder Konferenz zusammengelegt. Der Chor, der zu »Bitterfelds liebsten Kindern« zählt, schickt dahin eine Grußadresse. Kompositionen aus der Tradition der Sing-Akademie zu Berlin kommen zu Gehör: Zelter, Reichardt, Mendelssohn, Loewe. Hanns Eisler freilich – das ist allein DDR-Tradition.

So ist der erste öffentliche Auftritt an gleicher Stelle am 31. Mai 1964 gut vorbereitet. Man singt wahrhaftig aus dem 51. Psalm von Fasch, dem Gründer der rechtmäßigen Sing-Akademie, singt wieder Zelter, Reichardt und Mendelssohn, singt aber auch, abseits von Sing-Akademie-Tradition, weltliche Madrigale des 16./17. Jahrhunderts sowie Volkslieder aus der Sowjetunion und aus Ungarn.

Und in Konsequenz dieser absurden Geschichtsklitterung kommt es dann dahin, daß der Chor, eben zwei Jahre alt, 1966 tatsächlich sein 175jähriges Jubiläum feiert, mit dem »Elias« von Mendelssohn. Begründet wird das in der Festschrift damit, daß man der legitime Erbe des Geistes der Gründer sei: »Es können die echten humanistischen Ideale der Gründer der Sing-Akademie erst heute in unserem Arbeiter- und Bauern-Staat ihre Erfüllung finden.« Helmut Koch weist darauf hin, daß man sich zum »Geburtstag« mit dem Kinderchor des Deutschlandsenders zu einer Arbeitsgemeinschaft zusammengeschlossen habe: der Kinderchor als Vorstufe zur Singakademie – wahrlich »systematische Aufbau-Arbeit«.

In West-Berlin schrillen die Alarmglocken ob der singakademischen »Neugründung« im anderen Teil der Stadt, freilich weniger bei den Behörden als bei der originalen Sing-Akademie. Am 2. Juli 1963 weist der Vorstand den Senator für Wissenschaft und Kunst auf die drohende Entwicklung hin. Außer ein paar Rückfragen erfolgt keine Stellungnahme. Man läßt die Dinge kommentarlos geschehen. Da wendet sich Mathieu Lange am 1. Oktober persönlich an den Senator:

»Die erfolgte Initiative der zuständigen Kulturstellen in Ost-Berlin ist von mir vorausgeahnt und oft prophezeit worden. In mehreren Memoranden an verantwortliche Instanzen zu West-Berlin habe ich immer wieder nachdrücklich darum gebeten, die Sing-Akademie durch eine vernünftige und ihrer historischen Bedeutung entsprechende *Etatgestaltung a*us ihrem Schattendasein zu erlösen, das sie seit der Teilung Berlins, vor allem seit Errichtung der Mauer, zu führen gezwungen ist. Wäre die erbetene Etatrevision rechtzeitig erfolgt und auch nur annähernd der früheren Vermögenslage der Akademie angeglichen worden, hätte die Sing-Akademie ihre der Tradition verpflichteten Aufgaben so repräsentativ und leistungsstark erfüllen können, wie es ihr seit ihrer Gründung bis zum Ende des Kriegs in Europa, ja in der ganzen Welt, nachgerühmt wurde.

... Daß es nun zu dieser provozierenden Neugründung ist Ost-Berlin kommen konnte, halte ich für einen *kultur-politischen Skandal ersten Ranges*! Er wäre zu vermeiden gewesen...

Der Ost-Berliner Sing-Akademie stehen, verläßlichen Berichten zufolge, jedenfalls Mittel in unbeschränkter Höhe zur Verfügung, und ich halte es für unfair, unserer Sing-Akademie einen Konkurrenzkampf angesichts einer so gravierend unterschiedlichen finanziellen Basis zuzumuten.

Es gibt nur zwei Möglichkeiten, dieser Ost-Berliner Neugründung, die offensichtlich ein durchsichtiges politisches Manöver darstellt, wirkungsvoll gegenüberzutreten, nämlich:

1. Neugestaltung des Etats, und zwar sofort, durch Erhöhung der Subventionen, wie sie seit Kriegsende jedem Flüchtlingsunternehmen zuteilgeworden sind.
2. Errichtung eines neuen Hauses, einer neuen Sing-Akademie, die das Traditionsrecht unsres in Ost-Berlin verlorengegangenen Hauses in West-Berlin symbolisiert und uns endlich den immer noch fehlenden Probenraum nach nahezu 20 Jahren sichert.«

Auch dies bleibt ohne angemessene Reaktion. Es ist allerdings auch schon zu spät für wirksames Handeln. Die Singakademie Ost ist in diesem Augenblick so wenig mehr zu verhindern wie der Mauerbau. Da hätte man früher beginnen müssen. Ost-Berlin hatte immerhin lange gewartet, hatte nun eine Stunde der doppelten Schwäche der Sing-Akademie genutzt: den Aderlaß durch den Mauerbau und ihre kümmerliche finanzielle Lage. Man hat sich in Ost-Berlin wohl lange nicht vorstellen können, daß der Senat aus dem Markenzeichen »Sing-Akademie« kein Kapital schlug. Die Sing-Akademie bildete ja doch zusammen mit dem Philharmonischen Orchester ein mächtiges Säulenpaar im Berliner Musikleben bis zum Kriege – nicht von ungefähr stand Karajan als Chef zur Debatte.

Ernst Reuter ist sich noch dessen bewußt, wenn er der Sing-Akademie als einzigem Chor eine Jahressubvention von 30 000 DM gewährt – damals eine ganz ansehnliche Summe – und ihr Wohnrecht in einer neu zu errichtenden Philharmonie zusagt. Doch bald tritt die Sing-Akademie gegenüber dem Philharmonischen Orchester in den Schatten des öffentlichen Interesses. Ein Philharmonisches Orchester zu gründen, hätte Ost-Berlin nicht wagen können; ein Aufschrei wäre durch die Welt gegangen. Die Usurpierung des Gütesiegels »Sing-Akademie« mitsamt ihrer Tradition durch die traditionslose DDR – das fällt nun schon kaum mehr groß auf.

Und es kommt wie vorhersehbar: Der Ost-Berliner Chor blüht rasch auf, wird überall als Spitzenmarke herumgereicht, ob auf den Händel-Festspielen in Halle oder den dortigen Arbeiter-Festspielen, erarbeitet ein Riesen-Repertoire, das ebenso wie die klassische Chorliteratur die Moderne, das Volkslied und das Arbeiterlied umfaßt. Er wird 1974 mit dem Preis für künstlerisches Volksschaffen 1. Klasse ausgezeichnet, erhält mehrfach das Prädikat »hervorragendes Volkskunstkollektiv«. Und so muß er der Welt schließlich als die wahre, einzige Sing-Akademie erscheinen.

Nur konsequent, daß schließlich sogar »Die Welt« (vom 1. Juli 1977), die man der DDR-Freundlichkeit sicher nicht bezichtigen kann, die Ost-Berliner Version aufnimmt, die Sing-Akademie sei »1963 wiedergegründet worden«. Sie kennt überhaupt nur die Ost-Berliner Sing-Akademie.

Und so wird es wohl zu der Absurdität kommen, daß es noch im Jubiläumsjahr 1991, noch in einem vereinigten Deutschland, in einem vereinigten Berlin, zwei Sing-Akademien gibt, mit und ohne Bindestrich, die sich beide auf die gleiche Tradition berufen, aber getrennt ihre Jubelfeier begehen.

»Mut zum Risiko«.
Hans Hilsdorfs Arbeit

Die h-Moll-Messe von Bach – sie ist das erste Werk, das Hans Hilsdorf als neuer Direktor der Sing-Akademie am 21. November 1973 leitet. Und auch dies hat Symbolwert: Bach bleibt auch unter ihm die tragende Säule des Repertoires mit den drei festen, jährlich wiederholten Aufführungen von Matthäuspassion, h-Moll-Messe und Weihnachts-Oratorium.

Beim ersten Mal führt Hilsdorf das Weihnachts-Oratorium noch nach bisherigem Brauch mit allen sechs Kantaten, aber gekürzt, an einem Abend auf. Die Presse beschwert sich, und Hilsdorf kommt rasch davon ab. Hinfort wird das Weihnachts-Oratorium an zwei Abenden gegeben, ungekürzt. Und das hat sich bewährt. Schließlich mag man keine Note dieses Werks missen.

Natürlich ist das unverrückte Festhalten an den drei Bach-Aufführungen viel moniert worden – seitens der Presse, nicht vom Publikum. Das füllt diese Aufführungen und sichert den finanziellen Erfolg. Und eben dieses »finanzielle Polster« ist es, weswegen Hilsdorf beim Bewährten bleibt. Um bei den übrigen Konzerten um so mehr Spielraum für Programm-Experimente zu haben. »Mut zum Risiko« hat ihm einmal eine Berliner Zeitung attestiert.

Es ist reizvoll, dieses unermüdliche Fahnden nach origineller Literatur, die für die Sing-Akademie und das Publikum neu ist, durch die Jahre hinweg zu verfolgen.

Das beginnt schon am 26. Juni 1974 mit der Wiederaufnahme von Puccinis »Messa di Gloria«, die Mathieu Lange ausgegraben hatte. Zu ihr gesellt sich als absolute Novität das »Stabat Mater«, das Peter Cornelius als Zwanzigjähriger zum Abschluß seiner Berliner Studien geschrieben hat (während der Zeit war er übrigens auch Mitglied der Sing-Akademie). Das Werk erweist sich als Gewinn für das Repertoire und ist mit seiner lyrischen Innerlichkeit und seiner durchgearbeiteten Faktur ein schöner Kontrast zur Puccini-Messe.

Ein »Stabat Mater« aus einer ganz anderen Ecke, von Francis Poulenc, bringt das nächste Jahr, 1975. Eine Seite des Komponisten, die hierzulande wenig bekannt ist. Ein drittes »Stabat Mater«, noch einmal aus einer ganz anderen Tradition, folgt ein Jahr darauf: das hinreißende von Rossini. Acht Jahre später, 1984, kommt dazu noch das großartige, inbrünstig-sinnliche »Stabat Mater« von Dvořák.

Damit ist schon der immense musikhistorische und musikgeographische Radius angedeutet, den Hilsdorf ausmißt. Und innerhalb dessen es doch Prinzipien gibt, Felder von Zusammengehörigem, System. Das Repertoire der Sing-Akademie er-

Hans Hilsdorf, Direktor der Sing-Akademie
seit 1973

reicht eine Breite, die es nie zuvor besaß, eine Tiefe des historischen Bewußtseins, eine Liberalität, die sich keiner musikalischen Richtung verschließt.

Als Studienleiter und Dirigent an der Deutschen Oper Berlin seit 1959 ist es Hilsdorf einfach gewohnt, vorurteilslos sich mit jeder Musik auseinanderzusetzen, ein riesiges Repertoire umzupflügen. Als hervorragendem Pianisten und gesuchtem Liedbegleiter wachsen ihm weitere Bereiche des Gesangs zu. Der Sing-Akademie kommt das nur zugute. Hilsdorf hat durch seine Erfahrungen mit Sängern eine glückliche Hand mit Solisten bei seinen Aufführungen, einen guten »Riecher« für begabten Nachwuchs, dem er eine Chance einräumt. Und die Breite des musikalischen Horizonts wirkt sich eben aus auf das Repertoire der Sing-Akademie.

Osteuropa tritt erstmals kräftig ins Blickfeld. Der »Psalmus Hungaricus« von Zoltan Kodaly, das Nationalwerk der Ungarn, wird am 8. Mai 1975 sogar auf ungarisch gesungen. Von Kodaly hört man am 21. März 1982 noch zwei Psalmen.

Zwischen 1979 und 1982 gibt es einen Strawinsky-Schwerpunkt mit den folkloristisch-vitalen »Les Noces«, der Messe, dem Pater noster und Ave Maria sowie der Cantata von 1952.

Damit ist indes das Spektrum der Neuen Musik, das Hilsdorf der Sing-Akademie erschließt, noch nicht erschöpft. Am nächsten liegen da natürlich im buchstäblichen Sinn des Wortes Komponisten in Berlin, die die Sing-Akademie ja seit je berücksichtigte. Sie erhalten nun sogar Kompositions-Aufträge. So schreibt Helge Jörns 1976 in der Villa Massimo sein Friedens-Oratorium »Per un poc' di pace«, und der bulgarische Wahlberliner Nikolai Badinski komponiert eine große Kantate »Widerspiegelungen der Weisheit«. Es sind das schon höchst anspruchsvolle Aufgaben, die den Chor über sich hinauswachsen lassen.

Ein weiterer Berliner Komponist, eher aus der älteren Generation, kommt mit Reinhard Schwarz-Schilling zu Wort, 1976 mit einem »Laetare« und 1979 mit dem »Lob der Mutter«.

Schließlich präsentiert sich 1982 auch Hilsdorf selbst nach alter Sing-Akademie-Tradition (die nur von Mathieu Lange unterbrochen wurde) als Komponist mit seiner reizenden Zelter-Kantate, die auch als Werk der Geschichte der Sing-Akademie huldigt. Später offeriert er noch witzige Morgenstern-Vertonungen und verheißt zum Jubiläums-Konzert 1991 eine Motette.

Komplettieren wir noch das zeitgenössische Repertoire: Am 17. Mai 1981 koppelt Hilsdorf Bernd Alois Zimmermanns Kantate »Lob der Torheit« mit den »Carmina burana« von Orff, nimmt 1990 noch einmal Henzes »Musen Siziliens« auf, die ja der Sing-Akademie »gehören« – und wird im gleichen Jahr daran gehindert, zu Frank Martins 100. Geburtstag dessen Oratorium »Golgotha« aufzuführen; das Berliner Philharmonische Orchester verweigert die Mitwirkung. Das verdient festgehalten zu werden als skandalöses Datum in der Geschichte einer Zusammenarbeit, die bis zur Gründung des Orchesters zurückreicht. Es verdankt nicht zuletzt der Sing-Akademie seine Existenz und erste Förderung und war dessen auch über viele Jahrzehnte als fester Vertragspartner der Sing-Akademie eingedenk. Heute glaubt man solche geschichtlich gewachsenen Bindungen ignorieren zu können.

Frank Martin wird gleichwohl geehrt mit einer Orgel-Passacaglia, die Wolfgang Wedel spielt, und »Sechs Monologen aus Jedermann«, die Hilsdorf selbst am Klavier begleitet. Ansonsten stehen auf dem Programm A-cappella-Psalmen von Mendelssohn und die e-Moll-Messe von Bruckner, die auch allein mit Orgel begleitet werden kann – das heißt, aus der Not eine Tugend machen.

Das Äußerste überhaupt, was einem Laienchor an Neuer Musik abzuverlangen ist, leistet am 24. April 1983 ein Auswahlchor der Sing-Akademie mit der Kantate »Das Augenlicht« von Anton Webern, die gemeinhin nur von Berufschören zu bewältigen ist.

Hilsdorf setzt sich auch gern für in Vergessenheit geratene Komponisten an der Schwelle zur Neuen Musik ein. Zweimal steht der aus der Wiener Brahms-Tradition kommende Hans Gal, sonst eher als Musikschriftsteller bekannt, auf dem Programm, 1983 mit seiner Kantate »Vom Bäumlein, das andere Blätter hat gewollt« und 1990, zu seinem 100. Geburtstag, mit einer Motette.

Eines weiteren 100. Geburtstages wird am 9. Mai 1986 mit dem höchst bemerkenswerten Magnificat von Heinrich Kaminski gedacht, der zeitweise in Berlin wirkte und den schon Georg Schumann berücksichtigte. Nennen wir ferner noch die Choralkantate Nr. 2 von Max Reger, die am 5. Juni 1988 zu Gehör kommt, und die Choralmotetten von Georg Schumann am 15. Oktober 1977 – Huldigung an die Kunst des Vorgängers.

Aber auch im älteren Repertoire macht Hilsdorf wertvolle Entdeckungen. Am 20./21. März 1976 bringt er die so herrlich irdische, koloraturenselige Es-Dur-Messe des sechzehnjährigen Carl Maria von Weber, am 15. Oktober 1977 führt er endlich die Chor-Fantasie von Beethoven auf, dem gegenüber sich die Sing-Akademie immer spröde verhalten hat. Im gleichen Konzert erklingt Mozarts Musik zu »Thamos, König in Ägypten«. Eine weitere Bühnenmusik konzertant gibt es am 24. Juni 1979 mit Henry Purcells »Dido und Aeneas«.

Hilsdorf zeigt sich auch interessiert an der Frage der Bearbeitungen, stellt selbst solche her, wo es not tut. Zum 51. Bachfest der Internationalen Bach-Gesellschaft im Jahre 1976 steuert er am 26. August Johann Sebastian Bachs wenig bekannte Bearbeitung der »Missa sine nomine« von Palestrina bei, und am 12./13. Januar 1980 stellt er Mozarts Bearbeitung des Händelschen »Messias« zur Diskussion, wie sie einst Zelter in die Sing-Akademie eingeführt hatte. Mußten derlei Bearbeitungen im Laufe der Geschichte erst einmal beseitigt werden, um das Original freizulegen, so sind sie heute schon wieder aus historischen Gründen interessant; damit man begreift, in welchem Gewand ein solches Werk populär wurde.

Der Chor der Sing-Akademie mit Hans Hilsdorf

Von ähnlicher Fragestellung her hatte die Aufführung von Grauns »Tod Jesu«, dem alten Leib- und Magen-Stück der Sing-Akademie, am 8. März 1981 ihren Sinn. Wie war es möglich, daß dieses Werk zum »preußischen National-Oratorium« wurde, fast bis zum Ende des 19. Jahrhunderts noch regelmäßig am Karfreitag aufgeführt wurde als der Matthäuspassion von Bach ebenbürtig? Wohl weil es doch besser ist als sein Ruf und weil es offenbar eine spezifische Mentalität Berlins, seine »weichgeschaffenen Seelen«, die es neben den hartgesottenen durchaus gab, ansprach – aber das wäre einmal eine eigene Studie wert.

Im gleichen Jahr noch einmal Berliner Musikgeschichte des 18. Jahrhunderts: Das Konzert am 12. September 1984 steht unter dem Motto »Die Bach-Familie in Berlin« und bringt die Kantate »Erzittert und fallet« von Wilhelm Friedemann Bach, ein Vaterunser von Wilhelm Friedrich Ernst Bach, dem letzten Sproß der Dynastie, und das prächtige Magnificat von Carl Philipp Emanuel Bach.

Die Sing-Akademie bleibt auch oder gerade 200 Jahre nach ihrer Gründung ihrer Geschichte, ja ihres Ursprungs eingedenk. Und ihr Ursprung war die sechzehnstimmige Fasch-Messe. Sie holt man zum 250. Geburtstag des Komponisten im Jahr 1986 hervor – sie ist ja leicht greifbar – und führt sie am 9. Mai mit Instrumentalbegleitung auf, erkennt daran, was die frühe Sing-Akademie, die das Werk nur mit Cembalobegleitung sang, zu leisten vermochte. Das Werk erweist sich als grandiose Komposition. Ein Stück daraus erklingt zu einer vorweihnachtlichen Feierstunde für Fasch im Musikinstrumentenmuseum, zusammen mit einem hochvirtuosen Tripel-Konzert für Trompete, Oboe d'amore und Violine. Dazwischen hält Gottfried Eberle ein kurzes Referat über Fasch. Anschließend wird im engen Kreis Werner Gentsch für fünfzigjährige Mitgliedschaft geehrt.

Im Jahr darauf, 1987, wird zum Stadt-Jubiläum die Reihe der komponierenden Sing-Akademie-Direktoren weiter verfolgt mit einem Konzert am 17. Juni. Neben der Fasch-Messe erklingen Zelters berühmte Kantate »Die Gunst des Augenblicks« und vier Goethe-Lieder, vier Lieder von Rungenhagen nach Schiller und Goethe, ein Psalm von Grell, eine Arie für Alt und Streicher von Blumner. Georg Schumann ist mit einer Instrumentalkomposition vertreten, einem Fantasie-Scherzo für Klavier und Orchester, und Hilsdorf steuert zwei Morgenstern-Chöre bei.

Geschichte der Sing-Akademie – das heißt auch: Besinnung auf ihre ursprüngliche Intention. Und die hieß: Chorgesang a cappella. Das A-cappella-Singen war seit dem Zweiten Weltkrieg in der Sing-Akademie gänzlich verlorengegangen. Hilsdorf belebt es alsbald wieder. Damit erweitert sich der Radius des Repertoires noch einmal beträchtlich. Weihnachtliche A-cappella-Konzerte in verschiedenen Berliner Kirchen werden rasch Tradition.

Aber Hilsdorf bringt das A-cappella-Singen auch in die großen Konzerte in der Philharmonie ein. Der Venetianer Giovanni Gabrieli, sein Schüler Heinrich Schütz und ihre Zeitgenossen – sie werden zu Favoriten. Ein reines A-cappella-Konzert quer durch die Musikgeschichte erlebt man am 18. Juni 1978 mit einem Programm,

Aufführung der Matthäuspassion unter Hans Hilsdorf
in der Stiftsbasilika Waldsassen, Mai 1987

das von Gabrieli über Mozart, Schubert, Mendelssohn und Brahms bis Hindemith reicht.

Schon in Hilsdorfs erstem Jahr geht der Chor auf Reisen, fährt auf Einladung des Senders Freies Berlin mit dem Weihnachts-Oratorium von Bach nach Rennes/Frankreich. 150 Jahre nach der Wiederaufführung der Matthäuspassion unter Mendelssohn reist die Sing-Akademie mit diesem Werk Anfang Mai 1979 zum Flandern-Festival nach Kortigk und zum Festival du Condroz nach Huy (Belgien). Danach singt man es beim English Bach Festival London in der riesigen Albert-Hall.

Am 24. Mai 1987 wird in der Stiftsbasilika Waldsassen die »Marienvesper« von Monteverdi musiziert. Einst eine Ausgrabung der Sing-Akademie, gehört sie inzwischen zum Repertoire aller ambitionierten Chorvereinigungen.

Unter Hans Hilsdorf steht die Sing-Akademie nicht länger allein ihrem Direktor zur Verfügung, sie soll auch andere Gesichter erleben, meint Hilsdorf. So wirkt sie vielfältig bei fremden Veranstaltungen unter anderen Dirigenten mit und erweitert dadurch noch einmal ihren Horizont.

Mehrfach hat sie das Symphonische Orchester Berlin bei der Neunten von Beethoven unterstützt, hat mit ihm unter Daniel Nazareth die »Schöpfung« von Haydn und unter Theodore Bloomfield die Matthäuspassion von Bach gesungen. Eine

Mitwirkung des Chors der Sing-Akademie zu Berlin bei der Aufführung »Zar und
Zimmermann« 1987 (Siegessäule, Sternstunde), Regie Winfried Bauernfeind

konzertante Aufführung von Bellinis Oper »Norma«, an der sie teilnahm, dirigierte
Gianfranco Masini.

Die Mitwirkung bei Konzerten des Radio-Symphonieorchesters Berlin beginnt
1977 mit der Psalmen-Symphonie von Strawinsky unter Igor Markevitch. Die Damen des Chors unterstützen im Januar 1979 eine Aufführung von Hindemiths
Schock-Oper »Sancta Susanna« unter Gennadij Roschdestwenskij, ein Jahr darauf
die »Planeten« von Gustav Holst unter Andrew Davis.

Weitere Produktionen mit dem Radio-Symphonieorchester gibt es 1988 mit dem
Te Deum des französischen Revolutions-Komponisten François Gossec und mit
»General Booth enters into Heaven« von Charles Ives.

Wolfgang Wedel, der ständige Organist der Sing-Akademie, leitet am 7. Juli
1984 in der Glaubenskirche Tempelhof ein Programm mit Motetten von Schütz,
Mendelssohn, Bach und Georg Schumann und am 22. Dezember 1985 ein weih-
nachtliches Chorkonzert in der Dorfkirche Tempelhof. Beim Kirchenmusikfest
1987 werden zusammen mit anderen Berliner Chören unter der Leitung von Chri-
sta Welzien und Karl Ludwig Hecht Motetten von Thomas Tallis und von Mendelssohn gesungen. Schließlich hat in jüngerer Zeit Heinrich Hollreiser von der
Deutschen Oper zwei Konzerte dirigiert: am 7. Juni 1986 mit einem Offertorium

und der Krönungsmesse von Mozart sowie der C-Dur-Messe von Beethoven und am 16. November 1988 mit der h-Moll-Messe von Bach.

Eine der originellsten Aufgaben aber war die Mitwirkung bei der »Sternstunde 3« an der Siegessäule im Jahr der 750-Jahr-Feier Berlins, am 21. und 22. August 1987. Hier hatte man die Singschule aus der Lortzing-Oper »Zar und Zimmermann« darzustellen. Die Sing-Akademie, die sich einst streng und privat ausschließlich der »heiligen Musik« verschrieben hatte, nun im Kostüm in einer Spieloper agierend – welch ein Wandel in 200 Jahren; welch ein Glück, daß das alles heute möglich ist, daß die Sing-Akademie nun offen ist für fast jedwedes Genre von Musik. Das ist ermutigend an der Schwelle zum dritten Jahrhundert der Sing-Akademie. Im übrigen: So sehr fiel sie mit »Zar und Zimmermann« gar nicht aus der Rolle, sprich, aus der Tradition: Albert Lortzing war Mitglied der Sing-Akademie.

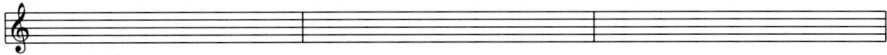

»Jauchzet, frohlocket«?
Jubiläumsgedanken

»Jauchzet, frohlocket, erhebet die Humpen« – so beginnt der Prolog zu einem Gesellschaftsabend der Sing-Akademie am 24. Mai 1921, am 130. Jahrestag der Gründung. Siebzig Jahre danach, beim 200jährigen Jubiläum, wird derlei knallige (und etwas degoutante) Festlaune nicht aufkommen. Niemand wird Reime schmieden wie diese:

> Lasset das Zagen, verbannet die Klage;
> Denkt nicht daran, daß da draußen die Welt.
> Denkt nicht der üblen politischen Lage,
> Die uns seit Jahren das Leben vergällt.

Gegen die »Welt da draußen« kann sich heute keiner mehr verschließen, die »politische Lage« ist nicht einfach zu vergessen.

Im Augenblick, da diese Zeilen geschrieben werden, tobt der Golf-Krieg, droht zum dritten Weltkrieg zu eskalieren, mit Zerstörungen nie gekannten Ausmaßes.

»Die Sing-Akademie wird unvergänglich sein« – solch euphorische Worte, wie sie beim fünfzigjährigen Jubiläum ertönten, werden beim 200jährigen niemandem von den Lippen kommen. Nicht weil die Sing-Akademie vergänglicher wäre als andere Institutionen; das gewiß nicht. Nur: Es geht heute schon nicht mehr nur um das Überleben von Institutionen, es geht um das Überleben der Menschheit schlechthin, die drauf und dran ist, sich in ihrer Torheit selbst zu vernichten.

Dabei waren die letzten Jahre so verheißungsvoll. Die Mauer, die auch die Sing-Akademie zerschnitten hatte, ist gefallen. Grenzen haben sich geöffnet, Diktaturen sich in Demokratien gewandelt. Die Sing-Akademie feiert ihr Jubiläum – wer hätte es zu träumen gewagt? – in einem vereinten Berlin, einem vereinten Deutschland. Am Tag der Einheit, am 3. Oktober 1990, hat sie vor ihrem Stammhaus am Kastanienwäldchen gesungen.

Vor dem Haus – hinein konnte sie nicht. Es ist auch heute nicht mehr für den Chorgesang eingerichtet. Nein, es ist nun nicht einfach alles wieder wie vorher. Das Haus, das der Sing-Akademie abgenommen wurde, fällt ihr nun nicht von selbst wieder zu. Der Einigungsvertrag will Enteignungen zwischen 1945 und 1949 nicht rückgängig gemacht wissen. Und wenn die Sing-Akademie dennoch ihr Haus zurückerhält – und sie bemüht sich natürlich darum –, ist es erst noch umzubauen. Wer aber wird das bezahlen?

Und da ist ja auch noch die andere Singakademie, die am Tag der Vereinigung fast zur gleichen Stunde wie die originale Sing-Akademie gegenüber in der wahr-

Mitglieder der Sing-Akademie singen am Tag der Einheit, dem 3. Oktober 1990, vor ihrem Stammhaus am Kastanienwäldchen unter der Leitung von Hans Hilsdorf

haft repräsentativeren Staatsoper ein Konzert gab. Sie, die nach Helmut Koch sehr lange unter der Leitung von Dietrich Knothe stand und seit 1989 den jungen Achim Zimmermann zum Direktor hat, hat inzwischen eine eigene, wenn auch bescheidenere Tradition; sie wird sich nicht einfach – wie so viele Institutionen der ehemaligen DDR – »schlucken« lassen. Sie ist mehr, als sie je zugestand, von Professionellen und Halbprofessionellen durchsetzt, während die angestammte Sing-Akademie nun wirklich ein reiner Laienchor ist. Man kann die beiden Sing-Akademien nicht kurzerhand zusammenwerfen, selbst wenn man das wollte. Das bedarf reiflicher Überlegungen und vernünftiger Verhandlungen. Leisten kann sich die Stadt bei der gegenwärtig angespannten finanziellen Lage zwei Sing-Akademien eigentlich nicht. Ist doch die eine Sing-Akademie, die legitim ihr Jubiläum feiert, zu diesem nicht einmal ausreichend von den Behörden ausgestattet worden; die »falsche« Singakademie ist absurderweise besser weggekommen.

Aber welches ist überhaupt die Position der Sing-Akademie in einem vereinigten Berlin? Längst hat sie nicht mehr das Monopol der Einmaligkeit. Sie ist einer unter mehreren Oratorien-Chören, die alle ihr eher bescheidenes Stück vom Subventionskuchen abbekommen. Große Sprünge machen kann die Sing-Akademie damit nicht. Dem Experimentieren bleiben Grenzen gesetzt. Die Rede von der Routine der alljährlichen Bach-Aufführungen ist selbst schon Routine geworden und greift zu kurz, weil sie nicht nach den ökonomischen Ursachen fragt. Aber wo hätte die Presse sich schon einmal um die ökonomische Basis der Sing-Akademie gekümmert oder gar für deren Verbesserung gekämpft? Farbiger kann die Sing-Akademie ihr Programm schlechterdings nicht gestalten; man könnte allenfalls innerhalb des Werks von Bach, das sein muß, etwas variieren: öfter auch die Johannespassion oder das Magnificat statt des Weihnachts-Oratoriums.

Und die Qualität des Chors? Muß sie angehoben werden, ist sie anzuheben? Aber anders gefragt: Ist es überhaupt die Aufgabe der Sing-Akademie, den unbarmherzigen Wettlauf um Perfektion, um Schallplattenreife mitzumachen? Ist sie nicht einst abseits des kommerziellen Musikbetriebs angetreten, hat sich erst einmal in Ruhe für sich selbst geformt – und das durchaus mit höchstem Qualitätsanspruch? Was hatte Fasch gewollt? Er wollte nicht konkurrieren, er wollte »helfen«. Insofern sind die Kirchenkonzerte der Sing-Akademie in den Bezirken, ist das Singen im Seniorenheim vielleicht wichtiger als das große Oratorien-Konzert in der Philharmonie.

Und Fasch wollte zur Kunst, durch Kunst bilden. Tut das nicht die Sing-Akademie in vielfältigem Maße? Für ihre Mitglieder, ihr Publikum? Und schließlich: Die Mitglieder der Sing-Akademie sollten »Genugtuung«, innere Erfüllung finden im Chorgesang. Ist das nicht sehr viel, wenn 100 und mehr Menschen im friedlichen Chorsingen Gemeinschaft erfahren, ein Stück soziale Heimat finden im entfremdeten Betrieb der Großstadt? Es stimmt schon noch der alte Satz zum Teil: »Wo man singt, da laß dich ruhig nieder«. Böse Menschen haben zwar auch Lieder, aber sie singen keinen Bach.

Doch die vielberedete Funktion für die Gesellschaft, wie steht es damit? Ist es nicht schon Funktion genug, daß die Sing-Akademie musikalische Gemeinschaft nach außen demonstriert, als Symbol des Friedens, den sie in jeder Messe, die sie aufführt, beschwört: »Dona nobis pacem« – die »Bitte um inneren und äußeren Frieden«, wie Beethoven das übersetzt – ist sie nicht aktueller denn je, gesellschaftlich relevanter denn je?

Wenn die Sing-Akademie in ihrem bescheidenen Rahmen auch im nächsten Jahrhundert ihres Bestehens ein Stück zum Frieden beiträgt, vielleicht ist dann ihr und der Welt eines Tages wirklich der Frieden beschieden, und sie kann frohgemuter in Bachs Weihnachts-Oratorium singen: »Jauchzet, frohlocket!«

Sonderbriefmarke
aus Anlaß des 200jährigen Jubiläums
der Sing-Akademie

Hauptdaten aus der Geschichte der Sing-Akademie zu Berlin

1791	24. Mai	Gründung der Sing-Akademie zu Berlin. Von da an bis heute in ununterbrochener Reihe nur acht Direktoren. C.F. Fasch (1791–1800) – C.F. Zelter (1800–1832) – C.F. Rungenhagen (1832–1851) – A.E. Grell (1851–1876) – M. Blumner (1876–1900) – G. Schumann (1900–1950) – M. Lange (1950–1973) – H. Hilsdorf (seit 1973)
1794	21. Januar	Beginn des Studiums Johann Sebastian Bachscher Motetten und der Bach-Pflege des Chores
1796	21. und 28. Juni	L. v. Beethoven zu Besuch. »Er« darüber zu Frau von Arnim, daß beim Schluß seiner Improvisationen vor dem Chor die Zuhörer nicht applaudierten, sondern mit Tränen in den Augen kamen und sich um ihn drängten
1799	11. August	Beginn des Briefwechsels und der über dreißigjährigen Freundschaft Zelters mit Goethe. Goethe schrieb für die Sing-Akademie ein Festspiel
1800	8. Oktober	W. A. Mozart, *Requiem*. Erstaufführung in Berlin nach der soeben im Druck erschienenen Partitur
1804	8. und 15. Mai	»Hofrat von Schiller und Frau Charlotte aus Weimar zu Gast«
1807	13. Oktober	G. F. Händel, *Alexanderfest*; von da an auch seine übrigen Chorwerke
1809	17. Mai	C.F. Zelter wird durch den König zum Professor der Musik an der Akademie der Künste ernannt
1815	7. September	Jos. Haydn, *Schöpfung*, die die lange Reihe der Aufführungen Haydnscher Oratorien eröffnet
1817	26. Juli	Erteilung der Korporationsrechte an die Sing-Akademie durch das Ministerium des Innern
1827	2. Januar	Einzug in das eigene Haus im Kastanienwäldchen am Kupfergraben, zu dem König Friedrich Wilhelm III. das Grundstück geschenkt hatte. Entwurf K.F. Schinkel und K. Th. Ottmer

1829	11. März	J. S. Bach, *Matthäuspassion*, 1. Wiederaufführung seit Bachs Tod durch den zwanzigjährigen Felix Mendelssohn Bartholdy, nachdem sich Zelter mit dem Chor schon seit 1815 damit beschäftigt hatte. Beginn der Bach-Renaissance in der ganzen Kulturwelt
1830	2. Dezember	Jos. Haydn, *Jahreszeiten*, unter Weglassung des Weinchores, des Spinnerliedes und der Romanze auf Veranlassung einiger Chormitglieder wegen »anstößiger« Texte
1833	21. Februar	J. S. Bach, *Johannespassion*, 1. Wiederaufführung seit Bachs Tod. Sie stand bereits vom 25. 5. 1815 an auf Zelters Probenplan
1834	20. Februar	J. S. Bach, *h-moll-Messe*, 1. Wiederaufführung nach Bachs Tod, I. Teil;
1835	12. Februar	II. Teil, nachdem sie bereits zwischen 1811 und 1813 unter Zelter sorgfältig studiert worden war
1838	18. Januar	F. Mendelssohn Bartholdy, *Paulus*, Erstaufführung in Berlin. Zu der am 22. 11. 1847 von der Sing-Akademie veranstalteten Gedächtnisfeier für Mendelssohn wurden Teile aus *Paulus* und Mozarts *Requiem* gesungen
1847	17. Februar	Robert Schumann, *Das Paradies und die Peri*, Erstaufführung in Berlin unter Leitung des Komponisten
1857	17. Dezember	J. S. Bach, *Weihnachtsoratorium*, 1. Wiederaufführung seit Bachs Tod
1882	28. Oktober	1. Konzert der Sing-Akademie mit dem neugegründeten Philharmonischen Orchester, dem die Sing-Akademie 12 Konzerte garantiert
1886	12. März	Joh. Brahms, *Ein Deutsches Requiem*
1900 bis 1945		Neben Beibehaltung der traditionsgebundenen Aufführungstage (Passionen, h-moll-Messe, Weihnachtsoratorium) wurden alle bedeutenden Werke der Chorliteratur und das zeitgenössische Schaffen zu Gehör gebracht. In diese Zeit fallen auch die Auslandsreisen des Chores mit Werken von Bach, Beethoven, Händel, Haydn nach Mailand, Turin, Bologna, Modena, Venedig, Florenz, Rom, Neapel, Brünn, Prag, Wien, Budapest, Stockholm, Oslo, Göteborg, Kopenhagen sowie Konzertreisen durch Deutschland

1943	23. November	Beschädigung des Hauses durch Fliegerangriff
1945	14. April	Letztes Konzert vor Kriegsschluß mit dem Philharmonischen Orchester: Brahms, *Requiem*
	21. November (Bußtag)	Erstes Konzert nach Kriegsschluß mit dem Staatsopernorchester: Bach, *h-moll-Messe*
1945		Das Haus wird durch die Besatzungsbehörden beschlagnahmt und später zu einem Theater (Maxim Gorki Theater) umgebaut.

Fortsetzung der Probenarbeit und der Konzerte in behelfsmäßigen Räumen.

Die Konzerte mit dem traditionellen Repertoire, insbesondere den Werken Johann Sebastian Bachs, werden ununterbrochen weitergeführt. Daneben erscheinen viele weitere Werke neu im Repertoire der Sing-Akademie. Vor allem werden zahlreiche unbekannte und verschollene Werke zum Leben erweckt. Erstmals in der Sing-Akademie werden aufgeführt (in chronologischer Folge):

1952	6. September	Hermann Reutter: *Das große Welttheater*
	12. September	Claudio Monteverdi: *Vespro della Beata Vergine*
1954	21. März	Joseph Haydn: *Missa Sanctae Caeciliae.*
		Bis 1973 weitere sechs Haydn-Messen: *Harmoniemesse, Heiligmesse, Mariazeller Messe, Nicolaimesse, Paukenmesse, Schöpfungsmesse*
	28. September	Carl Maria von Weber: *Messe in G-Dur*
1957	13. Januar	Carl Philipp Emanuel Bach: *Die Israeliten in der Wüste*
	6. Oktober	Alessandro Scarlatti: *Messa di Santa Caecilia*
1959	4. Oktober	Giacomo Puccini: *Messa di Gloria*
1960	27. November	Giovanni B. Pergolesi: *Messe in D-Dur*
1961	1. Oktober	Michel-Richard Delalande: *Dixit Dominus*
1962	30. September	Antonio Caldara: *Messe in C-Dur*
		Max Baumann: *Deutsche Vesper* (Uraufführung)
1963	26. Mai	Wolfgang Amadeus Mozart: *Vesperae solennes de Dominica*
1963	22. September	Gründung einer »Berliner Singakademie« in Ost-Berlin
1964	10. Oktober	Beginn der Probenarbeit im Chorsaal der Philharmonie
1965	30. Mai	Wiederaufnahme der Konzertreisen ins In- und Ausland

| 1966 | 20. September | Festkonzert zur Feier des 175jährigen Bestehens der Sing-Akademie zu Berlin mit der Uraufführung der eigens hierfür komponierten *Musen Siziliens* von Hans Werner Henze |

Weitere Erstaufführungen in der Sing-Akademie bis 1973:

1966	26. März	Ludwig van Beethoven: *Messe in C-Dur*
1967	18. Februar	Robert Schumann: *Messe in c-Moll*
		Igor Strawinsky: *Psalmen-Symphonie*
	24. April	Alessandro Scarlatti: *Vespro di Santa Caecilia*
1968	17. März	Antonio Caldara: *Stabat Mater*
	3. November	Chr. W. Gluck: *Orpheus und Eurydike*
1970	25. Januar	W. A. Mozart: *Litanei KV 125*
		Otto Nicolai: *Te Deum*
1971	24. Februar	Antoine Charpentier: *Te Deum*
		W. A. Mozart: *Messe in C-Dur KV 139*
	16. Mai	Georges Bizet: *Te Deum* (Uraufführung)
1973	24. März	W. A. Mozart: *Litanei KV 243*,
		ferner 1950 und 1964 insgesamt acht Kantaten von Johann Sebastian Bach
	23. Juni	Abschiedskonzert Mathieu Lange
	21. November	Erstes Konzert unter Hans Hilsdorf mit der *h-Moll-Messe* von J. S. Bach
	22. Dezember	Aufführung des *Weihnachts-Oratoriums* von J. S. Bach in Rennes/Frankreich.

Wiederaufnahme des A-cappella-Singens unter Hans Hilsdorf; regelmäßige A-cappella-Konzerte in den Kirchen Berlins. Neben den traditionellen Bach-Aufführungen Erweiterung des Repertoires nach allen Richtungen, insbesondere auch in die Gegenwart hinein. Uraufführung von Auftragskompositionen. Mitwirkung bei Veranstaltungen anderer Institutionen (insbesondere Symphonisches Orchester Berlin und Radio-Symphonieorchester Berlin). Auch ganze Konzerte unter anderen Dirigenten (Heinz Hollreiser, Jürgen Jürgens und Wolfgang Wedel).

Herausragende Novitäten für die Sing-Akademie (in chronologischer Folge):

1974	26. Juni	Peter Cornelius: *Stabat Mater*
1975	8. Mai	Zoltan Kodaly: *Psalmus Hungaricus*
1976	20./21. März	Carl Maria von Weber: *Große Messe in Es-Dur*

1977	15. Oktober	W. A. Mozart: *Thamos, König in Ägypten*
		Ludwig van Beethoven: *Chor-Fantasie*
1978	25. Mai	Helge Jörns: *Per un poc' di pace*
1979	11. März	Jubiläumsaufführung der *Matthäuspassion* von J. S. Bach 150 Jahre nach ihrer Wiedererweckung durch Felix Mendelssohn Bartoldy
	4.–6. Mai	Reise zum Flandern-Festival, zum Festival du Condroz und zum Bach Festival London mit der *Matthäuspassion* von J. S. Bach

Weitere herausragende Konzerte seit 1980, insbesondere mit Werken, die erstmals bei der Sing-Akademie erklingen:

1980	8. Juni	Igor Strawinsky: *Paternoster, Ave Maria, Messe*
1981	8. März	Carl Heinrich Graun: *Der Tod Jesu* (ein Werk, das die Sing-Akademie fast das ganze 19. Jahrhundert hindurch regelmäßig am Karfreitag sang)
	28. März	Beteiligung am Eröffnungskonzert im Haus des Rundfunks anläßlich der Verleihung der Zelter-Plakette mit Ausschnitten aus dem *Elias* von Mendelssohn
	4. April	Umrahmung der Schinkel-Feier mit Ausschnitten aus dem *Elias* von Mendelssohn
	17. Mai	Bernd-Alois Zimmermann: *Lob der Torheit*
		Carl Orff: *Carmina burana*
	12. September	Konzert während der Berliner Festwochen zum Preußen-Jahr unter dem Titel: *Die Bach-Familie in Berlin*
1982	21. März	Zoltan Kodaly: *Psalmen 121 und 114*
	17. Juni	Igor Strawinsky: *Kantata 1952*
		Béla Bártok: *Drei Dorfszenen*
		Frank Maus: *Zehn Volkslieder der Südslawen* (UA)
		Hans Hilsdorf: *Zelter-Kantate* (UA)
1983	21. Februar	Festkonzert zum 150. Jahrestag der ersten Wiederaufführung der *Johannespassion* von J. S. Bach durch die Sing-Akademie nach dessen Tod
	24. April	Hans Gal: *Vom Bäumlein, das andere Blätter hat gewollt*
		Anton Webern: *Das Augenlicht*
1984	6. Mai	Antonin Dvořak: *Te Deum* und *Stabat Mater*
1985	16. Juni	Nikolai Badinski: *Widerspiegelungen der Weisheit* (Auftrag der Sing-Akademie, Uraufführung)

1986	9. Mai	Heinrich Kaminski: *Magnificat*
		Carl Friedrich Fasch: *Messe zu 16 Stimmen* (zum 250. Geburtstag des Gründers der Sing-Akademie)
1987	17. Mai	Konzert zur 750-Jahr-Feier Berlins »Aus der Geschichte Berlins« mit Werken der Direktoren der Sing-Akademie
1990	4. März	Hans Gal: *Motette op. 19*
1991	3. Februar	Erstes Konzert im Jubiläums-Jahr mit:
		W. A. Mozart: *Litaniae Lauretanae KV 195*
		Dominicus-Messe KV 66
		Bearbeitung von sechs Fugen aus dem *Wohltemperierten Klavier* von J. S. Bach für Streicher
	24. Mai	Jubiläums-Konzert zum 200jährigen Bestehen der Sing-Akademie zu Berlin mit folgendem Programm:
		Wolfgang Steffen: *Intrada seria*
		Hans Hilsdorf: *Motette*
		W. A. Mozart: *Messe in c-Moll KV 427*

Verzeichnis der öffentlich aufgeführten Werke

Bach, Aug. Wilhelm: *Bonifacius – Psalm 100*
Bach, Johann: Motetten *Sei nun wieder zufrieden – Unser Leben ist ein Schatten*
Bach, Johann Christoph: Kantate *Es erhub sich ein Streit* – Motetten *Der Gerechte –*
   Ich lasse dich nicht
Bach, Johann Michael: Motetten *Halte, was du hast – Herr, wenn ich nur dich habe*
Bach, Johann Sebastian: *Johannespassion – Matthäuspassion – Weihnachts-Oratorium*
   Kantaten *Ach Gott, vom Himmel sieh darein – Also hat Gott die Welt geliebt – Allein*
   zu Dir, Herr Jesu Christ – Aus der Tiefe – Aus tiefer Not – Bleib bei uns, denn es will
   Abend werden – Brich dem Hungrigen dein Brot – Christen, ätzet diesen Tag – Dem Ge-
   rechten muß das Licht – Der zufriedengestellte Aeolus – Du Hirte Israel – Ein feste
   Burg ist unser Gott – Es ist euch gut, daß ich hingehe – Gott der Herr ist Sonn und Schild –
   Gott, wie dein Name, so ist auch dein Ruhm – Halt im Gedächtnis Jesum Christ – Herr,
   deine Augen – Herr, gehe nicht ins Gericht – Herr Jesu Christ, wahr Mensch und Gott –
   Ich elender Mensch – Ich habe genug – Ich bin vergnügt – Ihr werdet weinen und heulen – Ich
   hatte viel Bekümmernis – Ich will den Kreuzstab gerne tragen – Jesu, nun sei gepreiset – Je-
   sus nahm zu sich – Liebster Gott, wann werd ich sterben – Mit Fried' und Freud' ich fahr
   dahin – Nun ist das Heil und die Kraft – Nun komm, der Heiden Heiland – O Jesu
   Christ, mein's Lebens Licht – Schwingt freudig euch empor – Sehet, welch eine Liebe – Sie
   werden aus Saba alle kommen – Vergnügte Pleißenstadt – Wachet auf, ruft uns die Stimme
   – Wachet, betet, seid bereit – Weichet nur, betrübte Schatten – Wer da glaubet und getauft
   wird – Wer weiß, wie nahe mir mein Ende – Kantatenzyklus (Blumner) – Oster-,
   Himmelfahrts- und Pfingstkantaten (Blumner) – *Magnificat – Messe in F-Dur –*
   Messe in A-Dur – Messe in h-Moll – Motetten *Der Geist hilft unsrer Schwachheit auf*
   – Fürchte dich nicht – Jesu, meine Freude – Kündlich groß – Lobet den Herrn – Singet dem
   Herrn – Sanctus D-Dur BWV 241 – *Trauer-Ode*
Bach, Carl Philipp Emanuel: *Die Israeliten in der Wüste – Magnificat*
Bach, Wilhelm Friedemann: Kantate *Erzittert und fallet*
Bach, Wilhelm Friedrich Ernst: *Vater Unser*
Badinski, Nikolai: *Widerspiegelungen der Weisheit*
Bartók, Béla: *Fünf Dorfszenen*
Baumann, Max: *Deutsche Vesper*
Baußnern, Waldemar von: *Das hohe Lied vom Leben und Sterben*
Becker, Albert: *Große Messe in b-Moll*

Beethoven, Ludwig van: *Chor-Fantasie*, op. 80 – *Messe C-Dur*, op. 84 – *Missa solemnis*, op. 123 – *Neunte Sinfonie*, op. 125

Berger, Ludwig: *Kyrie und Gloria*

Berger, Wilhelm: *Der Totentanz*

Berlioz, Hector: *Fausts Verdammnis*

Besch, Otto: *Adventskantate*

Bizet, George: *Te Deum* (UA)

Blumner, Martin: *Abraham – Columbus – Der Fall Jerusalems – Fest-Kantate – Kantate In Zeit und Ewigkeit – Königspsalm – Lobe den Herrn – Psalm 103*

Bossi, Enrico: *Giovanna d'Arco*

Brahms, Johannes: *Begräbnis-Gesang*, op. 13 – *Ein deutsches Requiem*, op. 45 – *Gesang der Parzen*, op. 89 – *Nänie*, op. 82 – *Alt-Rhapsodie*, op. 53 – *Schicksalslied*, op. 54 – *Triumphlied*, op. 55 – *Abendständchen – All mein Gedanken – Waldesnacht*

Braunfels, Walter: *Offenbarung Johannis Kap. 6*, op. 17

Bruch, Max: *Gustav Adolf*, op. 73 – *Osterkantate*, op. 81 – *Trauerfeier für Mignon*, op. 93

Bruckner, Anton: *Der 150. Psalm – Messe e-Moll – Messe f-Moll – Te Deum*

Caldara, Antonio: *Messe in C-Dur* (Missa Venerationis) – *Stabat Mater*

Charpentier, Marc Antoine: *Te Deum*

Certon, Pierre: *Je ne fus jamais si aise*

Cornelius, Peter: *Stabat Mater – Die Hirten*

Debussy, Claude: *Yvers, vous n'est qu'un villain*

Dorn, Heinrich: *Requiem*

Dvořák, Antonin: *Stabat Mater*, op. 58 – *Te Deum*, op. 103

Eccard, Johann: *Resonet in laudibus – Übers Gebirg Maria geht*

Eckert, Karl: *Judith – Ruth*

Elgar, Edward: *Die Apostel*

Eybler, Joseph: *Requiem*

Fasch, Carl Friedrich Christian: Choräle *Lobe den Herren – Nun danket alle Gott – Versett Meine Seele hanget – Messe zu 16 Stimmen*

Fesca, F. C.: *Psalm 9*

Franck, César: *Les Béatitudes* (Die Seligpreisungen)

Friderici, Daniel: *Wir lieben sehr im Herzen*

Gabrieli, Giovanni: Motetten *Judica me* und *Nunc dimittis* aus *Symphoniae Sacrae – Magnificat*

Gade, Niels: *Zion*

Gál, Hans: *Motette op. 19 – Vom Bäumlein, das andere Blätter hat gewollt*

Gernsheim, Friedrich: *Der Nornen Wiegenlied*, op. 65 – *Te Deum*, op. 90

Geyer, Flodoard: *Lobgesang Mariä*

Gluck, Christoph Willibald: *Orpheus und Eurydike* (konzertant)

Goetz, Hermann: *Nänie*, op. 10

Graener, Paul: *Marien-Kantate*, op. 99

Graun, Carl Heinrich: *Der Tod Jesu – Te Deum*

Grell, August Eduard: *Konfessionsmusik – Die Israeliten in der Wüste – Domine, salvum fac regem – Missa a 16 voci – Psalm 95* – Psalm *Gnädig und barmherzig – Te Deum* und zahlreiche A-cappella-Werke

Händel, Georg Friedrich: *Acis und Galatea – Alexanderfest – Athalia – Belsazar – Deborah – Jephtha – Joseph – Josua – Israel in Ägypten – Jubilate* (Psalm 100) *– Judas Makkabäus – Messias – Psalm 42* – Psalm *O preist den Herrn* – Psalm *Mach dich auf – Salomo – Samson – Saul – Singet unserm Herrn* (Anthem) *– Theodora – Dettinger Te Deum – Utrechter Te Deum* [a) von Zelter achtstimmig bearbeitet, b) original]

Haßler, Hans Leo: *Nun fanget an ein guts Liedlein zu singen – Tanzen und Springen*

Hauptmann, Moritz: *Laudate*

Haydn, Joseph: *Die Jahreszeiten – Die Schöpfung – Die sieben Worte – Caecilienmesse – Harmoniemesse – Heiligmesse – Mariazeller Messe – Nicolaimesse – Paukenmesse – Schöpfungsmesse*

Henze, Hans Werner: *Musen Siziliens*

Herzogenberg, Heinrich von: *Requiem*

Heubner, Konrad: *Psalm 1*

Hiller, Ferdinand: *Die Zerstörung Jerusalems*

Hilsdorf, Hans: *Motette, Zelter-Kantate,* Chöre nach Morgenstern: *Der Hecht* und *Der Mond*

Hindemith, Paul: *Ein Jäger aus Kurpfalz*

Hofmann, Heinrich: Kantate *Selig sind die Toten*

Hopfe, Julius: *Die Auferweckung des Lazarus*

Isaac, Heinrich: *Innsbruck, ich muß dich lassen*

Jochum, Otto: *Der jüngste Tag*

Jörns, Helge: *Per un poc' di pace*

Jommelli, Niccolo: *Requiem*

Kaminski, Heinrich: *Der 69. Psalm – Magnificat*

Kaun, Hugo: *Der 126. Psalm – Mutter Erde*

Keußler, Gerhard von: *Jesus aus Nazareth – In jungen Tagen*, Volksoratorium

Kiel, Friedrich: *Es gibt so bange Zeiten – Christus – Requiem As-Dur – Te Deum*

Klein, Bernhard: *David – Magnificat*

Klose, Friedrich: *Der Sonne Geist*

Koch, Friedrich Ernst: *Von den Tageszeiten*, op. 29

Kodaly, Zoltan: *Psalmus Hungaricus – Psalm 114 – Psalm 121*

Küster, Hermann: *Die Erscheinung des Kreuzes – Hermann, der Deutsche*

Lachner, Franz: *Requiem*

de Lalande, Michel R.: Psalm *Dixit Dominus*

di Lasso, Orlando: *Audite nova – Matona mia cara*

Lechner, Leonhard: *Grün ist der Mai*

Liszt, Franz: *Christus – Die Legende von der heiligen Elisabeth – Missa solemnis* (Graner Messe) *– Der 13. Psalm*

Loewe, Carl: *Die sieben Schläfer – Gutenberg – Hiob – Johannes Hus – Palestrina*

Markull, Friedrich Wilhelm: *Johannes der Täufer*

Marx, Adolf Bernhard: *Mose*

Mendelssohn Bartholdy, Felix: *Elias – Festkantate* zum Dürerfest – Motette *Heilig – Hora est – Lauda Sion – Lobgesang – O Täler weit o Höhen – Paulus – Psalm 2 – Psalm 42 – Psalm 95 – Psalm 100 – Richte mich Gott – Die erste Walpurgisnacht*

Monteverdi, Claudio: *Vespro della Beata Vergine*

Mozart, Wolfgang Amadeus: *Adoramus te – Ave verum – Litaniae Lauretanae* KV 195 *– Litanei* KV 125 *– Litanei* KV 243 *– Messe in C-Dur* KV 66 *– Messe in C-Dur* KV 129 *– Messe in C-Dur* KV 317 *– Messe in c-Moll* KV 427 *– Misericordias –* Offertorium *Venite populi – Regina coeli – Requiem – Thamos, König in Ägypten – Vesperae solennes de Dominica*

Müller, Gottfried: *Deutsches Heldenrequiem*, op. 4

Naumann, Emil: *Christus, der Friedensbote – Messe – Die Zerstörung Jerusalems*

Neukomm, Sigismund: *Das Gesetz des alten Bundes*

Nicolai, Otto: *Te Deum*

Palestrina, Giovanni Pierluigi da: *Kyrie* und *Gloria* der *Missa sine nomine* in der Bearbeitung von J. S. Bach – Motetten *Jubilate Deo, Laudate Dominum* und *Tu es Petrus – Stabat Mater*

Pergolesi, Giovanni Battista: *Messe in D-Dur – Stabat Mater*

Praetorius, Michael: *Es ist ein Ros entsprungen – Gläubige Seel – Hosianna – Der Morgenstern ist aufgedrungen – Psallite*

Poulenc, Francis: *Stabat Mater*

Prohaska, Karl: *Frühlingsfeier*, op. 13

Puccini, Giacomo: *Messa di Gloria*

Purcell, Henry: *Dido und Aeneas* (konzertant)

Putsch, Heinrich: *Requiem*

Radziwill, Fürst Anton H.: Musik zu Goethes *Faust*

Reger, Max: *Choralkantate Nr. 2 – Der Einsiedler*, op. 144a *– Psalm 100 – Requiem*, op. 144b

Reinthaler, Karl M.: *Jephtha und seine Tochter*

Reißiger, Karl Gottlieb: *David*

Reutter, Hermann: *Das große Welttheater – Der große Kalender*

Reznicek, Emil Nikolaus von: *Der steinerne Psalm – In memoriam* (Deutsche Totenmesse) *– Vater Unser*

Rheinberger, Joseph: *Christophorus*

Ries, Ferdinand: *Die Könige in Israel*

Righini, Vincenzo: *Messe – Te Deum*

Romberg, Andreas: *Der Erbarmer – Messe in B-Dur*

Rossini, Gioacchino: *Stabat Mater*

Rungenhagen, Karl Friedrich: *Christi Einzug in Jerusalem – Das Göttliche – Die heilige Caecilia – Festkantaten zum 13. November 1839 und 13. November 1840 – La morte d'Abelle – Thorwaldsen-Kantate*

Scarlatti, Alessandro: *Messa di Santa Caecilia – Vespro di Santa Caecilia*

Schachner, Rudolf: *Israels Heimkehr*

Schein, Johann Hermann: *Ihr Brüder*

Schmidt, Franz: *Das Buch mit sieben Siegeln*

Schneider, Friedrich: *Das befreite Jerusalem*

Schneider, Georg Abraham: *Christi Geburt*

Schillings, Max von: *Dem Verklärten*, hymnische Rhapsodie

Schröter, Leonhart: *Ein Kindelein so löbelich – In dulci jubilo*

Schubert, Franz: *Lazarus – Messe in As-Dur – Messe in Es-Dur – Hymnus an den Unendlichen*

Schubert, Heinz: *Hymnus – Verkündigung*

Schulz, Johann Abraham Peter: *Maria und Johannes*

Schumann, Georg: *Choralmotetten*, op. 75 – *Elegie nach Worten von Friedrich Hölderlin*, op. 78 b – *Preis- und Danklied*, op. 47 – *Ruth*, op. 50 – *Sehnsucht*, op. 40 – *Totenklage* aus Schillers *Braut von Messina*, op. 33 – *Das Tränenkrüglein – Vita somnium*

Schumann, Robert: *Manfred*-Musik – *Messe c-Moll – Das Paradies und die Peri – Szenen aus Goethes Faust*

Schütz, Heinrich: *Also hat Gott die Welt geliebt – Herr, auf dich traue ich – Herzlich lieb hab ich dich – Die Himmel erzählen – Der 12jährige Jesus im Tempel – Magnificat – Psalm 2,24 und 100* aus den *Psalmen Davids – Die sieben Worte – Verleih uns Frieden*

Schwarz-Schilling, Reinhard: *Laetare – Lob der Mutter*

Sgambati, Giovanni: *Messa da Requiem*, op. 38

Silcher, Friedrich: *Hab oft im Kreise der Lieben*

Sobolewski, Eduard: *Die Enthauptung Johannis des Täufers*

Spohr, Louis: *Des Heilands letzte Stunden – Der Fall Babylons*

Strauss, Richard: *Wanderers Sturmlied*

Strawinsky, Igor: *Ave Maria – Cantata 1952 – Messe – Les Noces – Paternoster – Psalmen-Symphonie*

Taubert, Ernst Eduard: *Hymnus an Amor*, op. 75

Taubert, Wilhelm: *Thorwaldsen-Kantate – Das Vater Unser*

Taubmann, Otto: *Kampf und Friede – Eine deutsche Messe*

Tomaschek, Wenzel Joh.: *Te Deum*

Verdi, Giuseppe: Gefangenenchor aus *Nabucco – Requiem*

Vierling, Georg: *Alarich*

Wagner, Richard: *Kaisermarsch mit Schlußchor*

Walter, Johann: *Christum wir sollen loben schon*

Weber, Carl Maria von: *Messe in Es-Dur – Messe in G-Dur*

Webern, Anton: Kantate *Das Augenlicht*
Weingartner, Felix: *Auferstehung*, op. 69
Wetz, Richard: *Requiem h-Moll*, Werk 50
Widmann, Erasmus: *Nun hört, ihr Herren*
Wilsing, Daniel Friedrich Eduard: *De profundis*
Zelter, Carl Friedrich: *Die Auferstehung und Himmelfahrt Christi – Die Gunst des Augenblicks – Laß fahren dahin – Meine Hoffnung stehet feste – Der Mensch lebt und bestehet*
Zimmermann, Bernd-Alois: Burleske Kantate *Lob der Torheit*

(Diese Liste basiert auf dem Verzeichnis in: Georg Schünemann, Die Singakademie zu Berlin, Regensburg 1941. Auf den neusten Stand gebracht von Gottfried Eberle)

Personenregister

Abendroth, Hermann   196
Adam, Adolphe   149
Adlung, Jakob   52, 102
Agricola, Johann Friedrich   13, 18, 20, 30, 82
Alexis, Willibald   98
Allegri, Gregorio   132
Anna Amalia, Prinzessin von Preußen   30, 82, 124
Arnim, Bettina von   33

Bach, August Wilhelm   117, 138, 141
Bach, Carl Philipp Emanuel   13, 15, 18 ff., 23 f., 30, 59, 81 f., 202, 215
Bach, Johann Christian   19
Bach, Johann Sebastian   19, 23, 30 ff., 35, 40, 51, 58, 81 ff., 92, 96 ff., 100, 104, 121 ff., 133 f., 138, 144 f., 155, 161 ff., 168 ff., 177 f., 185 ff., 189, 192, 195 ff., 204, 218, 221
Bach, Wilhelm Friedemann   19, 31, 82, 87, 215
Bach, Wilhelm Friedrich Ernst   215
Bachmann, Carl Ludwig   13, 15, 18
Bachmann, Charlotte Wilhelmine Karoline, geb. Stöwe   13, 26, 51
Bader, Carl Adam   93
Badinski, Nikolai   213
Bai, Kirchensänger   132
Baini, Giuseppe   132
Baumann, Max   204
Baußnern, Waldemar von   179, 182
Becker, Albert   171
Beethoven, Ludwig van   19, 33, 51, 57 f., 115, 128 ff., 142, 149, 174 f., 186 f., 195, 203, 214, 218
Bellermann, Heinrich   157, 159, 167
Bellermann, Johann Friedrich   155, 159
Bellermann, Johann Joachim   159
Bellini, Vincenzo   217
Benda, Ernst Friedrich   13, 15, 18, 20, 61

Benda, Franz   15, 20, 23, 61
Benda, Georg   15, 20, 61
Benda, Joseph   15, 17, 20
Benecke, Otto   193
Benevoli, Orazio   24, 136 f., 164
Bentzien, Hans   208
Berlioz, Hector   178
Bertoni, Ferdinando Giuseppe   15
Bertuch, Friedrich Justin   82
Besch, Otto   179
Bizet, Georges   203 f.
Bloomfield, Theodore   216
Blumner, Martin Traugott Wilhelm   81, 120, 123, 160 f., 168 ff., 215
Bossi, Enrico   179, 183
Brahms, Johannes   171 f., 178, 181, 186, 192, 197, 216
Braun, Otto   152
Braunfels, Walter   179
Bruch, Max   179, 181 f.
Bruckner, Anton   179, 182, 192, 213
Busolt, J. E.   93
Busoni, Ferruccio Benvenuto   183

Celibidache, Sergiu   196
Charpentier, Marc-Antoine   202
Cherubini, Luigi   80 f., 114, 172
Chodowiecki, Daniel   37
Chrysander, Friedrich   170
Claudius, Matthias   52
Commer, Franz   170
Cornelius, Peter von   147, 211
Couperin, François   83
Cranach, Lucas d. Ä   98
Curio, Otto   197

David, Ferdinand   93, 120
Davis, Andrew   217
Dehn, Siegfried   168
Delalande, Michel-Richard   202

Bildnachweis

Bildarchiv Preußischer Kulturbesitz
S. 16, 21, 30, 41, 46, 49, 60, 63, 67, 77, 88,
101, 125, 127, 139, 145, 150, 169, 191

Staatsbibliothek Preußischer Kulturbesitz,
Musikabteilung, Depositum Sing-Akademie zu Berlin
S. 14, 48, 52, 53, 54, 106, 118, 147, 153,
165, 185

Archiv für Kunst und Geschichte, Berlin
S. 158

Foto Binder, Berlin   S. 217

Foto R. Friedrich, Berlin   S. 214

Fotostudio Horst Urbschat, Berlin   S. 212

Besitz Sing-Akademie zu Berlin
S. 2, 78, 180, 188, 205, 216, 220

Privatbesitz Gabriele Kaiser
S. 4, 176, 183, 185

Privatbesitz Johanna Schrader   S. 37

Aus: Georg Schünemann, Die Sing-Akademie zu Berlin 1791–1941, Regensburg
1941   S. 27, 42, 111

Aus: Johann Sebastian Bach, Matthäuspassion, Berlin 1972   S. 90

Aus: Sing-Akademie zu Berlin, Festschrift
zum 175 jährigen Jubliäum, Berlin
1966   S. 72, 199

Aus: Carl Friedrich Zelter und die Akademie, Berlin o. J.   S. 19

Aus: Ludwig Schiedermair, Der junge
Beethoven, Leipzig 1925   S. 33

Aus: Bach-Tage Berlin 1979   S. 40

Landespostdirektion   S. 221

Der Autor

Gottfried Eberle ist in Dinkelsbühl/Bayern
geboren, hat in Freiburg/Breisgau Schulmusik sowie in Berlin Musikwissenschaft
und Germanistik studiert und mit einer
Arbeit über Alexander Skrjabin promoviert.
Er war von 1966 bis 1982 Musikkritiker
beim Berliner »Tagesspiegel« und ist
seit 1975 Musikredakteur im Bildungs-
programm des RIAS Berlin, wo er sich
insbesondere auch für die Darstellung
der Berliner Musikgeschichte eingesetzt
hat.